U0504856

零基础起步，会计小白入门课

中华会计网校 编

人民出版社

责任编辑：申　珺
特邀编辑：胡继元

图书在版编目（CIP）数据

零基础学会计/中华会计网校编. —北京：人民
出版社，2019
ISBN 978-7-01-021228-9

Ⅰ．①零… Ⅱ．①中… Ⅲ．①会计学 Ⅳ．①F230

中国版本图书馆 CIP 数据核字（2019）第 189423 号

零基础学会计
LINGJICHUXUEKUAIJI
中华会计网校　编

人民出版社出版发行
（100706　北京市东城区隆福寺街 99 号）

大厂回族自治县益利印刷有限公司印刷　新华书店经销

2019 年 9 月第 1 版　2019 年 9 月第 1 次印刷
开本：787×1092　1/16　印张：15.5
字数：356 千字

ISBN 978-7-01-021228-9　定价：48.00 元

"零基础"思维脑图

会计信息的使用者：外部使用者和内部使用者
可靠性、相关性、可理解性、可比性、实质重于形式、重要性、谨慎性和及时性

会计信息的使用者及其质量要求

会计的概念与目标　会计的概念、基本特征、发展历程、会计对象和目标

会计的职能与方法　基本职能、拓展职能、会计核算方法体系

建设

① 初识会计

《企业会计准则》《小企业会计准则》《政府会计准则》

会计准则体系

财务状况等式　资产＝负债＋所有者权益

经营成果等式　收入－费用＝利润

会计等式

基本假设：会计主体、持续经营、会计分期和货币计量

会计基础：权责发生制和收付实现制

会计基本假设与会计基础

② "动" "静" 相宜的会计要素与会计等式

概念
账户的结构
记账规则
账户的对应关系和会计分录
试算平衡

资产、负债、所有者权益　**反映财务状况**

收入、费用、利润　**反映经营成果**

历史成本、重置成本、可变现净值、现值和公允价值　**计量属性**

会计要素

借贷记账法

④ 从 "结绳记事" 演变而来的会计记账方法

会计科目的概念与分类

会计科目的设置

会计科目

单式记账法

复式记账法（借贷记账法、收付记账法、增减记账法）

分类

记账凭证

会计凭证传递与

⑥ 会计核算工作的 "根基" ——会计凭证

③ 讲究 "门当户对" 的会计科目与账户

会计凭证概述

· 会计凭证的概念与作用
· 会计凭证的种类

记

账户

账户的概念与分类

账户的功能与结构

账户与会计科目的关系

· 原始凭证的种类
· 原始凭证的基本内容
· 原始凭证的填制要求
· 原始凭证的审核

原始凭证

⑧ 会计工作流程 "全解析" ——账务处理程序

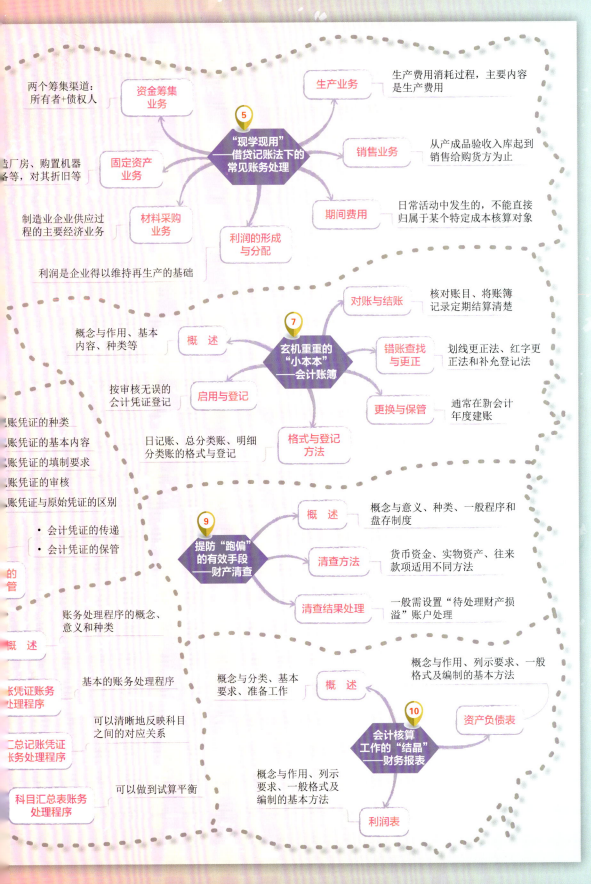

两个筹集渠道：
所有者+债权人

资金筹集
业务

生产业务

生产费用消耗过程，主要内容
是生产费用

5

"现学现用"
——借贷记账法下的
常见账务处理

销售业务

从产成品验收入库起到
销售给购货方为止

造厂房、购置机器
等，对其折旧等

固定资产
业务

制造业企业供应过
程的主要经济业务

材料采购
业务

期间费用

日常活动中发生的，不能直接
归属于某个特定成本核算对象

利润的形成
与分配

利润是企业得以维持再生产的基础

对账与结账

核对账目、将账簿
记录定期结算清楚

7

概述

概念与作用、基本
内容、种类等

玄机重重的
"小本本"
——会计账簿

错账查找
与更正

划线更正法、红字更
正法和补充登记法

按审核无误的
会计凭证登记

启用与登记

更换与保管

通常在新会计
年度建账

账凭证的种类

账凭证的基本内容

账凭证的填制要求

账凭证的审核

账凭证与原始凭证的区别

日记账、总分类账、明细
分类账的格式与登记

格式与登记
方法

概述

概念与意义、种类、一般程序和
盘存制度

• 会计凭证的传递
• 会计凭证的保管

9

提防"跑偏"
的有效手段
——财产清查

清查方法

货币资金、实物资产、往来
款项适用不同方法

清查结果处理

一般需设置"待处理财产损
溢"账户处理

的
管

账务处理程序的概念、
意义和种类

概念与作用、列示要求、一般
格式及编制的基本方法

概述

基本的账务处理程序

概念与分类、基本
要求、准备工作

概述

长凭证账务
处理程序

可以清晰地反映科目
之间的对应关系

10

会计核算
工作的"结晶"
——财务报表

资产负债表

汇总记账凭证
账务处理程序

科目汇总表账务
处理程序

可以做到试算平衡

概念与作用、列示
要求、一般格式及
编制的基本方法

利润表

前言 Preface

随着社会经济的发展，会计在企业中的地位越来越重要，不懂会计知识、不善于利用会计信息的人，将越来越难以胜任经济管理工作。然而，在现代企业中，会计集基础性、综合性和应用性于一身，是一门专业的、独特的"商业语言"，对于初学者来说，要想快速入门，其选的第一本书至关重要！

本书的目标不是成为一本"会计理论探究"，也不是成为一本"会计大百科全书"，而是成为一本简单易懂的、能够让读者学会举一反三的书，以充当读者在会计入门、进阶道路上的"垫脚石"。所以，对于这本书内容的广度和深度，我们力求"恰到好处"，以确保它足以让读者在最短的时间内从零基础到入门，足以让读者在最短的时间内迅速掌握会计的基本理论、基本逻辑、基本方法和基本技能，足以让读者在最短的时间内实现从会计"门外汉"到会计"内行人"的转变。

全书共十章，分为以下两部分：第一部分为会计学基础理论知识，即第一、二章，着重介绍会计的概念、会计基本假设、会计信息质量要求、会计要素和会计等式等内容；第二部分为第三章至第十章，着重介绍账户设置、复式记账、账簿登记和财务报表编制等等会计方法及其应用。

本书具有如下几个特点：

（1）尽量将晦涩难懂的会计理论和会计方法以图、表的形式予以呈现，图文结合，注重版式设计，使其更加人性化，力求简洁、直观、生动、有趣。

（2）注重归纳、对比和总结，将零散的知识条理化、系统化，以帮助读者进行有效地记忆，并加深理解。

（3）对于实务操作过程中的一些难点和要点，读者可通过扫描相应的二维码，查看相关实务操作微视频。这些实务操作微视频可手把手地帮助读者掌握相关实务操作细节。

（4）为帮助读者通过实践加深理解、提高动手能力，本书附赠有关于实务操作的《实训证账簿》，便于读者随时动手练习所学的实务操作知识，以避免出现"眼高手低"的尴尬情况。

（5）对于较难理解的内容，设置了非常贴切的例题和言简意赅的"小贴士""小白进阶"等栏目，以帮助读者全面系统地理解会计基本知识，处理一些常见的企业经济业务，提高其分析问题和解决问题的能力。

（6）以财政部最新制定和修订的《企业会计准则》为依据，着重体现新会计准则精神，将新会计准则中涉及的基本理论和理念变化融入相关章节中。

在本书编写与出版过程中，我们尽量做到精益求精，但由于水平和时间有限，书中难免存在错误和不足之处，希望广大读者批评指正。

编　者

目录 Contents

第六章

会计核算工作的"根基"——会计凭证　130

会计凭证既是记录经济业务发生或者完成情况的书面证明，也是登记账簿的依据。会计凭证所记录有关信息是否真实、可靠、及时，对保证会计信息质量具有至关重要的影响，因此，我们须高度重视各类会计凭证的填制和审核。

第七章

玄机重重的"小本本"——会计账簿　154

会计账簿是指由一定格式的账页组成的，以经过审核的会计凭证为依据，全面、系统、连续地记录各项经济业务的簿籍。各单位应当按照国家统一的会计制度的规定和会计业务的需要设置会计账簿。会计账簿是连接财务报表与会计凭证的桥梁，承上启下。

第一章 初识会计

本章导读

　　本章主要介绍会计的概念、特征、职能和方法，以及会计基本假设、会计基础和会计信息质量要求等基础知识，这些基础知识贯穿于会计工作的始终。本章是学习本门课程的基础，以理论知识为主。

　　本章的内容和结构如下：

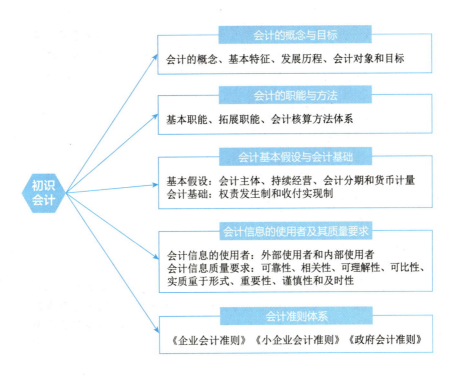

会计的概念与目标
会计的概念、基本特征、发展历程、会计对象和目标

会计的职能与方法
基本职能、拓展职能、会计核算方法体系

会计基本假设与会计基础
基本假设：会计主体、持续经营、会计分期和货币计量
会计基础：权责发生制和收付实现制

会计信息的使用者及其质量要求
会计信息的使用者：外部使用者和内部使用者
会计信息质量要求：可靠性、相关性、可理解性、可比性、实质重于形式、重要性、谨慎性和及时性

会计准则体系
《企业会计准则》《小企业会计准则》《政府会计准则》

初识会计

第一节　会计的概念与目标

一、会计的概念与特征

(一)会计的概念

在日常生活中，"会计"二字有着许多不同的含义。有人说"会计"就是指一个人，即公司的会计人员；有人说"会计"不是指人，而是指一项工作；也有人说"会计"不是指一项工作，也不是指一个人，而是指一个公司部门，即公司的会计部门；还有人说"会计"是一门学科。其实，上述都只是"会计"含义的一部分。下面我们就来看看"会计"的概念。

会计是以货币为主要计量单位，运用专门的方法，核算和监督一个单位经济活动的一种经济管理工作。

单位是国家机关、社会团体、企业、事业单位和其他组织的统称。如未特别说明，本教材主要以《企业会计准则》为依据介绍企业经济业务的会计处理。

随着经济的发展，会计已经成为现代企业的一项很重要的管理工作。企业的会计工作主要是通过一系列会计程序，对企业的经济活动和财务收支进行核算和监督，反映企业财务状况、经营成果和现金流量，反映企业管理层受托责任履行情况，为会计信息使用者提供决策有用的信息，并积极参与经营管理决策，提高企业经济效益，促进市场经济的健康有序发展。

(二)会计的基本特征

会计的基本特征主要表现为以下五个方面：

1. 会计是一种经济管理活动

现代会计由财务会计和管理会计组成。从管理会计的角度看，会计是对一个单位的经济活动进行确认、计量和报告，做出预测，参与决策，实施监督，旨在实现最佳经济效益的一种管理活动。从职能属性看，核算和监督本身是一种管理活动；从本质属性看，会计本身就是一种管理活动。

2. 会计是一个经济信息系统

从财务会计的角度看，会计侧重于对外提供信息。它将分散的经营活动转化为货币化的会计信息，提供有关业绩、问题及企业资金、劳动、所有权、收入、费用、利润、债权、债务等信息。可见，会计是以提供财务信息为主的经济信息系统，是企业经营的计分牌，是企业内部管理者和外部利益相关者进行相关经济决策的重要依据，因而会计又被称为"企业语言"。

3. 会计以货币作为主要计量单位

会计主体的经济活动是多种多样、错综复杂的。为了实现会计目的，必须综合的反映会计主体的各项经济活动，这就要求有一个统一的计量尺度。货币作为统一的价值尺度，便于统一衡量和综合比较，能够全面反映企业的生产经营情况。因此，会计需要以货币作为主要计量单位。

比如企业建造一栋房屋、购入一台设备、采购一批材料等，要用到平方米、台和千克等实物计量单位，也要用到货币计量单位，如人民币"元"等。但是，会计上在计量这些资产时，首先应以货币为主要计量单位，即会计上更关注的是建造房屋、购入设备和采购材料价值量的多少，而实物计量单位、劳动工时等只是作为一种辅助计量单位使用。如图 1-1 所示。

图 1-1　会计以货币作为主要计量单位

4. 会计具有核算和监督两项基本职能

会计的基本职能如图 1-2 所示：

核算职能	监督职能
•是指为经济管理搜集、处理、存储和输送各种会计信息	•是指通过调节、指导、控制等方式，对特定主体的经济活动的真实性、合理性和合法性进行考核与评价，并采取措施，施加一定的影响，以实现预期的目标

图 1-2　会计的基本职能

5. 会计工作需要采用一系列专门的方法

会计方法是反映和监督会计对象，实现会计目标的手段，是从事会计工作所使用的各种技术方法。狭义的会计方法是指会计核算方法。广义的会计方法一般包括会计核算方法、会计分析方法和会计检查方法等。其中，会计核算方法是会计方法中最基本的方法。会计分析方法和会计检查方法主要是在会计核算方法的基础上，利用提供的会计资料进行分析和检查。这些方法相互依存、相辅相成，形成一个完整的体系，如图 1-3 所示。

图 1-3　广义的会计方法

(三)会计的发展历程

会计随着人类社会生产的发展和经济管理的需要而产生、发展并不断得到完善。会计的发展可划分为古代会计、近代会计和现代会计三个阶段,其具体发展历程如图1-4所示。

近代会计

- 采用单式记账法
- 以实物和货币作为计量单位
- 以官厅会计为主

古代会计

- 采用复式记账法
- 以货币作为主要计量单位
- 以企业会计为主

现代会计

- 划分为"财务会计"和"管理会计"两大领域
- 会计国际化、信息化得到不断发展

图1-4 会计的发展历程

小贴士

财务会计与管理会计的区别

财务会计

- 是传统会计的继续和发展,侧重于服务外部使用者。
- 主要内容是核算企业的经济活动。

管理会计

- 从传统会计系统中分离出来的,侧重于服务内部使用者。
- 主要内容是经营预测、决策分析、全面预算、责任会计和成本控制。

二、会计的对象与目标

(一)会计对象

有人说会计对象就是企业所拥有的财富,也有人说会计对象就是指与企业相关的各类经济信息等等,这些观点都有一定的局限性。准确来讲,会计对象是指会计核算和监督的内容,具体是指社会再生产过程中能以货币表现的经济活动,即资金运动或价值运动。因此,凡是特定主体能够以货币表现的经济活动,都是会计核算和监督的内容,即会计对象。

由于各企业的性质不同,经济活动的内容不同,因此会计的具体对象也就不尽相同。下面以工业企业为例,说明工业企业会计的具体对象。工业企业的资金运动通常表现为资金投入、资金运用和资金退出三个过程,如图1-5所示。

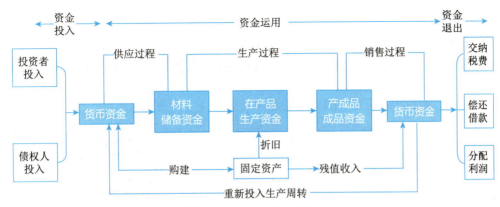

图 1-5 工业企业资金运动

1. 资金的投入

资金包括企业所有者(投资者)投入的资金和债权人投入的资金两部分，前者属于企业所有者权益，后者属于企业债权人权益即企业负债。投入企业的资金一部分构成流动资产，另一部分构成非流动资产。

2. 资金的运用

企业将资金运用于生产经营过程，形成资金的运用。资金投入企业之后，在供应、生产和销售等环节进行不断的循环和周转。

(1)供应过程

供应过程：它是生产的准备过程。在供应过程中，企业购买原材料等劳动对象，发生材料费、运输费、装卸费等材料采购成本，与供应单位发生货款的结算关系。

小白进阶 企业购买原材料、购买生产设备，属于企业的供应过程。

(2)生产过程：在生产过程中，劳动者借助于劳动手段将劳动对象加工成特定产品，发生原材料消耗的材料费、固定资产磨损的折旧费、生产工人劳动耗费的人工费等；同时，还将发生企业与工人之间的工资结算关系、与有关单位之间的劳务结算关系等。

小白进阶 支付职工工资属于资金运用中的生产过程，不属于资金的退出。

(3)销售过程：在销售过程中，将生产的产品销售出去，发生有关销售费用、收回货款等业务活动，并同购货单位发生货款结算关系、同税务机关发生税务结算关系等。

3. 资金的退出

资金退出过程包括偿还各项债务、上缴各项税费、向所有者分配利润等。

小白进阶 企业应缴纳的税费有多种，如果企业缴纳的税费应计入产品成本(比如不允许抵扣的增值税等)，此缴纳的税费就不会退出企业，会随同产品销售出去又将形成资金的回流；如果企业缴纳的税费是彻底流出企业(比如缴纳的所得税)，它不会再为企业带来任何的资金流入，则属于资金的退出。

综上所述，从任一时点上看，资金运动总是处于相对静止的状态，即企业的资金在任一时点上均表现为资金占用和资金来源两方面，这两个方面既相互联系，又相互制约。

（二）会计目标

会计目标也称会计目的，是要求会计工作完成的任务或达到的标准，即向财务会计报告使用者提供与企业财务状况、经营成果和现金流量等有关的会计信息，反映企业管理层受托责任履行情况，有助于财务会计报告使用者作出经济决策。

会计目标主要包括以下两个方面的内容：

1. 会计信息充分反映企业管理层受托责任的履行情况

现代企业的所有权和经营权相分离，企业管理层受委托人之托经营和管理企业。企业的财务状况、经营成果和现金流量等方面的信息是由会计提供的，因此，会计目标要求会计信息应能充分反映企业管理层受托责任的履行情况，帮助委托者评价企业经营管理和资源使用的有效性。企业、所有者和经营者的关系如图 1-6 所示。

图 1-6　企业、所有者和经营者的关系

2. 向信息使用者提供决策有用的会计信息

向信息使用者提供有利于其决策的会计信息，强调会计信息的相关性和有用性。信息使用者在进行决策时需要大量可靠且相关的会计信息，因此就要求会计人员在工作中应以提供服务决策的有用的会计信息作为目标。如果会计信息不能为信息使用者的决策提供帮助，则该会计信息将失去价值。

本节小结 ▶ **会计的概念与目标**

> **概念与特征**
> - 以货币为主要计量单位，运用专门的方法，核算和监督一个单位经济活动。
> - 经济管理活动、经济信息系统、以货币为主要计量单位、核算与监督职能、需专门的方法体系。

> **会计的对象**
> - 会计的对象为资金运动或价值运动。
> - 资金运动通常表现为资金投入、资金运用和资金退出的过程。

> **会计的目标**
> - 反映企业管理层受托责任的履行情况。
> - 向信息使用者提供决策有用的会计信息。

第二节　会计的职能与方法

一、会计的职能

会计的职能是指会计在经济管理过程中所具有的功能。我们从会计的定义、特征、对象和目标可以看出，会计的职能并不仅仅是"记账"这么简单。会计是一项提供经济效益的管理工作，从会计的本质来讲，其基本职能是会计核算和会计监督。同时，随着经济的发展及会计内容和作用的不断扩大，会计还逐渐具有了预测经济前景、参与经济决策、评价经营业绩等拓展职能。

(一) 基本职能

1. 会计核算职能

会计核算职能，又称会计反映职能，是指会计以货币为主要计量单位，对特定主体的经济活动进行确认、计量和报告。

小贴士

会计核算职能是会计最基本的职能。

会计确认是指依据一定的标准、辨认哪些数据能否输入、何时输入会计信息系统及如何进行报告的过程。会计确认解决的是定性问题，以判断发生的经济活动是否属于会计核算的内容、归属于哪类性质的业务、是作为资产还是负债或其他会计要素等。会计确认分为初始确认和后续确认。

会计计量是指在会计确认的基础上确定具体金额，会计计量解决的是定量问题。

会计报告是确认和计量的结果，即通过报告，将确认、计量的结果进行归纳和整理，以财务报告的形式提供给信息使用者。

会计核算职能如图 1-7 所示。

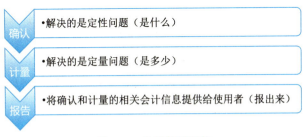

图 1-7　会计核算职能

会计核算的内容主要包括：

(1) 款项和有价证券的收付；

(2) 财物的收发、增减和使用；

(3) 债权、债务的发生和结算；

(4) 资本、基金的增减；

(5)收入、支出、费用、成本的计算；

(6)财务成果的计算和处理；

(7)需要办理会计手续、进行会计核算的其他事项。

会计核算职能是会计的首要职能，具有以下三个方面的特点：

(1)会计核算主要是利用货币计量单位对经济活动的数量进行核算。

(2)会计核算具有完整性、连续性和系统性。

(3)会计核算不仅记录已发生的经济业务，还要面向未来，为各单位的经营决策和管理控制提供依据。

2. 会计监督职能

会计监督职能，又称会计控制职能，是指对特定主体经济活动和相关会计核算的真实性、合法性和合理性进行监督检查，如图 1-8 所示。

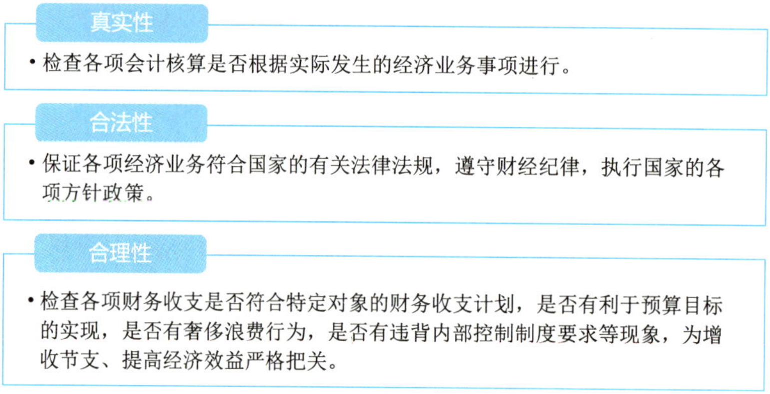

真实性
•检查各项会计核算是否根据实际发生的经济业务事项进行。
合法性
•保证各项经济业务符合国家的有关法律法规，遵守财经纪律，执行国家的各项方针政策。
合理性
•检查各项财务收支是否符合特定对象的财务收支计划，是否有利于预算目标的实现，是否有奢侈浪费行为，是否有违背内部控制制度要求等现象，为增收节支、提高经济效益严格把关。

图 1-8　会计监督职能

会计监督职能主要有以下两个特点：

(1)会计监督主要是通过价值指标进行的。

会计核算利用货币计量形成的价值指标来综合地反映经济活动过程及其结果，会计监督主要是依据这些价值指标来全面、及时、有效地控制单位的经济活动。

(2)会计监督要对单位经济活动的全过程进行监督，分为事前监督、事中监督和事后监督，如图 1-9 所示。

事前监督
•在经济活动开始前进行的监督——审查未来经济活动的合法性、合理性和可行性。
事中监督
•对正在发生的经济活动过程进行的监督——对偏离预期目标的不利因素进行纠偏。
事后监督
•对已发生的经济活动进行的监督——对已发生经济活动的合法性、合理性和效益性作考核和评价。

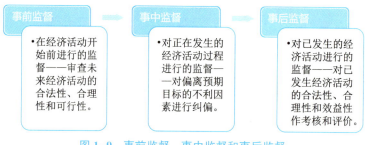

图 1-9　事前监督、事中监督和事后监督

3. 会计核算职能与监督职能的关系

会计核算与会计监督两项基本职能相辅相成、辩证统一。会计核算是会计监督的基础，处于主导地位，没有会计核算所提供的各种信息，会计监督就失去了依据；而会计监督又是会计核算质量的保障，如果只有会计核算没有会计监督，就难以保证会计核算所提供信息的真实性和可靠性。

（二）拓展职能

除了基本职能外，会计还具有预测经济前景、参与经济决策、评价经营业绩等职能。

1. 预测经济前景

会计预测是根据已有的会计信息和相关资料，对生产经营过程及其发展趋势进行定量或者定性地判断、预计和估测，找到财务方面的预定目标，作为下一个会计期间实行经济活动的指标。

2. 参与经济决策

会计决策是指会计按照提供的预测信息和既定目标，在多个备选方案中，帮助主管人员选择最佳方案的过程，为企业生产经营管理提供与决策有关的信息。

3. 评价经营业绩

会计评价是以会计核算资料为基础，结合其他相关资料，运用专门的方法，对经济活动的过程和结果进行分析，作出公正、真实、客观的综合评判。

二、会计核算方法

会计核算方法是指对会计对象进行连续、系统、全面、综合的确认、计量和报告所采用的各种方法。

（一）会计核算方法体系

会计核算方法体系由填制和审核会计凭证、设置会计科目和账户、复式记账、登记会计账簿、成本计算、财产清查、编制财务会计报告等专门方法构成。它们相互联系、紧密结合，确保会计工作有序进行。

1. 设置会计科目和账户。会计科目是对会计要素的具体内容所进行的进一步的分类。账户是根据会计科目开设的账页户头，账户具有一定的格式，是连续、系统地登记某一项经济业务的增减变动情况及其结果的载体。

2. 复式记账。复式记账是对发生的每一笔经济业务，都在两个或两个以上相互联系的账户中，以相等的金额反映这一经济业务来龙去脉的一种专门记账方法。复式记账是会计核算方法体系的核心。

3. 填制和审核会计凭证。会计凭证包括原始凭证和记账凭证，是记录经济业务、明确经济责任的书面证明，是会计登记账簿的依据。

4. 登记会计账簿。账簿是由若干相互联系的、具有一定结构的账页所组成的簿籍。登记账簿是会计人员运用复式记账的原理，将数量繁多的会计凭证分门别类地在账簿上进行连续、完整地记录和反映各项经济业务的一种专门方法。账簿记录所提供的各种核算资料，是编制财务报表的直接依据。

5. 成本计算。成本计算是指对生产经营过程中发生的产品生产费用，按各种不同的成本计算对象进行归集和分配，进而计算产品的总成本和单位成本的一种专门方法。通过成本计算，可以反映和监督生产经营过程中发生的各项费用是否节约或超支，并据以确定企业经营成果。

6. 财产清查。财产清查是指通过对货币资金、实物资产和往来款项等财产物资进行盘点或核对，确定其实存数，查明账存数与实存数是否相符的一种专门方法。通过财产清查，可以查明各项财产物资的保管和使用情况，以及往来款项的结算情况，监督各项财产物资的安全与合理使用。

7. 编制财务会计报告。财务会计报告是以账簿资料为依据，全面、系统地反映企业在某一特定日期的财务状况或某一会计期间的经营成果和现金流量的一种报告性文件。

小白进阶 会计核算的七种方法，虽各有特定的含义和作用，但并不是独立存在的，而是相互联系、相互依存、彼此制约的。它们共同构成了一个完整的会计核算方法体系。如图1-10所示。

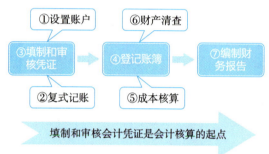

图 1-10　会计核算方法体系

（二）会计循环

会计循环是指按照一定的步骤反复运行的会计程序。从会计工作流程看，会计循环由确认、计量和报告等环节组成；从会计核算的具体内容看，会计循环由填制和审核会计凭证、设置会计科目和账户、复式记账、登记会计账簿、成本计算、财产清查、编制财务会计报告等组成。这些会计程序以一个会计期间的期初为起点，以其期末为终点，并且各个会计期间循环往复，周而复始，在企业持续经营的情况下不会停止，故称为会计循环，如图1-11所示。

图 1-11　会计循环

本节小结 ▶ **会计的职能与方法**

> **会计的职能**
>
> - 基本职能——会计核算和会计监督。
> - 拓展职能——预测经济前景、参与经济决策、评价经营业绩等。
>
> **会计的核算方法**
>
> - 会计核算方法体系由填制和审核会计凭证、设置会计科目和账户、复式记账、登记会计账簿、成本计算、财产清查、编制财务会计报告等专门方法构成。

第三节　会计基本假设与会计基础

一、会计基本假设

　　会计人员开展会计工作时，需要根据经济业务所涉及的不同情况，选择恰当的会计方法进行处理。然而，企业的经济活动复杂多样，总会有许多不确定因素出现，会计人员很难一一从正面作出肯定的判断和估计。所以，如果不对会计核算所处时间、空间环境等作一些合理假定，会计人员就无法进行适当的会计处理。由此，会计假设就"应运而生"了。

　　会计基本假设包括会计主体、持续经营、会计分期和货币计量，是对会计核算所处时间、空间环境等所作的合理假定。会计基本假设是组织会计核算工作应当明确的前提条件，是建立会计原则的基础，也是进行会计实务的必要条件，所以又叫会计核算的基本前提。

（一）会计主体

　　会计主体是指会计核算和监督的特定单位，是指企业会计确认、计量和报告的空间范围。通俗来讲，会计人员为"谁"做的账，那"谁"就是这部分账所对应的会计主体。

　　每个独立核算的单位都是一个会计主体，一个公司、一个分支机构、一个车间、一个门市部，都可以成为一个会计主体。当然，最典型的会计主体是企业。在会计主体假设下，企业应当对其自身发生的交易或事项进行会计确认、计量和报告，反映企业本身所从事的各项生产经营活动。明确界定会计主体是开展会计确认、计量和报告工作的重要前提。

　　首先，明确会计主体，才能划定会计所要处理的各项交易或事项的范围。在会计工作中，只对影响企业本身经济利益的交易或事项加以确认、计量和报告。会计工作中通常所讲的资产、负债的确认，收入的实现，费用的发生等，都是针对特定会计主体而言的。

　　其次，明确会计主体，才能将会计主体的交易或者事项与会计主体所有者的交易或者事项及其他会计主体的交易或者事项区分开。

　　小白进阶　企业所有者和企业本身是两个不同的会计主体。企业所有者的交易或者事项是属于企业所有者主体所发生的，不应纳入企业会计核算的范围。但是企业所有者投入到企业的资本或者企业向所有者分配的利润，则属于企业主体所发生的交易或者事项，应当纳入企业会计核算的范围，如图1-12所示。

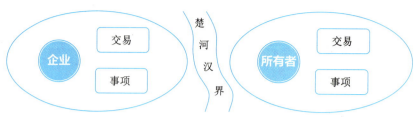

图 1-12　企业与企业所有者各自的交易和事项需区分开来

会计主体与法律主体(法人)并非是对等的概念。一般来说，法律主体必然是会计主体，但会计主体不一定是法律主体。

例如，一个企业可以作为一个法律主体，并且应当建立财务会计系统，独立反映其财务状况、经营成果和现金流量；而在企业集团的情况下，一个母公司拥有若干子公司，母、子公司虽然是不同的法律主体，但是母公司对子公司拥有控制权，为了全面反映企业集团的财务状况、经营成果和现金流量，就有必要将企业集团作为一个会计主体，编制合并财务报表，在这种情况下，尽管企业集团不属于法律主体，但它却是会计主体。再如，由企业管理的证券投资基金、企业年金基金，尽管不属于法律主体，但属于会计主体，应当对每项基金进行会计确认、计量和报告。如图 1-13 所示。

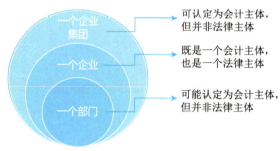

图 1-13　会计主体与法律主体的关系

小贴士

会计主体这一会计基本假设，对会计确认、计量和报告的范围从空间上作了有效界定，明确了会计人员应该把握的立场，解决了为谁核算的问题，对于正确地反映一个经济实体所拥有的经济资源及其所承担的义务，计算该经济实体的经营收益或损失等，都有重要意义。

(二)持续经营

持续经营是指在可以预见的未来，企业将会按当前的规模和状态持续经营下去，不会停业，也不会大规模削减业务。

会计核算上所使用的一系列会计处理原则、会计处理方法都是建立在会计主体持续经营的前提下。企业是否持续经营，在会计处理原则、会计处理方法的选择上有很大差别。一般情况下，应当假定企业将会按照当前的规模和状态持续经营下去。明确这个基本假设，就意味着会计主体将按照既定用途使用资产，按照既定的合约条件清偿债务，会计人员在此基础上选择会计处理原则和会计处理方法。

小贴士

任何企业在经营中都存在不能持续经营的风险，一旦进入清算阶段，就应当改按清算会计的处理原则来进行业务处理。

（三）会计分期

会计分期是指将一个企业持续经营的经济活动划分为一个个连续的、长短相同的期间，以便分期结算账目和编制财务会计报告。

根据持续经营假设，一个企业将按当前的规模和状态持续经营下去。但无论是企业的生产经营决策还是投资者、债权人等的决策都需要及时的信息，都需要将企业持续的生产经营活动划分为一个个连续的、长短相同的期间，分期确认、计量和报告企业的财务状况、经营成果和现金流量，这样便产生了会计分期。

根据《企业会计准则——基本准则》规定，会计期间分为年度和中期两种。这里的会计年度采用的是公历年度，即从每年的1月1日到12月31日为一个会计年度。所谓中期是短于一个完整会计年度的报告期间，又可以分成月度、季度、半年度。

小贴士

明确会计分期假设意义重大。由于有了会计分期，才产生了本期与非本期的区别，才产生了权责发生制和收付实现制的区别，进而出现了应收、应付、预收、预付、折旧、摊销等会计处理方法。

持续经营假设与会计分期假设的关系如图1-14所示。

图1-14 持续经营假设与会计分期假设的关系

（四）货币计量

货币计量是指会计主体在会计确认、计量和报告时以货币作为计量尺度，反映会计主体的经济活动。

在会计的确认、计量和报告过程中之所以选择以货币为基础进行计量，是由货币的本身属性决定的。货币是商品的一般等价物，是一般商品价值的共同尺度，具有价值尺度、流通手段、贮藏手段和支付手段等特点。其他计量单位，如重量、长度、容积、台、件等，只能从某一侧面反映企业的生产经营情况，无法在量上进行汇总和比较，不便于会计计量和经营管理。只有选择货币尺度进行计量才能充分反映企业的生产经营情况，所以，基本准则规定，会计确认、计量和报告选择货币作为计量单位。

小白进阶 在有些情况下，统一采用货币计量也有缺陷。某些影响企业财务状况和经营成果的因素，往往难以用货币来计量，但这些信息对于使用者决策而言也很重要。为此，企业可以在财务会计报告中补充披露有关非货币计量的财务信息。

在我国，会计核算以人民币为记账本位币。业务收支以人民币以外的货币为主的单位，可以选定其中一种货币作为记账本位币，但是编报的财务会计报告应当折算为人民币。

小贴士

四项会计基本假设相互依存、相互补充。首先是会计主体，有了会计主体的前提，会计核算才有了明确的空间范围，使会计核算和监督有针对性地进行，从而避免了将企业财产和职工个人财产相混淆，而且也区分了本企业和其他企业的业务；其次是明确会计核算和监督的时间范围，会计核算和监督是在企业持续经营的基础上进行的，但持续经营假设界定了一个首尾相连永无停止的时间范围，所以为便于定期算账、结账、报账，才有了会计分期假设；最后，在会计核算和监督的过程中为便于统一计量提出了货币计量假设。

二、会计基础

根据上面所学，我们知道，会计基本假设将企业持续经营的经济活动划分成了一个个会计期间。那么，企业为进行生产经营活动而发生的费用，可能在以前期间、本期或以后期间付出货币资金，我们是将其确认为本期的费用，还是将其确认为其他期间的费用呢？同理，企业所形成的收入，可能在前期间、本期或以后期间收到货币资金，我们是将其确认为本期的收入，还是将其确认为其他期间的收入呢？

会计基础，就是为解决上述问题而设计的，会计基础主要有两种——权责发生制和收付实现制。

(一) 权责发生制

权责发生制，也称"应计制"，是指收入、费用的确认应当以收入和费用的实际发生作为确认的标准，合理确认当期损益的一种会计基础。权责发生制要求凡是当期已经实现的收入、已经发生和应当负担的费用，不论款项是否收付，都应当作为当期的收入、费用；凡是不属于当期的收入、费用，即使款项已经在当期收付了，也不应当作为当期的收入、费用。

权责发生制最大的优点是能够更加准确地反映特定会计期间真实的财务状况及经营成果。在会计实务中，企业交易或者事项的发生时间与相关货币收支的时间有时并不完全一致。例如，预收销货款、预付购货款等情况，虽然款项已经收到或者支付，但实际的经济业务在本期并未实现，为了更加真实、公允地反映特定会计期间的财务状况和经营成果，就不能将预收或者预付的款项作为本期的收入或费用处理。

在我国，企业应当以权责发生制为基础进行会计确认、计量和报告。

【例1-1】在权责发生制下，2019年5月，某企业销售一批商品，款项当时未收到，而后在7月份收到款项，应当作为5月份的收入。

【例1-2】在权责发生制下，2019年5月，某企业预收货款，这时尽管货款已经收到，但货物还没有发出，不能作为5月份的收入，而应作为货物发出月份的收入。

(二) 收付实现制

收付实现制，也称"现金制"，是以收到或支付现金作为确认收入和费用的标准，是与权责发生制相对应的一种会计基础。按照收付实现制，收入和费用的归属期间将与现金收支行为的发生与否紧密地联系在一起。换言之，现金收支行为在其发生的期间全部记作收入和费用，而不考虑与现金收支行为相连的经济业务实质是否发生。

在我国，政府会计由预算会计和财务会计构成。预算会计实行收付实现制(国务院另有规定的，依照其规定)，财务会计实行权责发生制。

【例1-3】在收付实现制下，2019年5月份，某企业销售一批商品，款项当时未收到，而后在7月份收到款项，应当作为7月份的收入，注意与【例1-1】的区别。

【例1-4】在收付实现制下，2019年5月，某企业预收货款，这时货款已经收到，虽然货物还没有发出，应作为5月份的收入，注意与【例1-2】的区别。

本节小结▶ **会计基本假设与会计基础**

> **会计的基本假设**
>
> - 会计主体——企业会计确认、计量和报告的空间范围。
> - 持续经营——在可以预见的未来，企业将会按当前的规模和状态持续经营下去。
> - 会计分期——将企业持续经营的经济活动划分为连续的、长短相同的期间。
> - 货币计量——在会计确认、计量和报告时以货币作为计量尺度。

> **会计基础**
>
> - 权责发生制——以收入和费用的实际发生作为确认收入、费用确认的标准。
> - 收付实现制——以收到或支付现金作为确认收入和费用的标准。

第四节　会计信息的使用者及其质量要求

一、会计信息的使用者

会计信息使用者包括企业管理者、投资者和潜在投资者、债权人、政府及其相关部门和社会公众等，如图1-15所示。

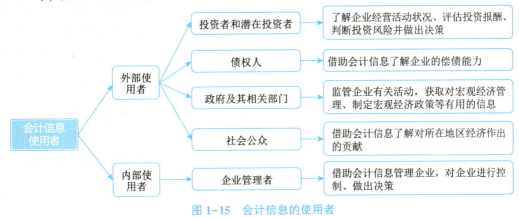

图1-15　会计信息的使用者

二、会计信息的质量要求

会计信息质量要求是对企业财务会计报告中所提供高质量会计信息的基本规范，是使财务会计报告中所提供会计信息对信息使用者决策有用所应具备的基本特征，主要包括可靠性、相关性、可理解性、可比性、实质重于形式、重要性、谨慎性和及时性等。

（一）可靠性

可靠性要求企业应当以实际发生的交易或者事项为依据进行会计确认、计量和报告，如实反映符合确认和计量要求的各项会计要素及其他相关信息，保证会计信息真实可靠、内容完整。

企业的会计信息要满足会计信息使用者的决策需要，就必须内容真实，数字准确，资料可靠。如果企业的会计核算不是以实际发生的交易或事项为依据，没有如实反映企业的财务状况、经营成果和现金流量，企业的会计信息就是不可靠的，就会误导会计信息使用者，会计工作也就失去了存在的意义。如图 1-16 所示。

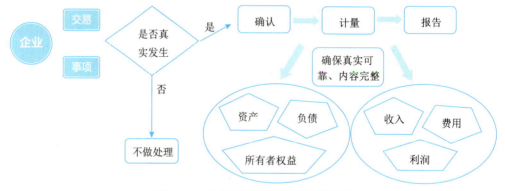

图 1-16　会计信息质量的可靠性要求

（二）相关性

相关性要求企业提供的会计信息应当与财务会计报告使用者的经济决策需要相关，有助于财务会计报告使用者对企业过去和现在的情况作出评价，对未来的情况作出预测。

会计信息是否有用、是否有价值，在于其是否与会计信息使用者的决策需要相关联，是否有助于决策或者提高决策水平。一般认为，具备相关性的会计信息应当在保证及时性的前提下，具备反馈价值和预测价值，即能够有助于信息使用者评价企业过去的决策，证实或者修正过去的有关预测，并根据会计信息预测企业未来的财务状况、经营成果和现金流量。

值得注意的是，会计信息的相关性应以可靠性为基础，在可靠性的前提下尽可能做到相关性，不能把两者对立起来。

小贴士

与会计信息使用者的决策需要相关联举例：

小王 8 年前买了一辆汽车，当时购买价格为 50 万元，现在已经磨损了 40 万元，那么这辆汽车值多少钱？50 万元还是 10 万元？如果信息使用者需要知道现在的价值，即为 10 万元；如果需要知道购买时的价值，即为 50 万元。

（三）可理解性

可理解性要求企业的会计信息应当清晰明了，便于财务会计报告使用者理解和使用。该项要求的前提是信息使用者必须具备一定与企业经营活动相关的会计知识，并愿意付出努力去研究这些信息。

（四）可比性

可比性要求企业提供的会计信息应当相互可比。具体包括下列两层含义：

1. 同一企业不同时期可比

同一企业不同时期发生的相同或者相似的交易或者事项，应当采用一致的会计政策，不得随意变更。确需变更的，应当在附注中说明。

企业发生的交易或事项具有复杂性和多样性，对于某些交易或事项可以有多种会计核算方法。例如，存货的领用和发出，可以采用先进先出法、加权平均法、移动加权平均法、个别计价法等确定其实际成本；固定资产折旧方法可以采用年限平均法、工作量法、年数总和法、双倍余额递减法等。可比性的目的是使会计信息的使用者能利用以前会计期间的会计信息考核、评价本期的财务状况和经营成果，并借以进行正确的预测和决策。如果企业在不同的会计期间采用不同的会计核算方法，将不利于会计信息使用者对会计信息的理解，不利于会计信息作用的发挥，甚至导致分析和判断出现错误。

2. 不同企业相同会计期间可比

不同企业同一会计期间发生的相同或者相似的交易或者事项，应当采用规定的会计政策，确保会计信息口径一致、相互可比。

为了保证会计信息能够满足决策的需要，便于比较不同企业的财务状况、经营成果和现金流量，不同企业发生相同或者相似的交易或事项，应当采用国家统一规定的相关会计方法和程序。可比性使来自各企业的会计信息能统一汇总，为国民经济的宏观调控提供有用的信息。如图 1-17 所示。

图 1-17 会计信息质量的可比性要求

（五）实质重于形式

实质重于形式要求企业应当按照交易或事项的经济实质进行会计确认、计量和报告，不应仅以交易或者事项的法律形式为依据。

在具体会计实务中，交易或事项的经济实质往往存在着与其法律形式明显不一致的情形，如果会计核算仅仅按照交易或事项的法律形式进行，而其法律形式又没有反映其经济实质，那么，其最终结果将会误导会计信息使用者。所以，这就要求会计信息不能仅仅根据它们的法律形式进行反映。

例如，以具有融资性质的分期付款方式购入资产(假定不考虑税金因素)，从法律形式上看，该资产的成本为购买方所需支付全部款项的合计数；但从经济实质来看，相当于购买方在购入该资产的同时从销售方融入资金(即长期占用销售方资金)，购买方未来应付款项实质包含两部分：即资产买价及相关融资费用(即借款利息费用)。因此，购买方应当按照所付价款的现值确认为资产成本，将所付价款总额与其现值的差额分期确认为融资费用。

(六)重要性

重要性要求企业提供的会计信息应当反映与企业财务状况、经营成果和现金流量有关的所有重要交易或者事项。

在评价某些项目的重要性时，很大程度上取决于会计人员的职业判断，应从质和量两个方面进行分析。一般认为，在实务中如果省略或者错报会影响财务会计报告使用者决策的信息具有重要性。

对于重要会计事项，必须按照规定的会计方法和程序进行处理，并在财务会计报告中予以充分、准确地披露；对于次要会计事项，在不影响会计信息真实性和不至于误导财务会计报告使用者的前提下，可适当简化处理。

通俗来讲，即对重要的会计信息应当一丝不苟的进行反映，对于不重要的会计信息，可以基于成本效益原则，进行适当简化。

(七)谨慎性

谨慎性要求企业对交易或者事项进行会计确认、计量和报告时应当保持应有的谨慎，不应高估资产或者收益、低估负债或者费用。

企业对可能发生的资产减值损失计提资产减值准备、对固定资产采用加速折旧法计提折旧以及对售出商品可能发生的保修义务确认预计负债等，就体现了这一要求。而对可能获得的收入，基于稳健考虑，则不能预估及提前入账。

小贴士

谨慎性原则的应用并不意味着企业可以任意设置各种秘密准备，否则，就属于滥用谨慎性原则，视同重大会计差错。

(八)及时性

及时性要求企业对于已经发生的交易或者事项，应当及时进行确认、计量和报告，不得提前或者延后。

会计信息的价值在于帮助会计信息使用者作出经济决策，即便是可靠、相关的会计信息，如果提供的不及时，对于信息使用者的作用就会大大降低，甚至产生误导，因而会计信息必须注重时效性。

在会计核算过程中贯彻及时性：

(1)及时收集会计信息，在经济业务发生后，及时收集整理各种原始单据；

(2)及时处理会计信息，按照会计制度统一规定的时限，及时编制出财务会计报告；

(3)及时传递会计信息，在统一规定的时限内，及时将编制的财务会计报告传递给财务会计报告使用者。

本节小结 ▶ **会计信息的使用者及其质量要求**

> **会计信息的使用者**
> • 包括企业管理者、投资者和潜在投资者、债权人、政府及其相关部门和社会公众等。

> **会计信息的质量要求**
> • 可靠性——应保证会计信息真实可靠、内容完整。
> • 相关性——应有助于财务会计报告使用者对企业过去和现在的情况作出评价，对未来的情况作出预测。
> • 可理解性——应清晰明了，便于财务会计报告使用者理解和使用。
> • 可比性——同一企业不同时期应相互可比，不同企业同一时期应相互可比。
> • 实质重于形式——应按照交易或事项的经济实质进行会计确认、计量和报告。
> • 重要性——应反映与企业财务状况、经营成果和现金流量有关的所有重要交易或者事项。
> • 谨慎性——保持应有的谨慎，不应高估资产或者收益、低估负债或者费用。
> • 及时性——应及时进行确认、计量和报告，不得提前或者延后。

第五节　会计准则体系

一、会计准则的构成

会计准则是反映经济活动、确认产权关系、规范收益分配的会计技术标准，是生成和提供会计信息的重要依据，也是政府调控经济活动、规范经济秩序和开展国际经济交往等的重要手段。会计准则具有严密和完整的体系。我国已颁布的会计准则有《企业会计准则》《小企业会计准则》和《政府会计准则》。

二、企业会计准则

《企业会计准则》由财政部制定，于2006年2月15日发布，自2007年1月1日起在上市公司范围内施行，并鼓励其他企业执行。本准则对加强和规范企业会计行为，提高企业经营管理水平和规范会计处理，促进企业可持续发展起到指导作用。我国的企业会计准则体系包括基本准则、具体准则、应用指南和解释公告等。

(一)基本准则

基本准则是企业进行会计核算工作必须遵守的基本要求，是企业会计准则体系的概念基础，是制定具体准则、会计准则应用指南、会计准则解释的依据，也是解决新的会计问题的指南，在企业会计准则中具有重要的地位。基本准则包括总则、会计信息质量要求、财务会计报表要素、会计计量、财务会计报告等11章内容。

(二)具体准则

具体准则是在基本准则的指导下，处理会计具体业务标准的规范。其具体内容可分为一般业务准则、特殊行业和特殊业务准则、财务报告准则三大类：

一般业务准则是对一般经济业务的确认、计量要求，如存货、固定资产、无形资产、职工薪酬、所得税等。

特殊行业和特殊业务准则是对特殊行业的特定业务的会计问题作出的处理规范。如生物资产、金融资产转移、套期保值、原保险合同、合并会计报表等。

财务会计报告准则主要是各类企业通用的报告类准则。如财务报表列报、现金流量表、合并财务报表、中期财务报告、分部报告等。

(三)应用指南

应用指南从不同角度对企业具体准则进行细化，解决实务操作问题。它是对具体准则相关条款的细化和对有关重点、难点问题提供操作性规定，包括具体准则解释部分、会计科目和财务报表部分。

(四)解释公告

解释公告主要为了深入贯彻实施企业会计准则，解决执行中出现的问题，同时实现会计准则持续趋同和等效。财政部于 2007 年 11 月至 2017 年 6 月陆续制定了《企业会计准则解释第 1 号》(财会〔2007〕14 号)、《企业会计准则解释第 2 号》(财会〔2008〕11 号)、《企业会计准则解释第 3 号》(财会〔2009〕8 号)、《企业会计准则解释第 4 号》(财会〔2010〕15 号)、《企业会计准则解释第 5 号》(财会〔2012〕19 号)、《企业会计准则解释第 6 号》(财会〔2014〕1 号)、《企业会计准则解释第 7 号》(财会〔2015〕19 号)、《企业会计准则解释第 8 号》(财会〔2015〕23 号)、《企业会计准则解释第 9 号》(财会〔2017〕16 号)、《企业会计准则解释第 10 号》(财会〔2017〕17 号)、《企业会计准则解释第 11 号》(财会〔2017〕18 号)、《企业会计准则解释第 12 号》(财会〔2017〕19 号)。

三、小企业会计准则

小企业一般是指规模较小或处于创业和成长阶段的企业，包括规模在规定标准以下的法人企业和自然人企业。

小企业具有一些共同特点：一是规模小，投资少，投资与见效的周期相对较短，同样投资使用劳动力更多；二是对市场反应灵敏，具有以新取胜的内在动力和保持市场活力的能力；三是环境适应能力强，对资源获取的要求不高，能广泛地分布于各种环境条件中；四是在获取资本、信息、技术等服务方面处于劣势，管理水平较低。

2011 年 10 月 18 日，财政部发布了《小企业会计准则》，要求符合适用条件的小企业自 2013 年 1 月 1 日起执行，并鼓励提前执行。《小企业会计准则》一般适用于在我国境内依法设立、经济规模较小的企业，具体标准参见《小企业会计准则》和《中小企业划型标准规定》。

四、政府会计准则

《政府会计准则制度》包括《政府会计准则》和《政府会计制度》等内容，自 2019 年 1 月 1 日起，政府会计准则制度在全国各级各类行政事业单位全面施行。执行政府会计准则制度的单位，不再执行《事业单位会计准则》《行政单位会计制度》等等。

我国的政府会计准则体系由政府会计基本准则、具体准则和应用指南三部分组成。政府会计由预算会计和财务会计构成。政府预算会计要素包括预算收入、预算支出与预算结余；政府财务会计要素包括资产、负债、净资产、收入和费用。

本节小结 ▶ **会计准则体系**

> **会计准则的构成**
> · 包括《企业会计准则》《小企业会计准则》和《政府会计准则》。

> **企业会计准则**
> · 企业会计准则体系包括基本准则、具体准则、应用指南和解释公告等。

> **小企业会计准则**
> · 适用于规模较小或处于创业和成长阶段的企业。

> **政府会计准则**
> · 政府会计准则体系由政府会计基本准则、具体准则和应用指南三部分组成。

第二章 "动""静"相宜的会计要素与会计等式

本章导读

　　本章主要围绕企业的会计要素来展开讲解，分别介绍了企业会计要素的定义及其确认条件、企业会计要素计量过程中所使用的计量属性，以及各会计要素所形成的会计等式。本章是学习的重点和难点，应在理解的基础上加以记忆。

　　本章的内容和结构如下：

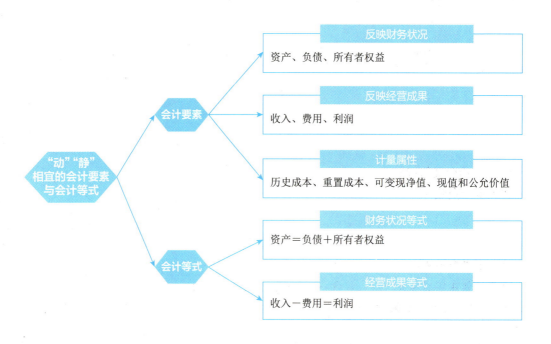

第一节 会计要素

一、会计要素的含义与分类

企业会计核算和监督的内容纷繁芜杂,所以我们有必要对这些会计对象进行归类。将会计对象分门别类地进行规整划分后所得到的类别,就是我们所说的会计要素。即,会计要素是指根据交易或者事项的经济特征对财务会计对象所做的基本分类。我国《企业会计准则》将会计要素划分为资产、负债、所有者权益、收入、费用和利润六类。

资产、负债和所有者权益反映企业在一定日期的财务状况,是对企业资金运动的静态反映,属于静态要素,在资产负债表中列示。收入、费用和利润反映企业在一定时期内的经营成果,是对企业资金运动的动态反映,属于动态要素,在利润表中列示。会计要素的分类如图2-1所示。

图2-1 会计要素的分类

二、会计要素的确认

(一)资产

1. 资产的含义与特征

资产是指企业过去的交易或者事项形成的、由企业拥有或者控制的、预期会给企业带来经济利益的资源。

小贴士

现实的资产举例:

企业计划在年底购买一批机器设备,8月份与销售方签订了购买合同,但实际购买行为发生在12月份,则企业不能在8月份将该批设备确认为资产,在12月份购入时才能将其确认为资产。

根据资产的定义,资产具有以下基本特征:

(1)资产是由企业过去的交易或事项形成的。

资产是过去已经发生的交易或事项所产生的结果,资产必须是现实的资产,而不能是预期的资产。未来交易或事项可能产生的结果不能作为资产确认。

(2)资产是企业拥有或控制的资源。

这里的"拥有"是指企业享有某项资源的所有权；"控制"是指企业虽然不享有某项资源的所有权，但该资源能被企业所控制。

（3）资产预期会给企业带来经济利益。

预期会给企业带来经济利益，是指资产具有直接或间接导致现金或现金等价物流入企业的潜力。这种潜力，可以来自企业日常的生产经营活动，也可以是非日常活动。带来的经济利益可以是直接增加未来的现金或现金等价物流入，也可以是节约未来的现金或现金等价物流出。如果某一项目预期不能给企业带来经济利益，那么就不能将其确认为企业的资产。

小贴士

预期不能给企业带来经济利益举例：

某企业的生产线上有两台机床 H 和 G，其中 G 型号较老，H 是 G 的替代产品，自 H 投入使用后，G 一直未再使用；目前 H 承担该生产线上的全部生产任务。由于 G 型号机床预期不能给企业带来经济利益，所以不属于企业的资产。

2. 资产的确认条件

将一项资源确认为资产，除了需要符合资产的定义，还应同时满足以下两个条件：

（1）与该项资源有关的经济利益很可能流入企业。

从资产的定义可以看到，能带来经济利益是资产的一个本质特征，但在现实生活中，由于经济环境瞬息万变，与资源有关的经济利益能否流入企业或者能够流入多少，实际上带有不确定性，因此，资产的确认还应与经济利益流入的不确定性程度的判断结合起来。如果根据编制财务报表时所取得的证据，判断与资源有关的经济利益很可能流入企业，那么就应当将其作为资产予以确认；反之，不能确认为资产。

（2）该资源的成本或者价值能够可靠地计量。

可计量性是所有会计要素确认的重要前提，资产的确认也是如此。只有当有关资源的成本或者价值能够可靠地计量时，资产才能予以确认。在实务中，企业取得的许多资产都需要付出成本。例如，企业购买或者生产的存货、企业购置的厂房或者设备等，对于这些资产，只有成本能够可靠计量，才能视为符合了资产确认的可计量条件。如图 2-2 所示。

图 2-2　成为一项资产前需"闯"的"五关"

3. 资产的分类

资产按流动性进行分类，可以分为流动资产和非流动资产。

流动资产是指预计在一个正常营业周期中变现、出售或耗用，或者主要以交易为目的而持有，或者预计在资产负债表日起一年内(含一年)变现的资产，以及自资产负债表日起一年内交换其他资产或清偿负债的能力不受限制的现金或现金等价物。流动资产主要包括库存现金、银行存款、交易性金融资产、应收票据、应收账款、预付账款、应收利息、应收股利、其他应收款、存货等。

小白进阶 一个正常营业周期是指企业从购买用于加工的资产起至实现现金或现金等价物的期间。正常营业周期通常短于一年，在一年内有几个营业周期。但是，也存在正常营业周期长于一年的情况，在这种情况下，与生产循环相关的产成品、应收账款、原材料尽管是超过一年才变现、出售或耗用，仍应作为流动资产。当正常营业周期不能确定时，应当以一年(12个月)作为正常营业周期。

非流动资产是指流动资产以外的资产，主要包括长期股权投资、固定资产、在建工程、工程物资、无形资产等。

(二) 负债

1. 负债的含义与特征

负债是指企业过去的交易或者事项形成的，预期会导致经济利益流出企业的现时义务。

根据负债的定义，负债具有以下基本特征：

(1)负债是由过去的交易或事项形成的。

负债应当由企业过去的交易或者事项形成。例如，购买货物或接受劳务会产生应付账款(已经预付或是在交货时支付的款项除外)，接受银行贷款会产生偿还贷款的义务。只有源于已经发生的交易或事项，会计上才有可能确认为负债。只有过去的交易或者事项才形成负债，企业将在未来发生的承诺、签订的购买合同等交易或者事项，不形成负债。

小贴士

未来发生的交易或事项举例：

企业拟于3个月后购入一台机器设备，设备价款20万元。购入机器设备是未来要发生的交易或者事项，因此，根据负债的定义，不应当在目前时点将价款20万元确认为负债。

(2)负债是企业承担的现时义务。

负债必须是企业承担的现时义务，这里的现时义务是指企业在现行条件下承担的义务。未来发生的交易或事项形成的义务，不属于现时义务，不应当确认为负债。

小白进阶 现时义务和潜在义务

现时义务是指企业在现行条件下已承担的义务；潜在义务是指结果取决于不确定未来事项的可能义务。潜在义务最终是否转变为现时义务，由某些未来不确定事项的发生或不发生来决定。

(3)负债预期会导致经济利益流出企业。

预期会导致经济利益流出企业是负债的一个本质特征，如果不会导致经济利益流出企业，就不符合负债的定义。负债通常是在未来某一日期通过交付资产(包括现金和其他资产)或提供劳务来清偿。有时,企业也可以通过承诺新的负债或转化为所有者权益来了结一项现有的负债,但最终都会导致企业经济利益的流出。

小贴士

企业经济利益的流出举例:

企业赊购一批材料,材料已验收入库,但尚未付款,该笔业务所形成的应付账款属于企业的负债,需要在未来某一日期通过交付现金或银行存款来清偿。

2. 负债的确认条件

将一项现时义务确认为负债,除了需要符合负债的定义,还应当同时满足以下两个条件:

(1)与该义务有关的经济利益很可能流出企业。

从负债的定义可以看出,预期导致经济利益流出企业是负债的一个本质特征。在实务中,履行义务所需流出的经济利益带有不确定性,因此,负债的确认应当与经济利益流出的不确定性程度的判断结合起来。如果有确凿证据表明,与现时义务有关的经济利益很可能流出企业,就应当将其作为负债予以确认;反之,如果企业承担了现时义务,但是导致企业经济利益流出的可能性很小,就不符合负债的确认条件,不应将其作为负债予以确认。

(2)未来流出的经济利益的金额能够可靠地计量。

对于与法定义务有关的经济利益流出金额,通常可以根据合同或者法律规定的金额予以确定。经济利益流出通常发生在未来期间,有时未来期间较长,有关金额的计量需要考虑货币时间价值等因素的影响。对于与推定义务有关的经济利益流出金额,企业应当根据履行相关义务所需支出的最佳估计数进行估计,并综合考虑有关货币时间价值、风险等因素的影响。如图 2-3 所示。

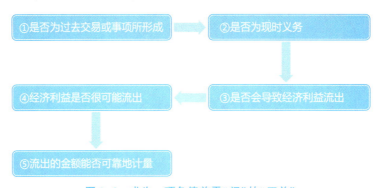

图 2-3　成为一项负债前需"闯"的"五关"

3. 负债的分类

按偿还期限的长短,一般将负债分为流动负债和非流动负债。

流动负债是指预计在一个正常营业周期中偿还,或者主要为交易目的而持有,或者自资产负债表日起一年内(含一年)到期应予以清偿,或者企业无权自主地将清偿推迟至资产负债表日以后一年以上的负债。流动负债主要包括短期借款、应付票据、应付账款、预收账款、应付职工薪酬、应交税费、应付利息、应付股利、其他应付款等。

非流动负债是指流动负债以外的负债，主要包括长期借款、应付债券、长期应付款等。

(三)所有者权益

1. 所有者权益的含义与特征

所有者权益是指企业资产扣除负债后由所有者享有的剩余权益。公司的所有者权益又称为股东权益。

根据所有者权益的定义，所有者权益具有以下基本特征：

(1)除非发生减资、清算或分派现金股利，企业不需要偿还所有者权益；

(2)企业清算时，只有在清偿所有的负债后，所有者权益才返还给所有者；

(3)所有者凭借所有者权益能够参与企业利润的分配。

2. 所有者权益的确认条件

所有者权益的确认、计量主要取决于资产、负债、收入、费用等其他会计要素的确认和计量。所有者权益在数量上等于企业资产总额扣除债权人权益后的净额，即为企业的净资产，反映所有者(股东)在企业资产中享有的经济利益。

3. 所有者权益的分类

所有者权益的分类如图2-4所示。

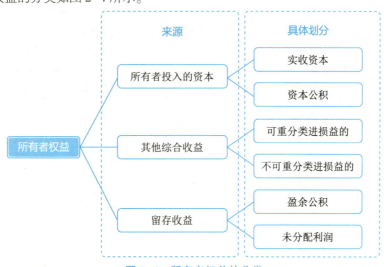

图2-4 所有者权益的分类

(1)所有者投入的资本是指所有者投入企业的资本部分，它既包括构成企业注册资本(实收资本)或者股本部分的金额，也包括投入资本超过注册资本或者股本部分的金额，即资本溢价或者股本溢价，这部分投入资本在我国企业会计准则体系中被计入资本公积，并在资产负债表中的"资本公积"项目反映。

(2)其他综合收益，是指企业根据会计准则规定未在当期损益中确认的各项利得和损失。

(3)留存收益是所有者(股东)权益的重要组成部分，它是指企业在历年生产经营活动中取得的净利润的留存额。在我国留存收益主要包括盈余公积和未分配利润两部分。

（四）收入

1. 收入的含义与特征

收入是指企业在日常活动中形成的、会导致所有者权益增加的、与所有者投入资本无关的经济利益的总流入。根据收入的定义，收入具有以下基本特征：

(1)收入是企业在日常活动中形成的。

日常活动是指企业为完成其经营目标所从事的经常性活动及与之相关的活动。有些交易或事项虽然也能为企业带来经济利益，但不属于企业的日常活动，因此其流入的经济利益不能确认为收入，而应当计入利得。

小贴士

日常活动：

工业企业的产品生产和销售活动，商品流通企业的商品购销活动，金融企业的存、贷款业务等，属于各自企业的日常活动。

(2)收入会导致所有者权益的增加。

与收入相关的经济利益的流入应当会导致所有者权益增加，不会导致所有者权益增加的经济利益的流入不符合收入的定义，不应确认为收入。例如，企业向银行借入款项，尽管也导致了企业经济利益的流入，但该流入并不导致所有者权益的增加，反而使企业承担了一项现时义务，所以，对于因借款所导致的经济利益的增加，不应将其确认为收入，而应当确认为一项负债。

(3)收入是与所有者投入资本无关的经济利益的总流入。

收入应当会导致经济利益的流入，从而导致资产的增加。例如，企业销售商品，应当收到现金或者有权在未来收到现金，表明该交易符合收入的定义。但是在实务中，经济利益的流入有时是所有者投入资本所导致的，所有者投入资本不应当确认为收入，而应当将其直接确认为所有者权益。

2. 收入的确认条件

一般而言，企业与客户之间的合同同时满足下列条件的，企业应当在客户取得相关商品控制权时确认收入：

(1)合同各方已批准该合同并承诺履行各自义务；

(2)该合同明确了合同各方与所转让商品或提供劳务相关的权利和义务；

(3)该合同有明确的与所转让商品或提供劳务相关的支付条款；

(4)该合同具有商业实质，即履行该合同将改变未来现金流量的风险、时间分布或金额；

(5)企业因向客户转让商品或提供劳务而有权取得的对价很可能收回。

3. 收入的分类

根据重要性要求，企业的收入可以分为主营业务收入和其他业务收入。以工业企业为例，其中主营业务收入是指企业销售商品、提供劳务等主营业务所实现的收入；其他业务收入是指企业除主营业务活动以外的其他经营活动实现的收入。

（五）费用

1. 费用的含义与特征

费用是指企业在日常活动中发生的、会导致所有者权益减少的、与向所有者分配利润无关的经济利益的总流出。

根据费用的定义，费用具有以下基本特征：

（1）费用是企业在日常活动中发生的。

日常活动的界定与收入定义中涉及的日常活动相一致。有些交易或事项虽然也能使企业发生经济利益的流出，但不属于企业的日常活动，因此其流出的经济利益不属于费用，而应当计入损失。例如，企业报废固定资产发生的净损失属于损失，而不是费用。

小贴士

费用举例：

企业因日常活动所发生的销售成本、职工薪酬、折旧费、无形资产摊销等都属于费用。

（2）费用会导致所有者权益的减少。

与费用相关的经济利益的流出应当会导致所有者权益的减少，不会导致所有者权益减少的经济利益的流出不符合费用的定义，不应确认为费用。例如，偿还银行借款会导致经济利益流出，但是不会导致所有者权益减少，因而不能确认为费用。

（3）费用是与向所有者分配利润无关的经济利益的总流出。

费用的发生应当会导致经济利益的流出，从而导致资产的减少或者负债的增加，其表现形式包括现金或者现金等价物的流出，存货、固定资产和无形资产的流出或者消耗等。企业向所有者分配利润也会导致经济利益流出，但是该经济利益的流出属于所有者权益的抵减项目，因而不应确认为费用。

2. 费用的确认条件

费用的确认除了应当符合定义外，至少应当符合以下条件：

（1）与费用相关的经济利益应当很可能流出企业；

（2）经济利益流出企业的结果会导致资产的减少或者负债的增加；

（3）经济利益的流出额能够可靠计量。

3. 费用的分类

费用是为了实现收入而发生的支出，应与收入配比确认、计量。费用的分类如图2-5所示。

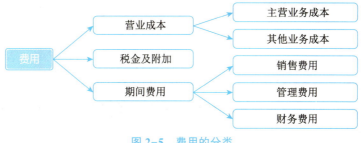

图2-5 费用的分类

企业为生产产品、提供劳务等发生的可归属于产品成本、劳务成本等的费用，应当在确认销售商品收入、提供劳务收入等时，将已销售商品、已提供劳务的成本等计入当期损益。

　　营业成本包括主营业务成本和其他业务成本。

　　期间费用是指企业本期发生的、不能直接或间接归入生产成本，而是直接计入当期损益的各项费用，包括销售费用、管理费用和财务费用。它是随着时间推移而发生的，与当期产品的管理和销售直接相关，而与产品的产量、制造过程无直接关系，即容易确定其发生的期间，而难以判别其所应归属的产品，因而不能列入产品制造成本，而应在发生的当期从损益中扣除。

（六）利润

1. 利润的含义与特征

　　利润是指企业在一定会计期间的经营成果。利润反映收入减去费用、直接计入当期利润的利得减去损失后的净额。通常情况下，企业实现了利润（即利润为正数），表明企业所有者权益增加，业绩得到了提升；反之，企业若发生了亏损（即利润为负数），表明企业所有者权益减少，业绩下滑。企业作为独立经营的经济实体，其生产经营的最终目的是不断增强获利能力，提高盈利水平。利润是衡量企业优劣的一个重要标志，往往是评价企业管理层业绩的一项重要指标，也是投资者等财务会计报告使用者进行决策时的重要参考依据。

2. 利润的确认条件

　　利润的确认主要依赖于收入和费用，以及直接计入当期利润的利得和损失的确认，其金额的确定也主要取决于收入、费用、利得、损失金额的计量。

3. 利润的分类

　　利润包括收入减去费用后的净额、直接计入当期损益的利得和损失等。其中，收入减去费用后的净额反映企业日常活动的经营业绩；直接计入当期损益的利得和损失反映企业非日常活动的业绩。企业应当严格区分收入和利得、费用和损失，以便全面反映企业的经营业绩。如图2-6所示。

图 2-6　利润的分类

　　小白进阶　利得和损失分为两类，一类是直接计入当期损益的利得和损失，如营业外收入、营业外支出和资产处置损益；另一类是计入所有者权益的利得和损失，如其他综合收益。

三、会计要素的计量

通俗来讲，会计要素的计量就是指按照一定的规则确定相关会计要素的金额。企业应当按照规定的会计计量属性进行计量，确定相关金额。

（一）会计计量属性及其构成

会计计量属性是指会计要素的数量特征或外在表现形式，反映了会计要素金额的确定基础，主要包括历史成本、重置成本、可变现净值、现值和公允价值等。

1. 历史成本

历史成本，又称为实际成本，是指取得或制造某项财产物资时所实际支付的现金或其他等价物。在历史成本计量下，资产按照其购置时支付的现金或者现金等价物的金额，或者按照购置资产时所付出的对价的公允价值计量。负债按照其因承担现时义务而实际收到的款项或者资产的金额，或者承担现时义务的合同金额，或者按照日常活动中为偿还负债预期需要支付的现金或者现金等价物的金额计量。

历史成本计量，要求对企业资产、负债和所有者权益等项目的计量，应当基于经济业务的实际交易成本，而不考虑随后市场价格变动的影响。例如，在企业外购固定资产的计量中，外购固定资产的成本包括购买价款、相关税费及使固定资产达到预定可使用状态前发生的可归属于该项资产的包装费、运输费、装卸费、安装费等。

【例2-1】某企业购买不需要安装的设备一台，价款100万元，另支付运输费0.25万元，包装费0.05万元，款项以银行存款支付，假设不考虑增值税因素。则该固定资产应按历史成本计价，其金额为100.3（100+0.25+0.05）万元。

2. 重置成本

重置成本，又称现行成本，是指按照当前市场条件，重新取得同样一项资产所需支付的现金或现金等价物金额。在重置成本计量下，资产按照现在购买相同或者相似资产所需支付的现金或者现金等价物的金额计量；负债按照现在偿付该项债务所需支付的现金或者现金等价物的金额计量。

小白进阶 重置成本强调站在企业主体角度，以投入到某项资产上的价值作为重置成本。在实务中，重置成本多应用于盘盈固定资产的计量。

【例2-2】企业在年末财产清查中，发现全新的未入账设备一台，同类设备的市场价格为20000元。则企业对这台设备按重置成本计价为20000元。

3. 可变现净值

可变现净值是指在正常生产经营过程中，以预计售价减去进一步加工成本和预计销售费用及相关税费后的净值。在可变现净值计量下，资产按照其正常对外销售所能收到现金或者现金等价物的金额扣减该资产至完工时估计将要发生的成本、估计的销售费用以及相关税费后的金额计量。

可变现净值是在不考虑资金时间价值的情况下，计量资产在正常经营过程中可带来的预期净现金流入或流出。不同资产的可变现净值确定方法有所不同。

小白进阶 可变现净值通常应用于存货期末计量。

【例2-3】甲企业期末A商品的账面价值为100万元，该批商品市场销售价为90万元，估计销售过程中需要发生销售费用等相关税费10万元，假设不考虑增值税。则A商品的可变现净值为80（90-10）万元。

4. 现值

现值是指对未来现金流量以恰当的折现率进行折现后的价值，是考虑资金时间价值的一种计量属性。在现值计量下，资产按照预计从其持续使用和最终处置中所产生的未来净现金流入量的折现金额计量，负债按照预计期限内需要偿还的未来净现金流出量的折现金额计量。

在会计计量中使用现值的目的是为了尽可能地捕捉和反映各种不同类型的未来现金流量之间的经济差异，在不使用现值计量的情况下，很难看出今天的100元现金流量和10年后的100元现金流量之间的区别，若用现值计量就很容易区分出10年后的100元现金流量肯定小于今天的100元现金流量。所以，与未折现的现金流量相比，以未来预计现金流量的现值为基础的会计计量能够提供与决策更相关的信息。

小白进阶 现值通常用于非流动资产可收回金额和以摊余成本计量的金融资产价值的确定等。

【例2-4】企业分期付款购买某项资产，总金额300万元，在未来三年每年年末支付100万元。已知年金现值系数为2.4869，折现率为10%，那么按现值计算的该资产总价值为248.69（100×2.4869）万元。

5. 公允价值

公允价值是指市场参与者在计量日发生的有序交易中，出售一项资产所能收到或者转移一项负债所需支付的价格。

公允价值强调独立于企业主体之外，站在市场的角度以交易双方达成的市场价格作为入账价值，是对资产和负债以当前市场情况为依据进行价值计量的结果。

小白进阶 公允价值主要应用于交易性金融资产等金融资产的计量。

【例2-5】某企业持有B上市公司100万股股票，公司将其作为交易性金融资产处理。2018年12月31日，该股票在证券交易市场的成交价格为每股25元。则该交易性金融资产按公允价值计量的价值为2500万元。

（二）计量属性的运用原则

企业在对会计要素进行计量时，一般应当采用历史成本，采用重置成本、可变现净值、现值、公允价值计量的，应当保证所确定的会计要素金额能够取得并可靠计量。

本节小结 ▶ 会计要素

会计要素的含义与分类

- 反映财务状况的会计要素：资产、负债和所有者权益。
- 反映经营成果的会计要素：收入、费用和利润。

会计要素的确认

- 资产——过去的交易或者事项所形成、拥有或者控制、预期会带来经济利益。
- 负债——过去的交易或者事项所形成、预期会导致经济利益流出、现时义务。
- 所有者权益——资产扣除负债后由所有者享有的剩余权益。
- 收入——日常活动中所形成、会导致所有者权益增加、与所有者投入资本无关、经济利益的总流入。
- 费用——日常活动中所发生、会导致所有者权益减少、与向所有者分配利润无关、经济利益的总流出。
- 利润——一定会计期间的经营成果、是收入减去费用及直接计入当期利润的利得减去损失后的净额。

会计要素的计量

- 历史成本——实际支付的现金或其他等价物。
- 重置成本——重新取得同样一项资产所需支付的现金或现金等价物金额。
- 可变现净值——预计售价减去进一步加工成本和预计销售费用及相关税费后的净值。
- 现值——未来现金流量折现。
- 公允价值——有序交易中，出售一项资产所能收到或者转移一项负债所需支付的价格。

第二节　会计等式

　　企业各会计要素之间有着非常密切的内在联系，我们可以用数学表达式来体现这些会计要素之间的经济关系和数量关系，这种数学表达式就叫做会计等式，又称会计方程式或会计平衡公式。会计等式是复式记账、试算平衡和编制会计报表的理论依据，从形式上看，会计等式反映了会计对象的具体内容，即各项会计要素之间的内在联系；从实质上看，会计等式揭示了会计主体的产权关系、基本财务状况和经营成果。

一、会计等式的表现形式

（一）财务状况等式

　　任何形式的企业，其资产均来源于所有者的投入资本和债权人的借入资金及其在生产经营中所产生的效益，分别归属于所有者和债权人。归属于所有者的部分形成所有者权益，归属于债权人的部分形成债权人权益（即企业的负债），两者统称为权益。

　　如此，资产和权益之间就存在着相互依存的关系，即资产不能离开权益而存在，权益也不能离开资产而存在；没有无权益的资产，也没有无资产的权益。权益代表资产的来源，而资产则是权益的存在形态，二者实际上是企业资本这种同一事物的两个不同方面或两种不同的表现形式。因此二者之间客观上存在着必然相等的关系，即从数量上看，有一定数额的资产，必然有同等数额的权益；反之，亦然。在企业的生产经营过程中，从任何一个时点来看，资产与权益之间永远保持着这种数量上的平衡关系。我们可用数学公式来表示资产与权益的关系，如图2-7、图2-8所示。

图 2-7　资产与权益的关系

图 2-8　财务状况等式

这是最基本的会计等式，通常称为财务状况等式、基本会计等式和静态会计等式。它反映了企业在任一时点所拥有的资产及债权人和所有者对企业资产要求权的基本状况，表明了资产与负债、所有者权益之间的基本关系；同时实际上也反映了企业资金的相对静止状态。它既是复式记账法的理论基础，也是编制资产负债表的依据，在会计核算中占有极为重要的地位。

小贴士

权益不仅指所有者权益，还包括债权人权益。

（二）经营成果等式

企业经营的目的是为了获取收入，实现盈利。企业在取得收入的同时，也必然要发生相应的费用。通过收入与费用的比较，才能确定企业一定时期的盈利水平。企业一定时期所获得的收入扣除所发生的各项费用后的余额，即表现为利润，如图2-9所示。

图 2-9　经营成果等式

这个会计等式是对基本会计等式的补充和发展，称为经营成果等式或动态会计等式。它表明了企业在一定会计期间经营成果与相应的收入和费用之间的关系，说明了企业利润的实现过程。它实际上反映的是企业资金运动的绝对运动形式，是编制利润表的依据。

小白进阶　关于收入扣除所发生的各项费用后的余额

在实际工作中，由于收入不包括报废固定资产净收益、报废无形资产净收益等，费用不包括报废固定资产净损失、自然灾害损失等，所以，收入减去费用，经过相关利得和损失调整后，才等于利润。

二、经济业务对会计等式的影响

企业在生产经营过程中，每天都会发生多种多样、错综复杂的经济业务，从而引起各会计要素的增减变动，但并不影响会计等式的平衡关系。具体表现如下：

1. 一项资产增加、另一项资产等额减少的经济业务

【例2-6】甲公司用银行存款80000元购买一台设备，设备已交付使用。

这项经济业务使企业的固定资产增加80000元，同时银行存款减少80000元，企业的资产内部发生增减变动，但资产总额不变，并没有改变等式的平衡关系。如图2-10所示。

图 2-10　一项资产增加、另一项资产等额减少

2. 一项资产增加、一项负债等额增加的经济业务

【例 2-7】甲公司从银行取得借款 100000 元。

这项经济业务使企业的资产增加 100000 元，同时借入款项使得负债增加 100000 元，等式两边同时增加 100000 元，并没有改变等式的平衡关系。如图 2-11 所示。

图 2-11　一项资产增加、一项负债等额增加

3. 一项资产增加、一项所有者权益等额增加的经济业务

【例 2-8】甲公司收到所有者追加的投资 50000 元，款项存入银行。

这项经济业务使企业的资产增加 50000 元，同时收到投资使得所有者权益增加 50000 元，等式两边同时增加 50000 元，并没有改变等式的平衡关系。如图 2-12 所示。

图 2-12　一项资产增加、一项所有者权益等额增加

4. 一项资产减少、一项负债等额减少的经济业务

【例 2-9】甲公司用银行存款归还所欠 B 公司的货款 2000 元。

这项经济业务使企业的资产减少 2000 元，同时负债也减少 2000 元，等式两边同时减少 2000 元，并没有改变等式的平衡关系。如图 2-13 所示。

图 2-13　一项资产减少、一项负债等额减少

5. 一项资产减少、一项所有者权益等额减少的经济业务

【例 2-10】某投资者收回投资 50000 元，甲企业以银行存款支付。

这项经济业务使企业的资产减少 50000 元，同时某投资者收回投资使得所有者权益减少 50000 元，等式两边同时减少 50000 元，并没有改变等式的平衡关系。如图 2-14 所示。

图 2-14　一项资产减少、一项所有者权益等额减少

6. 一项负债增加、另一项负债等额减少的经济业务

【例 2-11】甲公司向银行借入短期借款 100000 元直接用于归还拖欠的货款。

这项经济业务使企业的应付账款减少100000元，同时短期借款增加100000元，即企业的负债内部发生增减变动，但负债总额不变，并没有改变等式的平衡关系。如图2-15所示。

图2-15　一项负债增加、另一项负债等额减少

7. 一项负债增加、一项所有者权益等额减少的经济业务

【例2-12】甲公司宣告向投资者分配现金股利20000元。

这项经济业务使企业的未分配利润减少20000元，同时应付股利增加20000元，即企业的所有者权益减少，负债等额增加，权益总额不变，并没有改变等式的平衡关系。如图2-16所示。

图2-16　一项负债增加、一项所有者权益等额增加

8. 一项所有者权益增加、一项负债等额减少的经济业务

【例2-13】甲公司将应偿还给乙企业的账款300000元转作乙企业对本企业的投资。

这项经济业务使企业的应付账款减少300000元，同时实收资本增加300000元，即企业的所有者权益增加，负债等额减少，权益总额不变，并没有改变等式的平衡关系。如图2-17所示。

图2-17　一项所有者权益增加、一项负债等额减少

9. 一项所有者权益增加、另一项所有者权益等额减少的经济业务

【例2-14】甲公司经批准同意以资本公积60000元转增实收资本。

这项经济业务使企业的资本公积减少60000元，同时实收资本增加60000元，即企业的所有者权益内部发生增减变动，但所有者权益总额不变，并没有改变等式的平衡关系。如图2-18所示。

图2-18　一项所有者权益增加、另一项所有者权益等额减少

上述九类基本经济业务的发生均不影响财务状况等式的平衡关系，具体分为三种情况：

（1）经济业务的发生引起等式左边或者右边内部项目一增一减，增减的金额相等，变动后资产和权益总额不变，等式仍保持平衡。

（2）经济业务发生引起等式左右两边同时增加，增加金额相等，变动后等式仍保持平衡。

（3）经济业务发生引起等式左右两边同时减少，减少金额相等，变动后等式仍保持平衡。

三、会计等式之间的勾稽关系（如图2-19）

"资产=负债+所有者权益"反映的是资金运动的静态状况，"收入-费用=利润"反映的是资金运动的动态状况。运动是绝对的，静止是相对的，但运动的结果最终要以相对静止的形式表现出来。因此，资金运动的动态状况最后必然反映到各项静态会计要素的变化上，从而使两个会计等式之间建立起勾稽关系。即企业在一定时期内取得的经营成果能够对资产和所有者权益产生影响：

收入可导致企业资产增加或负债减少，最终会导致所有者权益增加；费用可导致企业资产减少或负债增加，最终会导致所有者权益减少。所以，一定时期的经营成果必然影响一定时点的财务状况。把一定会计期间的六个会计要素联系起来，可得到以下公式：

资产=负债+所有者权益+（收入-费用）

即：资产=负债+所有者权益+利润

图2-19　会计等式之间的勾稽关系

本节小结 ▶ 会计等式

会计等式的表现形式

- 财务状况等式：资产=负债+所有者权益
- 经营成果等式：收入-费用=利润

经济业务对会计等式的影响

- 一项资产增加、另一项资产等额减少
- 一项资产增加、一项负债等额增加
- 一项资产增加、一项所有者权益等额增加
- 一项资产减少、一项负债等额减少
- 一项资产减少、一项所有者权益等额减少
- 一项负债增加、另一项负债等额减少
- 一项负债增加、一项所有者权益等额减少
- 一项所有者权益增加、一项负债等额减少
- 一项所有者权益增加、另一项所有者权益等额减少

会计等式之间的勾稽关系

- 资产=负债+所有者权益+（收入-费用）=负债+所有者权益+利润
- 资产+费用=负债+所有者权益+收入

第三章

讲究"门当户对"的
会计科目与账户

本章导读

本章主要围绕会计科目和会计账户的相关知识进行讲解，分别阐述了会计科目和账户的范畴、会计科目的设置、会计账户的功能与结构，以及会计账户与会计科目之间的关系。会计科目与会计账户是我们编制会计分录、进行会计核算的基础，因此非常重要。

本章的内容和结构如下：

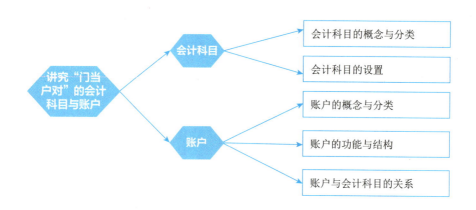

第一节　会计科目

一、会计科目的概念与分类

（一）会计科目的概念

在前面章节中，我们已经将企业会计对象划分为六大会计要素，但这一层级的划分还是不够具体，还是没法满足我们进行会计核算和监督的要求，所以需要作进一步的细分和归类。这一细分和归类，就是本章所要讲解的会计科目。

会计科目，简称科目，是对会计要素的具体内容进行分类核算的项目。会计对象、会计要素与会计科目之间存在着层层递进细化的关系，如图3-1所示。

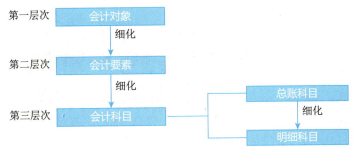

图3-1 资金运动的构成层次

(二)会计科目的分类

会计科目可按其反映的经济内容(即所属会计要素)、所提供信息的详细程度及其统驭关系分类。

1. 按反映的经济内容分类

企业的经济活动是通过资产、负债、所有者权益、收入、费用、利润会计要素的增减变化体现出来的,各个会计要素既有其特定的经济内容,又是互相联系的。因此,会计科目按其反映的经济内容不同,可以分为资产类科目、负债类科目、共同类科目、所有者权益类科目、成本类科目和损益类科目。

小贴士

资产类科目中,有一些是用来反映资产价值损耗或损失的,如"累计折旧""累计摊销""坏账准备""存货跌价准备"等。设置这些科目是为了确定资产的账面价值,满足单位资产管理的需要。

(1)资产类科目是对资产要素的具体内容进行分类核算的项目。按资产的流动性分为反映流动资产的科目和反映非流动资产的科目。反映流动资产的有"库存现金""银行存款""原材料""应收账款""库存商品"等科目;反映非流动资产的有"长期应收款""固定资产""在建工程""无形资产"和"长期待摊费用"等科目。

(2)负债类科目是对负债要素的具体内容进行分类核算的项目。按负债的偿还期限分为反映流动负债的科目和反映非流动负债的科目。反映流动负债的科目有"短期借款""应付账款""应付职工薪酬""应交税费"等;反映非流动负债的科目有"长期借款""应付债券""长期应付款"等。

(3)共同类科目是既有资产性质又有负债性质的科目,主要有"清算资金往来""货币兑换""衍生工具""套期工具""被套期项目"等。

(4)所有者权益类科目是对所有者权益要素的具体内容进行分类核算的项目。按所有者权益的形成和性质可分为反映资本的科目和反映留存收益的科目。反映资本的科目有"实收资本"(或"股本")、"资本公积"等;反映留存收益的科目有"盈余公积""本年利润""利润分配"等。

小白进阶 "本年利润"科目归属于利润要素,由于企业实现利润会增加所有者权益,因而将其作为所有者权益类科目。

（5）成本类科目是对可归属于产品生产成本、劳务成本等的具体内容进行分类核算的项目。按成本的内容和性质的不同可分为反映制造成本的科目和反映劳务成本的科目等。反映制造成本的科目有"生产成本""制造费用"等；反映劳务成本的科目有"劳务成本"等。

（6）损益类科目是对收入、费用等的具体内容进行分类核算的项目。反映收入的科目有"主营业务收入""其他业务收入"等；反映费用的科目有"主营业务成本""其他业务成本""管理费用""财务费用""销售费用""所得税费用"等。会计科目的分类方法与会计要素的关系如图3-2所示。

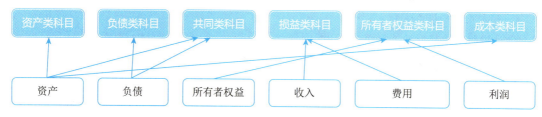

图3-2　会计科目的分类方法与会计要素的关系

2. 按提供信息的详细程度及其统驭关系分类

在设置会计科目的时候，要兼顾对外报告信息和企业内部经营管理的需要，并根据所需提供信息的详细程度及其统驭关系的不同分设总分类科目和明细分类科目。

总分类科目，又称总账科目或一级科目，是对会计要素具体内容进行总括分类、提供总括信息的会计科目，如"应收账款""应付账款""原材料"等。总分类科目反映各种经济业务的概括情况，是进行总分类核算的依据。

明细分类科目，又称明细科目，是对总分类科目所作的进一步分类，提供更详细和具体会计信息的科目。如"应收账款"科目按债务人名称设置明细科目，反映应收账款的具体对象。对于明细科目较多的总账科目，可在总分类科目下设置二级明细科目，在二级明细科目下设置三级明细科目。

总分类科目概括地反映会计对象的具体内容，明细分类科目详细地反映会计对象的具体内容。总分类科目对明细分类科目具有统驭和控制作用，而明细分类科目是对其所属的总分类科目的补充和说明。总分类科目和明细分类科目的关系如表3-1所示。

表3-1　总分类科目和明细分类科目的关系

| 总分类科目 | 明细分类科目 | |
（一级科目）	二级科目	三级科目
生产成本	基本生产成本	××产品
		××产品
	辅助生产成本	××产品
		××产品

二、会计科目的设置

(一)会计科目设置的原则

由于各单位经济业务活动的具体内容、规模大小与业务繁简程度等情况不尽相同，因此在具体设置会计科目时，应考虑其自身特点和具体情况，但设置会计科目时都应遵循以下原则：

1. 合法性原则

合法性原则是指所设置的会计科目应当符合国家统一的会计制度的规定。

2. 相关性原则

相关性原则是指所设置的会计科目应当为提供有关各方所需要的会计信息服务，满足对外报告与对内管理的要求。

3. 实用性原则

实用性原则是指所设置的会计科目应符合单位自身特点，满足单位实际需要。例如，对于制造业，由于主要的经营活动是制造产品，因而需要设置反映生产耗费的科目，如"生产成本"；还需要设置反映生产成果的科目，如"库存商品"等。而对于商品流通企业而言，由于主要的经营活动是购进和销售商品，不进行产品生产，因而一般不需要设置"生产成本"科目，但需要设置反映商品采购、商品销售，以及在购、销、存等环节发生的各项费用的会计科目。

费用科目该
如何设置

(二)常用会计科目

在我国《企业会计准则——应用指南》中，依据会计准则中关于确认和计量的规定，规定了企业的会计科目，其中常用的会计科目如表3-2所示。

表3-2　常用会计科目参照表(简表)

编号	名　称	编号	名　称
	一、资产类	1403	原材料
1001	库存现金	1404	材料成本差异
1002	银行存款	1405	库存商品
1012	其他货币资金	1406	发出商品
1101	交易性金融资产	1407	商品进销差价
1121	应收票据	1408	委托加工物资
1122	应收账款	1471	存货跌价准备
1123	预付账款	1501	债权投资
1131	应收股利	1502	债权投资减值准备
1132	应收利息	1503	其他债权投资
1221	其他应收款	1504	其他权益工具投资
1231	坏账准备	1511	长期股权投资
1401	材料采购	1512	长期股权投资减值准备
1402	在途物资	1521	投资性房地产

编号	名　称	编号	名　称
1531	长期应收款		三、共同类(略)
1601	固定资产		四、所有者权益类
1602	累计折旧	4001	实收资本
1603	固定资产减值准备	4002	资本公积
1604	在建工程	4101	盈余公积
1605	工程物资		其他综合收益
1606	固定资产清理	4103	本年利润
1701	无形资产	4104	利润分配
1702	累计摊销		五、成本类
1703	无形资产减值准备	5001	生产成本
1711	商誉	5101	制造费用
1801	长期待摊费用	5201	劳务成本
1811	递延所得税资产	5301	研发支出
1901	待处理财产损溢		六、损益类
	二、负债类	6001	主营业务收入
2001	短期借款	6051	其他业务收入
2201	应付票据	6101	公允价值变动损益
2202	应付账款	6111	投资收益
2203	预收账款	6301	营业外收入
2211	应付职工薪酬	6401	主营业务成本
2221	应交税费	6402	其他业务成本
2231	应付利息	6403	税金及附加
2232	应付股利	6601	销售费用
2241	其他应付款	6602	管理费用
2501	长期借款	6603	财务费用
2502	应付债券	6701	资产减值损失
2701	长期应付款	6702	信用减值损失
2711	专项应付款	6711	营业外支出
2801	预计负债	6801	所得税费用
2901	递延所得税负债	6901	以前年度损益调整

本节小结▶ 会计科目

> **会计科目的概念与分类**
> * 概念：是对会计要素的具体内容进行分类核算的项目。
> * 按所反映的经济内容分类：资产类科目、负债类科目、共同类科目、所有者权益类科目、成本类科目和损益类科目。
> * 按提供信息的详细程度及其统驭关系分类：总分类科目和明细分类科目。

> **会计科目的设置**
> * 原则：合法性原则、相关性原则、实用性原则。
> * 常用会计科目。

第二节　账户

一、账户的概念与分类

(一)账户的概念

会计科目是对会计对象的组成内容进行科学分类而规定的名称。对会计对象划分类别并规定名称是必要的，但要全面、系统地记录和反映各项经济业务所引起的资金变动情况，还必须在分类的基础上借助于具体的形式和方法，这就是我们下面所要介绍的账户。

账户是根据会计科目设置的，具有一定格式和结构，用于分类反映会计要素增减变动情况及其结果的载体。

设置账户是会计核算的重要方法之一。它是对各种经济业务进行分类和系统、连续的记录，反映资产、负债和所有者权益增减变动的记账实体。会计科目的名称就是账户的名称，会计科目规定的核算内容就是账户应记录反映的经济内容，因而账户应该根据会计科目的分类来作相应地设置。

(二)账户的分类

账户可根据其核算的经济内容、提供信息的详细程度及其统驭关系进行分类。

1. 根据核算的经济内容，账户分为资产类账户、负债类账户、共同类账户、所有者权益类账户、成本类账户和损益类账户六类。

小白进阶　资产类、负债类和所有者权益类账户存在备抵账户。备抵账户，又称抵减账户，是指用来抵减被调整账户余额，以确定被调整账户实有数额而设置的独立账户。如"坏账准备""累计折旧""累计摊销"等账户。

2. 根据提供信息的详细程度及其统驭关系，账户分为总分类账户和明细分类账户。

(1)总分类账户又称一级账户，它是根据总分类会计科目设置的，是提供总括分类核算资料指标的账户，在总分类账户中只使用货币计量单位反映经济业务。总分类账户以下的账户称为明细分类账户。

(2)明细分类账户是根据明细分类科目设置的，是提供明细分类核算资料指标的账户，是对其总分类账户资料的具体化和补充说明，除用货币计量反映经济业务外，必要时还需要用实物计量或劳动计量单位从数量和时间上进行反映，以满足经营管理的需要。

小白进阶 总分类账户和所属明细分类账户核算的内容相同，只是反映内容的详细程度有所不同，两者相互补充、相互制约、相互核对。总分类账户统驭和控制所属明细分类账户，明细分类账户从属于总分类账户。

二、账户的功能与结构

（一）账户的功能

账户的功能在于连续、系统、完整地提供企业经济活动中各会计要素增减变动及其结果的具体信息。其中，账户所提供的会计要素在特定会计期间增加和减少的金额，分别称为账户的"本期增加发生额"和"本期减少发生额"，二者统称为账户的"本期发生额"；会计要素在会计期末的增减变动结果，称为账户的"余额"，具体表现为期初余额和期末余额。

账户的期初余额、期末余额、本期增加发生额和本期减少发生额统称为账户的四个金额要素。对于同一账户而言，它们之间的基本关系如图3-3所示：

| 期末余额 | = | 期初余额 | + | 本期增加发生额 | - | 本期减少发生额 |

图3-3 账户的四个金额要素的关系

小白进阶 账户上期的期末余额转入本期，即为本期的期初余额；账户本期的期末余额转入下期，即为下期的期初余额。

账户的本期发生额说明特定资金项目在某一会计期间的变动状况，提供"动态"经济指标；账户余额说明特定资金项目在某一时日或某一时刻的存在状况，提供"静态"经济指标。

（二）账户的结构

账户以会计科目作为名称，同时又具备一定的格式，即结构，而会计科目只是对会计要素的具体内容进行了分类，它只有分类的名称而没有一定的格式。账户的结构是指账户的组成部分及其相互关系。

账户分为左方、右方两个方向，一方登记增加，另一方登记减少。资产、成本、费用类账户借方登记增加额，贷方登记减少额；负债、所有者权益、收入类账户借方登记减少额，贷方登记增加额。账户的基本结构应同时具备的内容如图3-4所示。

图3-4 账户基本结构应具备的内容

账户一般格式如表 3-3 所示。

表 3-3 账户名称(会计科目) 单位:元

| 年 | | 凭证编号 | 摘 要 | 发生额 | | 借或贷 | 余额 |
月	日			借方	贷方		

从账户名称、记录增加额和减少额的左右两方来看,账户结构在整体上类似于汉字"丁"和大写的英文字母"T",因此,账户的基本结构在实务中被形象地称为"丁"字账户或者"T"型账户。T 型账户的基本结构如图 3-5 所示。

| 左方(借方) | 账户名称(会计科目) | 右方(贷方) |

图 3-5 账户的基本结构

三、账户与会计科目的关系

账户和会计科目两个概念,人们常常将它们等同起来使用。这说明两者之间存在着密切的联系,有相同的一面。它们之所以是两个概念,说明两者存在着差异。

会计科目与账户都是对会计对象具体内容的分类,两者核算内容一致,性质相同。会计科目是账户的名称,也是设置账户的依据;账户是根据会计科目来设置的,账户是会计科目的具体运用。因此,会计科目的性质决定了账户的性质,会计科目的分类决定了账户的分类。没有会计科目,账户便失去了设置的依据;没有账户,会计科目就无法发挥作用。

会计科目与账户的区别是:会计科目仅仅是账户的名称,不存在结构,而账户则具有一定的格式和结构;会计科目仅反映经济内容是什么,而账户不仅反映经济内容是什么,而且系统地反映某项经济内容的增减变动及其余额;会计科目主要是用来开设账户、填制凭证,而账户主要是提供某一具体会计对象的会计资料,用来编制财务报表。

本节小结 ▶ 账户

> **账户的概念与分类**
>
> • 概念:是根据会计科目设置的,具有一定的格式和结构,用于分类反映会计要素增减变动情况及其结果的载体。
> • 按核算的经济内容分类:资产类账户、负债类账户、共同类账户、所有者权益类账户、成本类账户和损益类账户。
> • 按提供信息的详细程度及其统驭关系分类:总分类账户和明细分类账户。

账户的功能和结构

- 功能：反映增减变动及其结果。
- 结构：名称、日期、凭证字号、摘要、金额。

账户与会计科目的关系

- 联系：核算内容一致，性质相同，会计科目是账户的名称和设置依据，账户是会计科目的具体运用。
- 区别：账户具有一定的格式和结构，系统地反映某项经济内容的增减变动及其余额，提供某一具体会计对象的会计资料，用来编制财务报表，会计科目不具有上述作用。

第四章

从"结绳记事"演变而来的
会计记账方法

本章导读

本章主要介绍会计记账方法的分类及各类记账方法的特点、借贷记账法下的各类账户的结构及记账规则、会计分录的含义和分类，以及借贷记账法下的试算平衡。本章在全书中具有承上启下的作用。

本章的内容和结构如下：

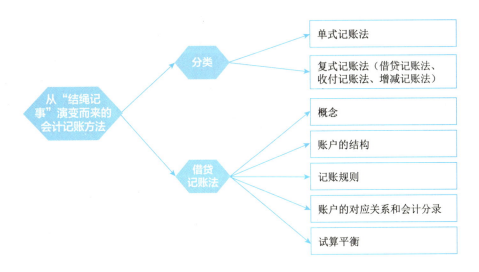

第一节 会计记账方法的种类

为了对会计要素进行核算和监督，在按一定原则设置了会计科目与账户后，企业需要运用一定的记账方法将会计要素的增减变动登记在账户中。所谓的记账方法，就是指在账户中记录经济交易与事项的具体手段及方式。记账方法按记账方式的不同，分为单式记账法和复式记账法。

一、单式记账法

单式记账法是指对发生的每一项经济业务，只在一个账户中加以登记的记账方法。单式记账法不能全面、系统地反映各项会计要素的增减变动情况和经济业务的来龙去脉，也不便于检查账户记录的正确性和完整性。因为单式记账法的种种缺点，这种方法早已被淘汰，现代会计使用的是复式记账法。

小贴士

单式记账法一般只是单方面反映货币资金、债权债务方面发生的经济业务，而与此相联系的另一方面却不予反映。

二、复式记账法

（一）复式记账法的概念

复式记账法是指对于每一笔经济业务，都必须用相等的金额在两个或两个以上相互联系的账户中进行登记，全面系统地反映会计要素增减变化的一种记账方法。它是以会计的基本等式"资产＝负债＋所有者权益"为依据建立起来的一种科学记账方法。复式记账法是在单式记账法的基础上通过长期的会计实践逐步发展而形成的，是最基本、最主要的会计方法之一，是一种科学的记账方法，被世界各国广泛采用。

小贴士

复式记账法是会计核算方法体系的核心。

（二）复式记账法的优点

复式记账法与单式记账法相比，具有以下两个明显的优点：

1. 能够全面反映经济业务内容和资金运动的来龙去脉

复式记账法对于发生的每一笔经济业务，都要在两个或两个以上相互联系的账户中同时登记。这样，通过账户记录不仅可以全面、清晰地反映出经济业务的来龙去脉，而且还能通过会计要素的增减变动，全面、系统地反映经济活动的过程和结果。

2. 能够进行试算平衡，便于查账和对账

由于每项经济业务发生后，都要以相等的金额在有关账户中进行登记，因此，可以对账户记录的结果进行试算平衡，以便检查账户记录的正确性。

单式记账法与复式记账法的对比如图4-1所示。

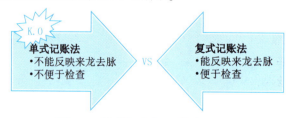

图4-1　单式记账法 VS 复式记账法

（三）复式记账法的种类

复式记账法根据记账符号不同，可分为借贷记账法、增减记账法和收付记账法三种，如图4-2所示。

- 以"收"和"付"作为记账符号
- 我国传统的复式记账法
- 已废止

收付记账法

增减记账法

- 以"增"和"减"作为记账符号
- 我国20世纪60至80年度采用
- 已废止

- 以"借"和"贷"作为记账符号
- 国际通用记账方法
- 我国企业和政府会计均采用此方法

借贷记账法

图4-2 复式记账法的沿革

本节小结 ▶ 会计记账方法的种类

单式记账法

- 对发生的每一项经济业务，只在一个账户中加以登记。
- 已废止。

复式记账法

- 对于每一笔经济业务，都必须用相等的金额在两个或两个以上相互联系的账户中进行登记，全面系统地反映会计要素增减变化。
- 能够全面反映经济业务内容和资金运动的来龙去脉。
- 能够进行试算平衡，便于查账和对账。

第二节 借贷记账法

一、借贷记账法的概念

借贷记账法是以"借"和"贷"作为记账符号的一种复式记账方法，即将发生的经济交易与事项所引起会计要素的增减变动以相等的金额，同时在相互关联的两个或者两个以上的账户中进行相互联系、相互制约的记录。借贷记账法起源于意大利，是世界上普遍采用的记账方法，目前已成为我国法定的记账方法。

小贴士

"借""贷"最初是从借贷资本家角度而言的，表示债权债务的增减变动。借贷资本家对于收进的存款，记在贷主名下，对于付出的放款，记在借主名下。随着时间的推移，这两个字已经逐渐失去了其最初的含义，转化为纯粹的记账符号。

二、借贷记账法下账户的结构

(一)借贷记账法下账户的基本结构

借贷记账法下，账户的左方称为借方，右方称为贷方。所有账户的借方和贷方按相反方向记录增加数和减少数，即一方登记增加额，另一方就登记减少额。至于"借"表示增加，还是"贷"表示增加，则取决于所记录经济内容的性质与账户的性质。

通常而言，资产、成本和费用类账户的增加用"借"表示，减少用"贷"表示；负债、所有者权益和收入类账户的增加用"贷"表示，减少用"借"表示。备抵账户的结构与所调整账户的结构正好相反。

一般账户的借贷方向如图4-3所示。

图4-3　一般账户的借贷方向

(二) 资产和成本类账户的结构

在借贷记账法下，资产类、成本类账户的借方登记增加额，贷方登记减少额，期末余额一般在借方，有些账户可能无余额。其余额计算公式为：

期末借方余额=期初借方余额+本期借方发生额-本期贷方发生额

资产、成本类账户的结构如图4-4所示。

借方	资产、成本类	贷方
期初余额		
本期增加发生额	本期减少发生额	
本期借方发生额合计	本期贷方发生额合计	
期末余额		

图4-4　资产、成本类账户结构

(三) 负债和所有者权益类账户的结构

"资产=负债+所有者权益"这一会计等式，决定了负债及所有者权益类账户的结构与资产类账户的结构正好相反，在借贷记账法下，负债类、所有者权益类账户的借方登记减少额，贷方登记增加额，期末余额一般在贷方，有些账户可能无余额。

小白进阶　"本年利润"账户在年末要将其余额转入"利润分配"账户，结转后无余额。

其余额计算公式为：

期末贷方余额=期初贷方余额+本期贷方发生额-本期借方发生额

负债、所有者权益类账户的结构如图4-5所示。

借方	负债、所有者权益类	贷方
		期初余额
本期减少发生额	本期增加发生额	
本期借方发生额合计	本期贷方发生额合计	
		期末余额

图 4-5　负债、所有者权益类账户结构

(四)损益类账户的结构

损益类账户主要包括收入类账户和费用类账户。损益类账户是为了计算损益而开设的，因而，会计期末应将收入、费用全额转出，计算利润。

1. 收入类账户的结构

在借贷记账法下，收入类账户的借方登记减少额，贷方登记增加额。本期收入净额在期末转入"本年利润"账户，用以计算当期损益，结转后无余额。

收入类账户的结构如图 4-6 所示。

借方	收入类	贷方
本期减少发生额或转销额	本期增加发生额	
本期借方发生额合计	本期贷方发生额合计	

图 4-6　收入类账户结构

2. 费用类账户的结构

在借贷记账法下，费用类账户的借方登记增加额，贷方登记减少额。本期费用净额在期末转入"本年利润"账户，用以计算当期损益，结转后无余额。

费用类账户的结构如图 4-7 所示。

借方	费用类	贷方
本期增加发生额	本期减少发生额或转销额	
本期借方发生额合计	本期贷方发生额合计	

图 4-7　费用类账户结构

小白进阶　收入的取得和费用的发生，最终会导致所有者权益发生变化。收入的增加是所有者权益增加的因素，费用的增加是所有者权益减少的因素。这就决定了收入类账户的结构与所有者权益类账户的结构基本相同，费用类账户的结构与所有者权益类账户的结构相反。

三、借贷记账法的记账规则

记账规则是指采用某种记账方法登记具体经济业务时应当遵循的规律。借贷记账法的记账规则是"有借必有贷，借贷必相等"。即当发生经济业务时，企业必须按照相同的金额，一方面记入一个或几个账户的借方，另一方面同时记入一个或几个账户的贷方，借方金额合计与贷方金额合计必须相等。如图4-8所示。

图4-8 借贷记账法的记账规则

小贴士

借贷记账法下运用记账规则时应注意：

1. 根据经济业务的内容，确定会计要素及所涉及的账户；

2. 确定各涉及账户的金额是增加还是减少；

3. 确定各账户的借方或贷方及其金额。

运用"借""贷"符号表示【例2-6】~【例2-14】中九种基本经济业务所涉及的资产与权益的增减变动情况，如表4-1所示。

表4-1 借贷记账法的记账规则　　　　　　　　　　　　　　单位：元

经济业务类型 \ 会计等式及借贷方向	资产		=	负债		+	所有者权益	
	借	贷		借	贷		借	贷
1	80000	80000						
2	100000				100000			
3	50000							50000
4		2000		2000				
5		50000					50000	
6				100000	100000			
7					20000		20000	
8				300000				300000
9							60000	60000

九种基本经济业务涉及的资产与权益的增减变动与借贷记账法的记账规则之间的关系，如图4-9所示。

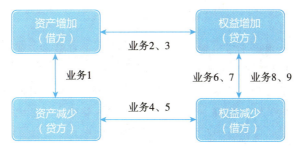

图4-9　资产与权益的增减变动与借贷记账法记账规则的关系

四、借贷记账法下的账户对应关系与会计分录

(一)账户的对应关系

账户的对应关系是指采用借贷记账法对每笔交易或事项进行记录时，相关账户之间形成的应借、应贷的相互关系。存在对应关系的账户称为对应账户。通过会计账户的对应关系，可以了解经济业务的内容和资金运动的来龙去脉。

小白进阶　账户的对应关系举例

企业从银行提取现金10000元，由于现金增加，应记入"库存现金"账户借方；银行存款减少，应记入"银行存款"账户贷方。在该项经济业务中，"库存现金"和"银行存款"账户形成应借、应贷的关系，即账户的对应关系。

(二)会计分录

1. 会计分录的含义

会计分录简称分录，是对每项经济业务列示出应借、应贷的账户名称及其金额的一种记录。会计分录由应借应贷方向、相互对应的科目及其金额三个要素构成。在我国，会计分录记载于记账凭证中。

2. 会计分录的分类

在实务中，为了保证账簿记录的正确性，在把经济业务记入账户之前，应先确定经济业务所涉及的会计科目及其应记的借贷方金额，然后再根据经济业务发生时所取得的原始凭证，在记账凭证中编制会计分录。按照所涉及账户的多少，会计分录分为简单会计分录和复合会计分录。简单会计分录和复合会计分录的对比如图4-10所示。

- 只涉及一个账户借方和另一个账户贷方，即一借一贷的会计分录。

- 由两个以上（不含两个）对应账户所组成。
- 包括一借多贷、多借一贷或多借多贷三类会计分录。

图4-10　简单会计分录和复合会计分录的对比

小贴士

企业不能将两项或两项以上不同类型的经济业务合在一起编制多借多贷的复合会计分录。

【例4-1】 企业收到投资者投入现金60000元存入银行。

此项经济业务一方面使资产类账户"银行存款"增加60000元，记入该账户的借方，另一方面使所有者权益类账户"实收资本"增加了60000元，记入该账户的贷方，借贷金额相等。编制会计分录如下：

借：银行存款   60000
  贷：实收资本   60000

编制会计分录时，习惯采用"上借下贷，左右错开"的列示方式。

【例4-2】 企业用银行存款偿还应付账款80000元。

此项经济业务一方面使资产类账户"银行存款"减少80000元，记入该账户的贷方，另一方面使负债类账户"应付账款"减少80000元，记入该账户的借方，借贷金额相等。编制会计分录如下：

借：应付账款   80000
  贷：银行存款   80000

【例4-3】 企业使用银行存款50000元购买固定资产(假设不考虑增值税)。

此项经济业务使资产类账户"银行存款"减少50000元，记入该账户的贷方，另一方面使资产类账户"固定资产"增加50000元，记入该账户借方，借贷金额相等，资产总额不变。编制会计分录如下：

借：固定资产   50000
  贷：银行存款   50000

【例4-4】 企业按当年实现净利润的10%计提法定盈余公积，金额为6000元。

此项经济业务一方面使所有者权益类账户"盈余公积"增加6000元，记入该账户的贷方，另一方面使所有者权益类账户"利润分配"减少6000元，记入该账户的借方，借贷金额相等，所有者权益总额不变。编制会计分录如下：

借：利润分配——提取法定盈余公积   6000
  贷：盈余公积——法定盈余公积   6000

五、借贷记账法下的试算平衡

(一)试算平衡的含义

试算平衡，是指根据借贷记账法的记账规则和资产与权益的恒等关系，通过对所有账户的发生额和余额的汇总计算和比较，来检查记录是否正确的一种方法。

(二)试算平衡的分类

试算平衡的方法包括发生额试算平衡和余额试算平衡两种。

1. 发生额试算平衡

发生额试算平衡法是根据借贷记账法"有借必有贷，借贷必相等"的记账规则，每一笔交易或事项均以相等的金额记入两个或两个以上相关账户的借方和贷方，故而对每一笔交易或事项而言，记入借方的金额合计与记入贷方的金额合计必然相等。推而广之，一定时期内所有的交易或事项全部记入账户后，所有账户的借方发生额合计与贷方发生额合计也必然是相等的。发生额试算平衡法正是基于这一原理来判断一定时期内会计记录是否正确，即根据本期所有账户借方发生额合计与贷方发生额合计的恒等关系，来检验本期发生额记录是否正确。公式为：

全部账户本期借方发生额合计＝全部账户本期贷方发生额合计

发生额试算平衡是通过编制"发生额试算平衡表"来进行的。其格式如表4-2所示。

表4-2　本期发生额试算平衡表

年　　　月　　　日　　　　　　　　　　　　　单位：元

会计科目	借方发生额	贷方发生额
合　计		

2. 余额试算平衡

借贷记账法以"资产＝负债+所有者权益"这一会计基本等式作为记账原理。同时，"借"和"贷"这一对记账符号，对于会计基本等式两边的两类不同性质的账户规定了相反的含义，使资产类账户的余额在借方，负债及所有者权益类账户的余额在贷方。因此，在某一特定时日，全部账户的期末借方余额之和必然等于全部账户期末贷方余额之和。这就是借贷记账法下余额试算平衡的依据，用公式表示为：

全部账户的借方期初余额合计＝全部账户的贷方期初余额合计

全部账户的借方期末余额合计＝全部账户的贷方期末余额合计

余额试算平衡是通过编制"余额试算平衡表"来进行的。其格式如表4-3所示。

表4-3　余额试算平衡表

年　　　月　　　日　　　　　　　　　　　　　单位：元

会计科目	借方余额	贷方余额
合　计		

(三)试算平衡表的编制

试算平衡是通过编制试算平衡表进行的。试算平衡表通常是在期末结出各账户的本期发生额合计和期末余额后编制的，试算平衡表中一般应设置"期初余额""本期发生额"和"期末余额"三大栏目，其下分设"借方"和"贷方"两个小栏。各大栏中的借方合计与贷方合计应该平衡相等，否则，便存在记账错误。

小贴士

为了简化表格，试算平衡表也可只根据各个账户的本期发生额编制，不填列各账户的期初余额和期末余额。

在日常会计核算中，通常是在月末进行一次试算平衡，既可以分别编制发生额试算平衡表和余额试算平衡表，也可以将两者合并编制成一张发生额及余额试算平衡表。

【例4-5】甲有限责任公司（简称甲公司）2019年4月份发生以下经济业务（所有账户的期初余额均为已知条件）：

（1）4月5日获得乙公司追加投资100000元，存入开户银行。

该经济业务属于资产和所有者权益同时增加的类型，此业务使甲公司的"银行存款"增加100000元，同时使"实收资本"增加100000元。"银行存款"属于资产类账户，增加记借方；"实收资本"属于所有者权益类账户，增加记贷方，T字账（《实训证账簿》P1-P2）如图4-11所示。

图4-11　增资业务的T字账

（2）4月8日，甲公司向供应商购入原材料一批，价值20000元，货款暂欠，材料已验收入库（假设不考虑增值税）。

该经济业务属于资产和负债同时增加的类型，此业务使甲公司的"原材料"增加20000元，同时"应付账款"增加20000元。"原材料"属于资产类账户，增加记入借方；"应付账款"属于负债类账户，增加记入贷方，T字账如图4-12所示。

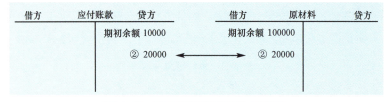

图4-12　购买原材料业务的T字账

（3）4月15日甲公司以银行存款支付上月所欠购原材料款10000元。

该经济业务属于资产和负债同时减少的类型，此业务使甲公司的"银行存款"减少10000元，同时"应付账款"减少10000元，"银行存款"属于资产类账户，减少记入贷方；"应付账款"属于负债类账户，减少记入借方，T字账如图4-13所示。

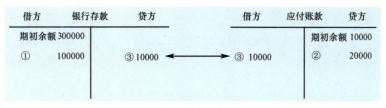

图4-13 偿还货款业务的 T 字账

（4）投资者丙收回投资100000元，用银行存款向其支付。

该经济业务属于资产和所有者权益同时减少的类型，此业务使甲公司的"银行存款"减少100000元，同时"实收资本"减少100000元，"银行存款"属于资产类账户，减少记入贷方；"实收资本"属于所有者权益类账户，减少记入借方，T 字账如图4-14所示。

图4-14 减资业务的 T 字账

（5）4月21日，从银行提取现金2000元备用。

该经济业务属于一项资产增加，另一项资产减少的类型。此业务使甲公司的"库存现金"增加2000元，同时又使"银行存款"减少2000元。二者都属于资产类账户，应记入"库存现金"的借方和"银行存款"的贷方，T 字账如图4-15所示。

借方	银行存款	贷方		借方	库存现金	贷方
期初余额 300000				期初余额 90000		
①	100000	③ 10000				
		④ 100000				
		⑤ 2000	⟷	⑤ 2000		

图4-15 提现业务的 T 字账

（6）4月28日开出商业承兑汇票一张用于归还前欠材料款20000元。

该经济业务属于一项负债增加，另一项负债减少的类型。此业务使甲公司的"应付票据"增加20000元，同时"应付账款"减少20000元，二者都属于负债类账户，应记入"应付账款"和"应付票据"的借方和贷方，T 字账如图4-16所示。

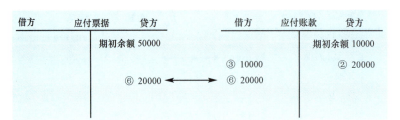

图 4-16　开出商业汇票业务的 T 字账

（7）经批准企业用盈余公积 50000 元转增资本。

该经济业务属于一项所有者权益增加，另一项所有者权益减少的类型。此业务使甲公司的"盈余公积"减少 50000 元，同时"实收资本"增加 50000 元。二者都属于所有者权益账户，应记入"盈余公积"和"实收资本"的借方和贷方，T 字账如图 4-17 所示。

图 4-17　转增资本业务的 T 字账

（8）宣告以盈余公积 10000 元向所有者分配现金股利。

该经济业务属于一项负债增加，一项所有者权益减少的类型。此业务使甲公司的"盈余公积"减少 10000 元，同时"应付股利"增加 10000 元。"盈余公积"属于所有者权益类账户，减少记入借方；"应付股利"属于负债类账户，增加记入贷方，T 字账如图 4-18 所示。

借方　　　应付股利　　　贷方　　　　　　借方　　　盈余公积　　　贷方

期初余额 100000

⑦ 50000

⑧ 10000 ←——→ ⑧ 10000

图 4-18　分派现金股利业务的 T 字账

（9）经批准将企业原发行的 10000 元应付债券转为实收资本。

该经济业务属于一项负债减少，一项所有者权益增加的类型。此业务使甲公司的"应付债券"减少 10000 元，同时"实收资本"增加 10000 元。"实收资本"属于所有者权益类账户，增加记入贷方，"应付债券"属于负债类账户，减少记入借方，T 字账如图 4-19 所示。

图 4-19　债转股业务的 T 字账

从上述经济业务记入账户的过程可看出以下三条规则：

（1）对于每项经济业务都必须同时记入两个或两个以上相互联系的账户；

（2）所记入的账户可属于同类，也可属于不同类，这取决于经济业务的类型，但记入账户时，一个记在借方，则另一个必须记在贷方；

（3）对于每项经济业务都应以相等的金额在借贷两方同时登记。即应该满足借贷记账法的记账规则。

根据各账户的期初余额、本期发生额和期末余额编制账户试算平衡表（《实训证账簿》P3-P4）进行试算平衡，如表4-4、4-5所示。

表4-4 本期发生额试算平衡表

2019 年 4 月 30 日 单位：元

会计科目	本期发生额	
	借方	贷方
库存现金	⑤2000	
银行存款	①100000	③10000；④100000；⑤2000
原材料	②20000	
应付票据		⑥20000
应付账款	③10000；⑥20000	②20000
应付股利		⑧10000
应付债券	⑨10000	
实收资本	④100000	①100000；⑦50000；⑨10000
盈余公积	⑦50000；⑧10000	
合计	322000	322000

表4-5 发生额及余额试算平衡表

2019 年 4 月 30 日 单位：元

会计科目	期初余额		本期发生额		期末余额	
	借方	贷方	借方	贷方	借方	贷方
库存现金	90000		2000		92000	
银行存款	300000		100000	112000	288000	
原材料	100000		20000		120000	
应付票据		50000		20000		70000
应付账款		10000	30000	20000		
应付股利				10000		10000
应付债券		30000	10000			20000
实收资本		300000	100000	160000		360000
盈余公积		100000	60000			40000
合计	490000	490000	322000	322000	500000	500000

在编制试算平衡表时，应注意以下几点：

（1）必须保证所有账户的余额均已记入试算平衡表。缺少任何一个账户的余额，都会造成期初或期末借方余额合计与贷方余额合计不相等。

（2）如果试算平衡表借贷不相等，肯定账户记录有错误，应认真查找，直到实现平衡为止。

（3）即便实现了试算平衡，也不能说明账户记录绝对正确，因为有些错误并不会影响借贷双方的平衡关系。例如：

①漏记某项经济业务，将使本期借贷双方的发生额等额减少，借贷仍然平衡；

②重记某项经济业务，将使本期借贷双方的发生额等额虚增，借贷仍然平衡；

小白进阶 漏记、重记某项经济业务不会影响借贷双方的平衡关系；但是漏记、重记某个会计科目会影响借贷双方的平衡关系。

③某项经济业务记录的应借应贷科目正确，但借贷双方金额同时多记或少记，其金额一致，借贷仍然平衡；

④某项经济业务记错有关账户，借贷仍然平衡；

⑤某项经济业务在账户记录中，颠倒了记账方向，借贷仍然平衡；

⑥借方或贷方发生额中，偶然发生多记少记并相互抵销，借贷仍然平衡。

本节小结 ▶ 借贷记账法

借贷记账法的概念
- 将会计要素的增减变动以相等的金额，同时在两个或两个以上的账户中进行相互联系、相互制约的记录。

借贷记账法下账户的结构
- 所有账户的借方和贷方均是一方登记增加额，另一方就登记减少额。
- 资产、成本和费用类账户的增加用"借"表示，减少用"贷"表示。
- 负债、所有者权益和收入类账户的增加用"贷"表示，减少用"借"表示。
- 备抵账户的结构与所调整账户的结构正好相反。

借贷记账法的记账规则
- 有借必有贷，借贷必相等。

借贷记账法下的账户对应关系与会计分录
- 账户的对应关系。
- 会计分录：由应借应贷方向、相互对应的科目及其金额三个要素构成。

借贷记账法下的试算平衡
- 是检查记录是否正确的一种方法。
- 包括发生额试算平衡和余额试算平衡两种。
- 通常在期末结出各账户的本期发生额合计和期末余额后编制。

第五章 "现学现用"——借贷记账法下的常见账务处理

本章导读

　　本章内容是全书的重点，主要介绍了会计核算的具体内容。学习本章内容时，要准确掌握所涉及账户的用途、性质和结构，对于企业常见的经济业务能够做出正确的会计处理。

　　本章的内容和结构如下：

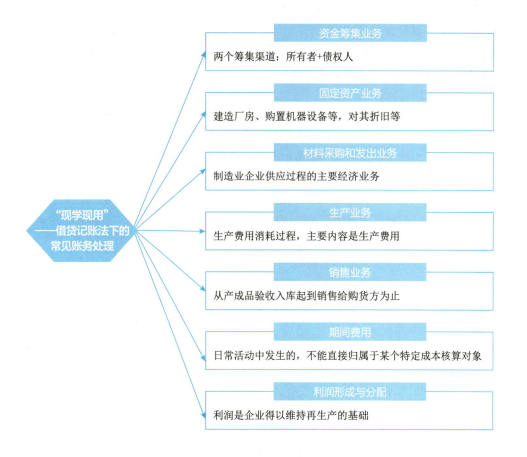

资金筹集业务
两个筹集渠道：所有者+债权人

固定资产业务
建造厂房、购置机器设备等，对其折旧等

材料采购和发出业务
制造业企业供应过程的主要经济业务

生产业务
生产费用消耗过程，主要内容是生产费用

销售业务
从产成品验收入库起到销售给购货方为止

期间费用
日常活动中发生的，不能直接归属于某个特定成本核算对象

利润形成与分配
利润是企业得以维持再生产的基础

"现学现用"——借贷记账法下的常见账务处理

第一节　企业的主要经济业务

不同企业的经济业务各有特点，其生产经营业务流程也不尽相同，本章主要介绍企业的资金筹集、设备购置、材料采购、产品生产、商品销售和利润分配等经济业务。

针对企业生产经营过程中发生的上述经济业务，账务处理的主要内容包括：

1. 资金筹集业务的账务处理

企业要独立地进行生产经营活动，自负盈亏，就必须拥有与生产经营规模相适应的资金。企业所需资金主要有两个筹集渠道，一是出资者（所有者）依法向企业投入资本，形成企业的资本金；二是由债权人提供，形成企业的负债。如图5-1所示。

图5-1　资金的筹集渠道

2. 固定资产业务的账务处理

为了保证生产活动的正常进行，企业必须建造厂房，购置机器设备等固定资产。固定资产是企业重要的劳动资料，会随着生产过程的进行将其本身价值逐渐转移到新的产品或服务中去，并在销售收入中得到补偿。

3. 材料采购业务的账务处理

材料采购是制造业企业供应过程的主要经济业务。为了保证生产任务的正常进行，企业需要购进生产产品所需的各种原材料，以备生产和管理领用。

4. 生产业务的账务处理

生产业务是制造业企业经营的核心，在这一过程中，通过各种生产要素的归集，制造出各种产品，产品生产过程就是生产费用消耗过程，因此，生产过程核算的主要内容是生产费用。

5. 销售业务的账务处理

销售环节是企业生产经营活动的最后一个环节，是企业从产成品验收入库起到销售给购货方为止的过程。在这一过程中，企业一方面将生产出来的产品销售给购货单位；另一方面，按照销售价从购货单位取得货币资金，以满足企业进行再生产资金的需要。

6. 期间费用的账务处理

期间费用是指企业日常活动中发生的不能直接归属于某个特定成本核算对象，应直接计入当期损益的各种费用。

7. 利润形成与分配业务的账务处理

利润是企业得以维持再生产的基础，利润的大小很大程度上反映了企业的经营业绩，因此，利润往往是评价企业管理层业绩的一项重要指标，也是投资者等财务会计报告使用者进行决策时的重要参考依据，因此，企业必须正确计算利润。

本节小结 ▶ 企业的主要经济业务

> **企业的主要经济业务**
> - 资金筹集业务的账务处理。
> - 固定资产业务的账务处理。
> - 材料采购业务的账务处理。
> - 生产业务的账务处理。
> - 销售业务的账务处理。
> - 期间费用的账务处理。
> - 利润形成与分配业务的账务处理。

第二节 资金筹集业务的账务处理

企业要组织和完成生产经营活动，首要任务是为正常的生产经营活动筹集一定数量的资金。企业的资金筹集业务按其资金来源通常分为所有者权益筹资和负债筹资。

所有者权益筹资形成所有者的权益(通常称为权益资本)，包括投资者的投资及其增值，这部分资本的所有者既享有企业的经营收益，也承担企业的经营风险。所有者向企业投入的资本，在一般情况下无需偿还，可供企业长期周转使用，是企业重要的长期资金来源之一。

负债筹资形成债权人的权益(通常称为债务资本)，主要包括企业向债权人借入的资金和结算形成的负债资金等，这部分资本的所有者享有按约收回本金和利息的权利。借入的资金必须按预定的借款用途使用、定期支付利息并到期归还本金。

小贴士

我国《公司法》规定，股东可以用货币出资，也可以用实物、知识产权、土地使用权等可以用货币估价并可以依法转让的非货币财产作价出资。但是，法律、行政法规规定不得作为出资的财产除外。

一、所有者权益筹资业务

(一)所有者投入资本的构成(如图5-2所示)

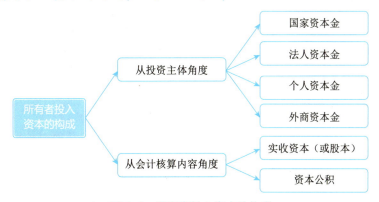

图5-2 所有者投入资本的构成

国家资本金是指有权代表国家投资的政府部门或者机构以国有资产投入企业形成的资本金。

法人资本金是指由企业法人以其可以支配的资产或具有法人资格的事业单位和社会团体以国家允许用于经营的资产向企业投入的资本金。

个人资本金是指社会个人或本企业内部职工以个人合法财产投入代理企业所形成的资本金。

外商资本金是指外国和中国香港、澳门和台湾地区的投资者直接向中国境内企业，或以购买人民币特种股票形式向中国企业投入的资本金。

从会计核算内容的角度来看，所有者投入的资本主要包括实收资本(或股本)和资本公积。

实收资本(或股本)是指企业的投资者按照企业章程、合同或协议的约定，实际投入企业的资本金以及按照有关规定由资本公积、盈余公积等转增资本的资金。

资本公积是企业收到投资者投入的超出其在企业注册资本(或股本)中所占份额的投资，以及其他资本公积等。对于新成立的企业，投资者的出资额一般全部作为实收资本入账，投资者按出资比例享有权利并承担义务。但在企业重组并有新的投资者加入时，为了维护原有投资者的权益，新加入的投资者的出资额通常要大于其在注册资本中所占份额，这部分多出的数额称为资本溢价(股本溢价)。资本公积作为企业所有者权益的重要组成部分，主要用于转增资本。

(二)账户设置

企业通常设置以下账户对所有者权益筹资业务进行核算：

1. "实收资本(或股本)"账户

为了反映和监督企业接受投资者投入资本情况，需要设置"实收资本"账户，如果企业是股份有限公司，则应将该账户改为"股本"账户。"实收资本"账户属于所有者权益类账户，该账户按投资者的不同设置明细账户，进行明细核算。

"实收资本"账户贷方登记企业接受投资者投入的注册资本，以及以资本公积或盈余公积转增资本的金额，借方登记按法定程序报经批准减少的注册资本的金额，期末余额在贷方，反映企业期末实收资本总额。"实收资本"的结构和内容如图5-3所示。

借方	实收资本	贷方
	期初余额	
按法定程序报经批准减少的注册资本额	投资者投入的注册资本额 以资本公积或盈余公积转增资本的金额	
	期末企业实收资本总额	

图5-3　"实收资本"账户的结构和内容

"股本"账户与"实收资本"账户类似，也属于所有者权益类账户，贷方登记股本的增加额，借方登记股本的减少额(例如注销公司股份时冲减的股本)，期末余额在贷方，反映企业期末股本的总额。

2."资本公积"账户

"资本公积"账户属于所有者权益类账户，用以核算企业收到投资者出资额超出其在注册资本或股本中所占份额的部分，以及其他资本公积等。该账户可按资本公积的来源不同，分别设置"资本溢价(或股本溢价)""其他资本公积"进行明细核算。

该账户贷方登记资本公积的增加额，如企业收到投资者出资额超出其在注册资本或股本中所占份额的部分；借方登记资本公积的减少额，如股东大会或类似机构决议用资本公积转增资本的金额。期末余额在贷方，反映企业期末资本公积的结余数额。"资本公积"账户的结构和内容如图5-4所示。

借方	资本公积	贷方
	期初余额	
以资本公积转增资本的金额	出资额中资本溢价或股本溢价金额 增加的其他资本公积	
	期末企业的资本公积结余数额	

图5-4　"资本公积"账户的结构和内容

3."银行存款"账户

"银行存款"账户属于资产类账户，用以核算企业存入银行或其他金融机构的各种款项的增减变动情况。该账户应当按照开户银行、存款种类等分别进行明细核算。

该账户借方登记存入的款项，贷方登记提取或支出的款项。期末余额在借方，反映企业存在银行或其他金融机构的各种款项的合计数。"银行存款"账户的结构和内容如图5-5所示。

借方	银行存款	贷方
期初余额		
企业存入的款项	企业提取或支出的款项	
期末实存款项		

图5-5　"银行存款"账户的结构和内容

小白进阶　支票的核算通过"银行存款"账户核算。银行汇票存款、银行本票存款、信用卡存款、信用证保证金存款、存出投资款、外埠存款等，通过"其他货币资金"账户核算。

(三)账务处理

1. 接受现金资产投资的账务处理

(1)除股份有限公司以外的公司接受货币资金投资,应该按照实际收到或者存入企业开户银行的金额借记"银行存款"科目,按照双方约定的份额贷记"实收资本"科目,两者之间差额记入"资本公积——资本溢价"科目。如图 5-6 所示。

图 5-6 接受现金资产投资的账务处理

【例 5-1】 甲公司(有限责任公司)收到 A 公司投资 350000 元,款项已存入银行。按照双方的约定,其中的 300000 元记入实收资本。甲公司应编制会计分录如下:

借:银行存款　　　　　　　　　　　　　　　　　　　　　　350000
　　贷:实收资本　　　　　　　　　　　　　　　　　　　　　300000
　　　　资本公积——资本溢价　　　　　　　　　　　　　　　　50000

小白进阶 本例涉及到"银行存款""实收资本"和"资本公积"三个账户。银行存款增加是资产的增加,应记入"银行存款"账户的借方;A 公司对甲公司投资使甲公司所有者权益增加,应记入甲公司"实收资本"和"资本公积"账户的贷方。

(2)股份有限公司发行股票,在溢价发行的情况下,企业发行股票取得的收入,按照发行收入借记"银行存款"科目,股票面值部分作为股本增加,贷记"股本"科目,超出面值的溢价收入应作为资本公积(股本溢价)处理,贷记"资本公积——股本溢价"科目。如图 5-7 所示。

图 5-7 发行股票时相关科目的变动方向

发行股票支付的手续费、佣金等发行费用,如股票溢价发行的,从发行股票的溢价中抵扣;股票发行没有溢价的,发行费用冲减"盈余公积"和"利润分配——未分配利润";溢价金额不足以抵扣的发行费用,冲减"盈余公积"和"利润分配——未分配利润"。

2. 接受非现金资产投资的账务处理

企业接受以固定资产、原材料、无形资产等方式投入的资本,应按照投资合同或协议约定价值确定在注册资本中应该享有的份额,并一般按照投资合同或协议约定价值确认接受非现金资产的入账价值,但投资合同或协议约定价值不公允的应按照公允价值确认接受非现金资产的入账价值。借记相应的资产类科目，按照应享有的份额贷记"实收资本"或"股本"科目，两者之间差额记入"资本公积——资本(股本)溢价"科目。

【例5-2】乙公司(有限责任公司)收到甲公司作为投资投入的设备一台，该设备所确认的价值为60000元(假设不产生资本溢价，不考虑增值税)。乙公司应编制会计分录如下：

借：固定资产 60000
　　贷：实收资本 60000

小白进阶 本例涉及"固定资产"和"实收资本"两个账户。固定资产增加是资产的增加，应记入"固定资产"账户的借方；甲公司对乙公司投资使乙公司所有者权益增加，应记入"实收资本"账户的贷方。

3. 实收资本(或股本)的减少

(1)实收资本减少的账务处理

按照减少实收资本的金额，借记"实收资本"科目，按照实际支付的金额贷记"银行存款"等科目，差额借记"资本公积"科目。

(2)股本减少的账务处理

股份有限公司采用回购本公司股票方式减资的，按股票面值和注销股数计算的股票面值总额冲减股本，按注销库存股的账面余额与所冲减股本的差额冲减股本溢价，股本溢价不足冲减的，应冲减"盈余公积"和"利润分配——未分配利润"科目。如果购回股票支付的价款低于面值总额的，所注销库存股的账面余额与所冲减股本的差额作为增加股本溢价处理。

【例5-3】A公司2018年12月31日的股数为10000万股，每股面值为1元，资本公积(股本溢价)3000万元，盈余公积4000万元。经股东大会批准，A公司以银行存款回购本公司股票2000万股并注销。假定A公司按每股2元回购股票，股本溢价足够冲减。A公司的会计处理如下：

(1)回购本公司股票时：

借：库存股 4000
　　贷：银行存款 4000

库存股成本＝2000×2＝4000(万元)

小贴士

"库存股"账户核算由公司购回而没有注销、并由该公司持有的已发行股份。它属于所有者权益类，是"股本"的备抵账户。

(2)注销本公司股票时：

借：股本 2000
　　资本公积——股本溢价 2000
　　贷：库存股 4000

应冲减的资本公积＝2000×2－2000×1＝2000(万元)

二、负债筹资业务

(一)负债筹资的构成(如图 5-8 所示)

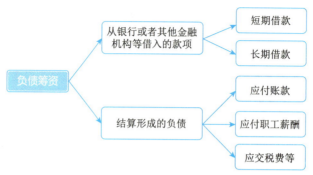

图 5-8　负债筹资的构成

小白进阶 短期借款和长期借款都是从银行或者其他金融机构等借入的款项，企业之间的欠款，不属于短期借款或者长期借款。

结算形成的负债主要有应付账款、应付职工薪酬、应交税费等，在本章后面内容将做介绍。

短期借款是指企业为了满足其生产经营对资金的临时性需要而向银行或其他金融机构等借入的偿还期限在一年以内(含一年)的各种借款。

长期借款是指企业向银行或其他金融机构等借入的偿还期限在一年以上(不含一年)的各种借款。如从各专业银行、商业银行取得的贷款，除此之外，还包括向财务公司、投资公司等金融企业借入的款项。

(二)账户设置

企业通常设置以下账户对负债筹资业务进行会计核算：

1."短期借款"账户

"短期借款"账户属于负债类账户，一般按借款种类、贷款人和币种进行明细核算。

该账户贷方登记短期借款本金的增加额，借方登记短期借款本金减少额。期末余额在贷方，反映企业期末尚未归还的短期借款。"短期借款"账户的结构和内容如图 5-9 所示。

借方	短期借款	贷方
	期初余额	
企业归还的短期借款本金额	企业借入的各种短期借款	
	期末企业尚未偿还的短期借款	

图 5-9　"短期借款"账户的结构和内容

2."长期借款"账户

"长期借款"账户属于负债类账户，可按贷款单位和贷款种类等进行明细核算。

该账户贷方登记企业借入的长期借款的本金、计提的到期一次还本付息的长期借款的利息及利息调整，借方登记企业归还的长期借款的本金、支付的到期一次还本付息的长期借款的利息及利息调整，**期末余额在贷方**，反映企业尚未偿还的长期借款。"长期借款"账户的结构和内容如图 5-10 所示。

借方	长期借款	贷方
	期初余额	
企业归还的长期借款的本金 支付的到期一次还本付息的长期借款的利息 利息调整	企业借入的长期借款本金 计提的到期一次还本付息的长期借款的利息 利息调整	
	期末企业尚未偿还的长期借款	

图 5-10 "长期借款"账户的结构和内容

3. "应付利息"账户

"应付利息"账户属于负债类账户，用以核算企业按照合同约定应支付的利息，包括按月计提的短期借款利息，吸收存款、分期付息到期还本的长期借款、企业债券等应支付的利息，该账户可按存款人或债权人进行明细核算。

该账户贷方登记企业按合同利率计算确定的应付未付利息，借方登记归还的利息。**期末余额在贷方**，反映企业应付未付的利息。"应付利息"账户的结构和内容如图 5-11 所示。

借方	应付利息	贷方
	期初余额	
企业实际归还利息	企业按合同利率计算的应付未付利息	
	期末企业应付未付利息	

图 5-11 "应付利息"账户的结构和内容

4. "财务费用"账户

财务费用是指企业**为筹集生产经营所需资金等而发生的筹资费用**，包括**利息支出(减利息收入)、汇兑损益以及相关的手续费、企业发生的现金折扣或收到的现金折扣**等。为了反映和监督企业为筹集生产经营所需资金等而发生的筹资费用，需要设置"财务费用"账户。该账户属于**损益类账户**，一般按照费用项目进行明细核算。计入财务费用的内容如图 5-12 所示。

图 5-12 计入财务费用的内容

"财务费用"账户借方登记手续费、利息费用等财务费用的增加额，贷方登记应冲减财务费用的利息收入等、以及期末结转到"本年利润"账户的余额。期末结转后，该账户无余额。"财务费用"账户的结构和内容如图5-13所示。

借方	财务费用	贷方
企业发生的各种筹资费用	发生的应冲减财务费用的利息收入等 期末结转到"本年利润"账户的金额	

图5-13 "财务费用"账户的结构和内容

(三)账务处理

1. 短期借款的账务处理

(1)短期借款借入和归还的账务处理

企业从银行或其他金融机构取得短期借款时，借记"银行存款"科目，贷记"短期借款"科目，相关科目变动方向如图5-14所示。

图5-14 借入短期借款时相关科目的变动方向

企业短期借款到期偿还本金时，借记"短期借款"科目，贷记"银行存款"科目，相关科目变动方向如图5-15所示。

图5-15 归还短期借款时相关科目的变动方向

(2)计提短期借款利息以及支付利息的账务处理

企业的短期借款利息一般采用月末预提的方式进行核算。短期借款利息属于筹资费用，应记入"财务费用"科目。企业应当在资产负债表日按照计算确定的短期借款利息费用，借记"财务费用"科目，贷记"应付利息"科目。实际支付利息时，如果支付的是已经计提的利息，借记"应付利息"科目，贷记"银行存款"科目。如果支付的是尚未计提的利息，借记"财务费用"科目，贷记"银行存款"科目。

【例5-4】A股份有限公司于2019年1月1日向银行借入一笔生产经营用短期借款，共计120000元，期限为9个月，年利率为4%。根据与银行签署的借款协议，该项借款的本金到期后一次归还，利息分月预提，按季支付。A股份有限公司的有关会计处理如下：

（1）1月1日借入短期借款：

借：银行存款　　　　　　　　　　　　　　　　　　　　　　　　　120000

　　贷：短期借款　　　　　　　　　　　　　　　　　　　　　　　　　120000

（2）1月末，计提1月份应计利息：

借：财务费用　　　　　　　　　　　　　　　　　　　　　　　　　　　400

　　贷：应付利息　　　　　　　　　　　　　　　　　　　　　　　　　　400

本月应计提的利息金额＝120000×4%/12＝400（元）

2月末计提2月份利息费用的处理与1月份相同。

（3）3月末支付第一季度银行借款利息：

借：财务费用　　　　　　　　　　　　　　　　　　　　　　　　　　　400

　　应付利息　　　　　　　　　　　　　　　　　　　　　　　　　　　800

　　贷：银行存款　　　　　　　　　　　　　　　　　　　　　　　　　1200

第二、三季度的会计处理同（2）、（3）。

（4）10月1日偿还银行借款本金：

借：短期借款　　　　　　　　　　　　　　　　　　　　　　　　　120000

　　贷：银行存款　　　　　　　　　　　　　　　　　　　　　　　　　120000

2. 长期借款的账务处理

按照付息方式，可将长期借款分为分期付息到期还本的长期借款和到期一次还本付息的长期借款。

（1）长期借款借入和归还的账务处理。

企业借入长期借款，应按实际收到的金额，借记"银行存款"科目，贷记"长期借款——本金"科目，如存在差额，还应记入"长期借款——利息调整"科目。

小白进阶 长期借款的"利息调整"初始主要构成内容是相关的手续费和佣金等辅助费用的金额。

企业归还长期借款的本金时，按应归还的金额，借记"长期借款——本金"科目，贷记"银行存款"科目，若存在"长期借款——利息调整"科目，也要同时结转。

（2）计提长期借款利息以及支付利息的账务处理。

长期借款发生的利息费用应当在资产负债表日按照实际利率法计算确定，实际利率与合同利率差异较小的，也可以采用合同利率计算确定利息费用。

长期借款利息应当按照权责发生制原则核算，用于购建固定资产或无形资产，在资产达到预定可使用状态前，所发生的应当资本化的利息支出数，记入"在建工程"或"研发支出"科目；达到预定可使用状态后发生的利息支出，以及按规定不予资本化的利息支出，则应该费用化记入"财务费用"科目。为生产产品发生的借款费用符合资本化的记入"制造费用"科目。同时确认"应付利息"或者"长期借款——应计利息"科目,其中如果是分期付息到期还本的长期借款,贷记"应付利息"科目;如果是到期一次还本付息的长期借款,贷记"长期借款——应计利息"科目。

【例5-5】A企业为增值税一般纳税人,于2019年11月30日从银行借入资金4000000元,借款期限为3年,年利率为8.4%(到期一次还本付息,不计复利)。所借款项已存入银行。A企业用该借款于当日购买不需安装的设备一台,价款3000000元,增值税税额390000元(增值税可以抵扣),另支付运输费50000元(不考虑增值税),保险费50000元,设备已于当日投入使用。A企业应编制会计分录如下:

(1)取得借款时:

借:银行存款   4000000

  贷:长期借款——本金   4000000

(2)支付设备款和相关税费时:

借:固定资产   3100000

  应交税费——应交增值税(进项税额)   390000

  贷:银行存款   3490000

【例5-6】承【例5-5】,A企业于2019年12月31日计提长期借款利息。该企业应编制会计分录如下:

借:财务费用   28000

  贷:长期借款——应计利息   28000

2019年12月31日计提的长期借款利息=4000000×8.4%/12=28000(元)

2020年1月至2022年10月月末预提利息分录同上。

【例5-7】承【例5-5】、【例5-6】,2022年11月30日,企业偿还该笔银行借款本息。该企业的有关会计分录如下:

借:财务费用   28000

  长期借款——本金   4000000

      ——应计利息   (28000×35)980000

  贷:银行存款   5008000

本节小结 ▶ 资金筹集业务的账务处理

> **所有者权益筹资业务**
> - 包括实收资本(或股本)和资本公积。
> - 设置"实收资本"或"股本""资本公积"等账户。

> **负债筹资业务**
> - 包括短期借款、长期借款以及结算形成的负债等。
> - 设置"短期借款""长期借款""应付利息"和"财务费用"等账户。

第三节 固定资产业务的账务处理

一、固定资产概述

(一)固定资产的概念与特征

固定资产是指为生产商品、提供劳务、出租或经营管理而持有、使用寿命超过一个会计年度的有形资产。

从其概念可以看出，固定资产同时具有以下特征：

1. 属于有形资产

固定资产具有实物特征，这一特征将固定资产与无形资产进行区分。有些无形资产可能同时符合固定资产的其他特征，如某专利权为生产产品、提供劳务而持有，使用寿命超过一个会计年度，但由于其没有实物形态，所以不属于固定资产，而是属于无形资产。

2. 为生产商品、提供劳务、出租或者经营管理而持有

企业持有固定资产的目的是为生产商品、提供劳务、出租或者经营管理，而不是直接用于出售。

3. 使用寿命超过一个会计年度

固定资产的使用寿命，是指企业使用该固定资产的预计期间，或者所能生产产品、提供劳务的数量。固定资产的使用寿命超过一个会计年度表明固定资产属于长期资产，随着使用、磨损和损耗，需要通过计提折旧的方式逐渐减少账面价值。

(二)固定资产的确认

固定资产在同时满足以下两个条件时，才能予以确认：

1. 与该固定资产有关的经济利益很可能流入企业

资产最基本的特征是预期能给企业带来经济利益，如果某一固定资产不能给企业带来经济利益，则不能确认为该企业的固定资产。

2. 该固定资产的成本能够可靠计量

成本能够可靠地计量，是资产确认的一项基本条件。固定资产作为企业资产的重要组成部分，要予以确认，为取得该固定资产而发生的支出也必须能够可靠地计量。如果固定资产的成本能够可靠地计量，并同时满足其他确认条件，就可以加以确认。否则，企业不应确认其为固定资产。

确认一项固定资产，需同时满足固定资产的定义和确认条件，如图5-16所示。

图 5-16　固定资产的确认

（三）固定资产的分类

固定资产可按其经济用途分类，如图 5-17 所示。

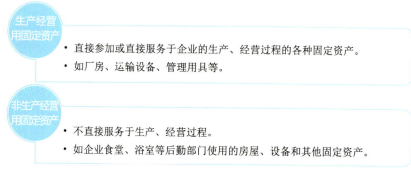

图 5-17　固定资产的分类

二、固定资产的成本

固定资产的成本是指企业购建某项固定资产达到预定可使用状态前所发生的一切合理、必要的支出。

企业可以通过外购、自行建造、投资者投入、非货币性资产交换、债务重组、企业合并和融资租赁等方式取得固定资产。取得的方式不同，固定资产成本的具体构成内容及其确定方法也不尽相同。

1. 外购的固定资产，以购买价款、相关税费、使固定资产达到预定可使用状态前所发生的可归属于该项资产的运输费、装卸费、安装费和专业人员服务费等作为其入账价值。若以一笔款项购入多个没有单独标价的固定资产，应当按照各项固定资产公允价值比例对总成本进行分配，分别确定各项固定资产的成本。

2. 自行建造的固定资产，以建造该固定资产达到预定可使用状态前所发生的全部支出作为其入账价值。

3. 投资者投入的固定资产，应按照投资合同或协议约定的价值确定固定资产的价值，但投资合同或协议约定的价值不公允的除外。

4. 改建、扩建的固定资产，以原有固定资产的账面价值，减去改建、扩建过程中发生的变价收入，加上改建、扩建过程中发生的支出作为入账价值。

5. 企业接受债务人以非现金资产抵偿债务方式取得的固定资产，按所放弃债权的公允价值加上应支付的相关税费作为入账价值。

6. 接受捐赠的固定资产。若捐赠方提供了有关凭据，按凭据上标明的金额加上应支付的相关税费作为入账价值。若捐赠方没有提供有关凭据，存在同类或类似资产的活跃市场的，按市场价格加上相关税费作为入账价值；不存在活跃市场的，按该项资产的预计未来现金流量现值作为入账价值。当受赠的是旧的固定资产时，则按上述方法确定价值后，减去按该项资产的新旧程度估计的价值损耗后的余额作为入账价值。

7. 盘盈的固定资产，按同类或类似固定资产的市场价格，减去按该项资产的新旧程度估计的价值损耗后的余额，作为入账价值。

三、固定资产的折旧

(一) 固定资产折旧的概念

固定资产折旧是固定资产由于磨损和损耗而逐渐转移的价值。这部分转移的价值以折旧费的形式计入相关成本费用，并从企业的营业收入中得到补偿。因此，企业应当在固定资产的使用寿命内，按照确定的方法对应计折旧额进行系统分摊。其中，应计折旧额是指应当计提折旧的固定资产的原价扣除其预计净残值后的金额。已计提减值准备的固定资产，还应当扣除已计提的固定资产减值准备累计金额。

(二) 影响固定资产折旧的因素(如图5-18所示)

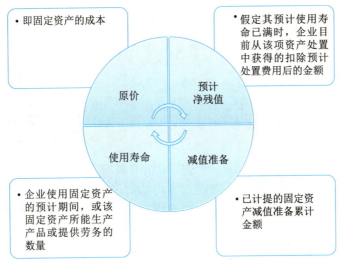

图5-18 影响固定资产折旧的因素

其中，需要注意的是：对于固定资产的预计净残值，企业应当根据固定资产的性质和使用情况，合理确定固定资产的预计净残值。预计净残值一经确定，不得随意变更。预计净残值率指固定资产预计净残值占其原价的比率。

小贴士

由于在计算折旧时，对固定资产的残余价值和清理费用是会计人员估计的，所以净残值的确定有一定的主观性。

（三）固定资产的折旧范围

企业应当**按月**对**所有的固定资产**计提折旧，但是，**已提足折旧仍继续使用**的固定资产、**单独计价入账的土地**和**持有待售**的固定资产除外。

小贴士

提足折旧是指已经提足该项固定资产的应计折旧额。

当月增加的固定资产，当月不计提折旧，从下月起计提折旧；当月减少的固定资产，当月仍计提折旧，从下月起不计提折旧；提前报废的固定资产，不再补提折旧。

（四）固定资产的折旧方法

企业应当根据与固定资产有关的经济利益的预期消耗方式，合理选择固定资产折旧方法。折旧方法一经选定，不得随意变更。可选用的折旧方法如图5-19所示。

图5-19 固定资产的折旧方法

小贴士

年限平均法下，单位期间内的折旧相等，工作量法下，单位工作量对应的折旧相等，因此相当于是匀速折旧。双倍余额递减法、年数总和法属于加速折旧法。

1. 年限平均法

年限平均法又称直线法，是将固定资产的应计折旧额**均衡地分摊**到固定资产预计使用寿命内的一种方法。使用这种方法计算的**每期折旧额均相等**。其计算公式为：

月折旧额＝（固定资产原价－预计净残值）×月折旧率

其中：月折旧率＝年折旧率÷12

年折旧率＝1/预计使用寿命（年）×100%

或：月折旧额＝固定资产原值×（1－预计净残值率）/预计使用寿命（月）

【例5-8】 甲公司有一幢厂房，原价为5000000元，预计可使用20年，预计报废时的净残值率为2%。该厂房的月折旧额的计算如下：

月折旧额＝固定资产原值×（1－预计净残值率）/预计使用寿命（月）

＝5000000×（1－2%）/（20×12）

$\approx 20416.67($元$)$

2. 工作量法

工作量法是根据实际工作量计提固定资产折旧额的一种方法。这种方法弥补了年限平均法只考虑使用时间不考虑使用强度的缺点，其基本计算公式为：

单位工作量折旧额=固定资产原值×(1-预计净残值率)/预计总工作量

固定资产每期折旧额=单位工作量折旧额×该固定资产该期实际工作量

【例5-9】某企业的一辆运货卡车的原价为600000元，预计总行驶里程为500000公里，预计报废时的净残值率为5%，本月行驶4000公里。该辆汽车的本月折旧额计算如下：

单位里程折旧额=600000×(1-5%)/500000=1.14(元/公里)

本月折旧额=4000×1.14=4560(元)

3. 双倍余额递减法

双倍余额递减法是指在不考虑固定资产残值的情况下，根据每期期初固定资产账面净值(固定资产账面余额减累计折旧)和双倍的直线法折旧率计算固定资产折旧额的一种方法。计算公式为：

年折旧率=2/预计使用年限×100%(年限平均法下年折旧率的两倍)

年折旧率=固定资产账面净值×年折旧率

由于双倍余额递减法不考虑固定资产的残值收入，因此，在应用这种方法时必须注意，不能使固定资产的账面结余价值降低到它的预计残值收入以下，所以采用双倍余额递减法计提折旧的固定资产，一般应在其折旧年限到期前两年内，将固定资产账面净值扣除预计净残值后的余额平均摊销。

【例5-10】某企业一台机器设备的原价为1000000元，预计使用年限为5年，预计净残值为4000元。按双倍余额递减法计提折旧，每年的折旧额计算如下：

年折旧率=2/5×100%=40%

第1年应计提的折旧额=1000000×40%=400000(元)

第2年应计提的折旧额=(1000000-400000)×40%=240000(元)

第3年应计提的折旧额=(600000-240000)×40%=144000(元)

从第4年起改用年限平均法(直线法)计提折旧。

第4年、第5年的年折旧额=[(1000000-400000-240000-144000)-4000]/2=106000(元)

4. 年数总和法

年数总和法是指将固定资产的原价减去预计净残值后的余额乘以一个逐年递减的变动折旧率计算每年折旧额的一种方法。该方法计算公式为：

年折旧率=尚可使用年限/预计使用年限的年数总和×100%

年折旧额=(固定资产原值-预计残值)×年折旧率

【例5-11】承【例5-10】，假如采用年数总和法，该设备应计提的折旧总额为996000(1000000-4000)元，年数合计为1+2+3+4+5=15。

计算的各年折旧额如表5-1所示。

表 5-1　折旧计算表

年份	尚可使用年限	原价-净残值①	变动折旧率②	年折旧额③=①×②	累计折旧
1	5	996000	5/15	332000	332000
2	4	996000	4/15	265600	597600
3	3	996000	3/15	199200	796800
4	2	996000	2/15	132800	929600
5	1	996000	1/15	66400	996000

不同的固定资产折旧方法，影响固定资产使用寿命期间内不同时期的折旧费用。固定资产在其使用过程中，因所处经济环境、技术环境以及其他环境均有可能发生很大变化，企业至少应当于每年年度终了，对固定资产的使用寿命、预计净残值和折旧方法进行复核。固定资产使用寿命、预计净残值和折旧方法的改变，应当作为会计估计变更。

小贴士

不同的固定资产折旧方法虽然使固定资产不同时期的折旧费用不同，但应计折旧总额不变。

四、账户设置

企业通常设置以下账户对固定资产业务进行会计核算：

1."在建工程"账户

"在建工程"账户属于资产类账户，用以核算企业基建、更新改造等在建工程发生的支出。该账户可按"建筑工程""安装工程""在安装设备""待摊支出"以及单项工程等进行明细核算。

该账户借方登记企业各项在建工程的实际支出，贷方登记工程达到预定可使用状态时转出的成本等。期末余额在借方，反映企业期末尚未达到预定可使用状态的在建工程的成本。"在建工程"账户的结构和内容如图 5-20 所示。

借方	在建工程	贷方
期初余额		
企业各项在建工程的实际支出	工程达到预定可使用状态时转出的成本	
期末尚未达到预定可使用状态的工程成本		

图 5-20　"在建工程"账户的结构和内容

2."工程物资"账户

"工程物资"账户属于资产类账户，用以核算企业为在建工程准备的各种物资的成本，包括工程用材料、尚未安装的设备以及为生产准备的工器具等。该账户可按"专用材料""专用设备""工器具"等进行明细核算。

该账户借方登记企业购入工程物资的成本，贷方登记领用工程物资的成本。期末余额在借方，反映企业期末为在建工程准备的各种物资的成本。"工程物资"账户的结构和内容如图5-21所示。

借方	工程物资	贷方
期初余额		
购入工程物资的成本	领用工程物资的成本	
期末为在建工程准备的各种物资成本		

图 5-21 "工程物资"账户的结构和内容

小白进阶 企业购入工程物资后直接用于建造固定资产，应直接通过"在建工程"账户核算；企业购入工程物资后待一段时间再用于建造固定资产，应先记入"工程物资"账户，在建造领用时再转入"在建工程"账户。

3. "固定资产"账户

"固定资产"账户属于资产类账户，用以核算企业持有的固定资产原价。该账户可按固定资产类别和项目进行明细核算。

该账户的借方登记固定资产原价的增加，贷方登记固定资产原价的减少。期末余额在借方，反映企业期末固定资产的原价。"固定资产"账户的结构和内容如图5-22所示。

借方	固定资产	贷方
期初余额		
企业增加的固定资产原价	企业因处置固定资产等而减少的原价	
期末固定资产的原价		

图 5-22 "固定资产"账户的结构和内容

4. "累计折旧"账户

"累计折旧"账户属于资产类备抵账户，用以核算企业固定资产计提的累计折旧。该账户可按固定资产的类别或项目进行明细核算。

该账户贷方登记按月提取的折旧额，即累计折旧的增加额，借方登记因减少固定资产而转出的累计折旧。期末余额在贷方，反映期末固定资产的累计折旧额。"累计折旧"账户的结构和内容如图5-23所示。

借方	累计折旧	贷方
	期初余额	
因减少固定资产而转出的金额	企业按月提取的折旧额	
	期末固定资产的累计折旧额	

图 5-23 "累计折旧"账户的结构和内容

5. "固定资产清理"账户

"固定资产清理"账户属于资产类账户，用以核算企业因出售、报废、毁损、对外投资等原因转出的固定资产价值，以及在清理过程中发生的费用等。该账户可按被清理的固定资产项目进行明细核算。

该账户借方登记转出的固定资产账面价值、清理过程中支付的相关税费及其他费用；贷方登记固定资产清理完成的处理。期末若有借方余额，反映企业尚未清理完毕的固定资产净损失；期末若为贷方余额，反映企业尚未清理完毕的固定资产的净收益。"固定资产清理"账户的结构和内容如图 5-24 所示。

借方	固定资产清理	贷方
转出的固定资产账面价值 清理过程中支付的相关税费及其他费用 结转固定资产的净收益	处置固定资产得到的收入 收到过失人赔偿或残料变价收入 结转固定资产的净损失	

图 5-24　"固定资产清理"账户的结构和内容

五、账务处理

(一)固定资产的购入

1. 购入不需要安装的固定资产的账务处理

企业购入的不需要安装的固定资产，是指企业购置的不需要安装直接达到预定可使用状态的固定资产。购入不需要安装的固定资产，应按购入时实际支付的全部价款，包括支付的买价、进口关税等相关税费，以及使固定资产达到预定可使用状态所发生的可直接归属于该资产的其他支出，作为固定资产的入账价值，借记"固定资产""应交税费——应交增值税(进项税额)"科目，贷记"银行存款"等科目。

小贴士

若为小规模纳税人企业，其增值税不能抵扣，应全额计入固定资产成本。小规模纳税人"应交税费"的核算在下一节中有详细介绍。

【例 5-12】某一般纳税人企业 2019 年 5 月购入不需要安装的生产设备一台，价款 10000 元，支付的增值税为 1300 元(符合增值税抵扣条件)，运输业增值税专用发票上注明运输费 500 元，运费增值税税额 45 元，包装费 300 元。款项以银行存款支付。

该固定资产的入账价值=10000+500+300=10800(元)

该企业应编制会计分录如下：

借：固定资产　　　　　　　　　　　　　　　　　　　　10800

　　应交税费——应交增值税(进项税额)　　　　　　　　1345

　　贷：银行存款　　　　　　　　　　　　　　　　　　　　12145

2. 购入需要安装的固定资产的账务处理

企业购入需要安装的固定资产，应将购入时发生的成本和安装过程中发生的相关支出，先通过"在建工程"科目核算，待安装完毕达到预定可使用状态时，再由"在建工程"科目转入"固定资产"科目。

（二）固定资产的折旧

固定资产应当按月计提折旧，并根据用途计入相关资产的成本或者当期损益。企业计提固定资产折旧时，应借记"制造费用""管理费用""销售费用""在建工程""其他业务成本""研发支出"等科目，贷记"累计折旧"科目。如图 5-25 所示。

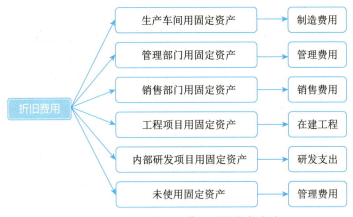

图 5-25　固定资产折旧费用对应的会计科目

小贴士

固定资产折旧遵循"谁受益谁负担"原则。

【例 5-13】某企业采用年限平均法提取固定资产折旧。2019 年 8 月份"固定资产折旧计算表"中确定的应提折旧额为：生产车间 20000 元，行政管理部门 6000 元，销售部门 4000 元。该企业应编制会计分录如下：

```
借：制造费用                                              20000
    管理费用                                               6000
    销售费用                                               4000
    贷：累计折旧                                           30000
```

（三）固定资产的处置

企业在生产经营过程中，可能将不适用或不需用的固定资产对外出售转让，或因磨损、技术进步等原因将固定资产进行报废，还可能由于遭受自然灾害等而对毁损的固定资产进行处理等。

企业出售、转让、报废固定资产或发生固定资产毁损，应当将处置收入扣除账面价值和相关税费后的金额计入当期损益。固定资产的账面价值是固定资产成本扣减累计折旧和累计减值准备后的金额。

处置固定资产应通过"固定资产清理"科目核算。固定资产处置涉及的一般环节如图 5-26 所示：

图 5-26   固定资产处置的一般环节

（1）固定资产转入清理。固定资产转入清理时，按该项固定资产的账面价值，借记"固定资产清理"科目，按已计提的折旧，借记"累计折旧"科目，按已计提的减值准备，借记"固定资产减值准备"科目，按其账面原价，贷记"固定资产"科目。

（2）清理费用的处理。固定资产清理过程中应支付的相关税费及其他费用，借记"固定资产清理""应交税费——应交增值税（进项税额）"科目，贷记"银行存款"等科目。

（3）出售收入和残料等的处理。收回出售固定资产的价款、残料价值和变价收入等，借记"银行存款""原材料"等科目，贷记"固定资产清理""应交税费——应交增值税（销项税额）"科目。

（4）保险赔偿等的处理。应由保险公司或过失人赔偿的损失，借记"其他应收款"等科目，贷记"固定资产清理"科目。

（5）结转净损益的处理。固定资产清理完成后，对清理净损益，应区分不同情况进行账务处理：属于生产经营期间正常的处置损失，借记"资产处置损益"科目，贷记"固定资产清理"科目；属于自然灾害等非正常原因造成的损失，借记"营业外支出——非常损失"科目，贷记"固定资产清理"科目。如为贷方余额，借记"固定资产清理"科目，贷记"资产处置损益"或"营业外收入——非流动资产处置利得"科目。

小白进阶   结转净损益时将（1）（2）（3）（4）中"固定资产清理"账户的金额进行计算。若为借方余额，则为净损失；若为贷方余额，则为净收益。

【例 5-14】甲企业出售一台生产用设备，原价 100 万元，已计提折旧 50 万元，未计提减值准备，用银行存款支付清理费用 1 万元，出售收入为 55 万元，增值税税率为 9%，增值税税额为 4.95 万元，已存入银行。甲企业应编制会计分录如下：

（1）将固定资产转入清理：

借：固定资产清理　　　　　　　　　　　　　　　　　　　　　500000
　　累计折旧　　　　　　　　　　　　　　　　　　　　　　　500000
　　　贷：固定资产　　　　　　　　　　　　　　　　　　　　　　1000000

（2）支付清理费用：

借：固定资产清理　　　　　　　　　　　　　　　　　　　　　　10000
　　　贷：银行存款　　　　　　　　　　　　　　　　　　　　　　　10000

（3）收到出售价款：

借：银行存款　　　　　　　　　　　　　　　　　　　　　　　599500
　　　贷：固定资产清理　　　　　　　　　　　　　　　　　　　　　550000

应交税费——应交增值税(销项税额)	49500

(4)结转固定资产处置净收益:

借:固定资产清理 (550000-500000-10000)40000

　　贷:资产处置损益 40000

【例5-15】 乙企业现有一台设备由于性能等原因提前报废,原价为500000元,已计提折旧450000元,未计提减值准备。报废时的残值变价收入为20000元,取得增值税专用发票注明的增值税税额2600元,报废清理过程中发生清理费用3500元。有关收入、支出均通过银行办理结算。乙企业应编制会计分录如下:

(1)将报废固定资产转入清理:

借:固定资产清理 50000

　　累计折旧 450000

　　贷:固定资产 500000

(2)收回残值变价收入:

借:银行存款 22600

　　贷:固定资产清理 20000

　　　　应交税费——应交增值税(销项税额) 2600

(3)支付清理费用:

借:固定资产清理 3500

　　贷:银行存款 3500

(4)结转固定资产处置的净损失:

借:营业外支出 (50000-20000+3500)33500

　　贷:固定资产清理 33500

【例5-16】 丙企业有轿车一辆,原价180000元,已提折旧30000元,在一次交通事故中毁损,收回过失人赔偿款80000元,轿车残料变价收入8000元,取得增值税专用发票注明的增值税税额1040元,均以银行存款转账存入。丙企业应编制会计分录如下:

(1)将报废轿车转入清理:

借:固定资产清理 150000

　　累计折旧 30000

　　贷:固定资产 180000

(2)收到过失人赔偿款及残料变价收入:

借:银行存款 89040

　　贷:固定资产清理 88000

　　　　应交税费——应交增值税(销项税额) 1040

(3)结转固定资产处置的净损失:

借:营业外支出 (150000-88000)62000

　　贷:固定资产清理 62000

本节小结 ▶ 固定资产业务的账务处理

固定资产的成本
- 指固定资产达到预定可使用状态前所发生的一切合理、必要的支出。

固定资产的折旧
- 当月增加的固定资产，当月不计提折旧，从下月起计提折旧；当月减少的固定资产，当月仍计提折旧，从下月起不计提折旧；提前报废的固定资产，不再补提折旧。
- 可选用的折旧方法包括年限平均法、工作量法、双倍余额递减法和年数总和法等。

账户设置
- 设置"在建工程""工程物资""固定资产""累计折旧"和"固定资产清理"等账户。

账务处理
- 固定资产的购入；
- 固定资产的折旧；
- 固定资产的处置。

第四节　材料采购和发出业务的账务处理

一、材料的采购成本

材料采购过程中，企业需要向供应单位支付材料买价和发生的各项采购费用，由此构成材料的实际采购成本。其中，买价是指所采购的材料发票上注明的结算价格；采购费用的内容如图5-27所示。

图5-27　采购费用的内容

在实务中，企业也可以将发生的运输费、装卸费、保险费以及其他可归属于采购成本的费用等先进行归集，期末，按照所购材料的存销情况进行分摊。如果企业所购买的材料已经验收入库，或者材料尚未验收入库但已为该项材料支付货款，则企业就拥有了该项材料的所有权，该项材料即被作为企业的一项资产加以确认。当生产车间或管理部门等领用材料时，该项材料则被作为一项费用加以确认。

小白进阶　企业发生的采购费用如果能够分清为哪种材料采购而发生，可直接记入该材料的实际采购成本；否则，应依据购入材料的重量、体积、买价等分配标准，在购入的各种材料之间进行分配，以便分别记入各种材料的实际采购成本。

二、账户设置

根据材料采购业务的内容，企业通常设置以下账户对材料采购业务进行会计核算：

1."原材料"账户

"原材料"账户核算企业购入或从其他来源取得的、直接用于制造产品并构成产品主要实体的各种原料及主要材料、辅助材料、外购半成品(外购件)、修理用备件(备品备件)、包装材料、燃料等的计划成本或实际成本。为了反映和监督企业库存的各种材料，需要设置"原材料"账户。该账户属于资产类账户，可按材料的保管地点(仓库)、材料的类别、品种和规格等进行明细核算。

该账户借方登记企业购入并已验收入库材料的成本，贷方登记发出材料的成本。期末余额在借方，反映企业库存材料的计划成本或实际成本。"原材料"账户的结构和内容如图5-28所示。

借方	原材料	贷方
期初余额		
企业购入并已验收入库的材料成本	生产经营领用发出的材料成本	
期末库存材料的成本		

图5-28 "原材料"账户的结构和内容

2."材料采购"账户

"材料采购"账户属于资产类账户，用以核算企业采用计划成本进行材料日常核算而购入材料的采购成本，可按供应单位和材料品种进行明细核算。

"材料采购"账户借方登记企业采用计划成本进行核算时，采购材料的实际成本以及材料入库时结转的节约差异，贷方登记入库材料的计划成本以及材料入库时结转的超支差异。借方大于贷方表示超支，从本科目贷方转入"材料成本差异"科目的借方；贷方大于借方表示节约，从本科目借方转入"材料成本差异"科目的贷方；期末一般为借方余额，反映企业在途材料的采购成本。"材料采购"账户的结构和内容如图5-29所示。

借方	材料采购	贷方
期初余额		
企业采购材料的实际成本 材料入库时结转的节约差异	企业入库材料的计划成本 材料入库时结转的超支差异	
期末企业在途材料的采购成本		

图5-29 "材料采购"账户的结构和内容

3."材料成本差异"账户

属于资产类账户，用以核算企业采用计划成本进行日常核算的材料实际成本与计划成本的差额。该账户可以分别"原材料""周转材料"等，按照类别或品种进行明细核算。

该账户借方登记入库材料形成的超支差异以及转出的发出材料应负担的节约差异，贷方登记入库材料形成的节约差异以及转出的发出材料应负担的超支差异。期末余额在借方，反映企业库存材料等的实际成本大于计划成本的差异；期末余额在贷方，反映企业库存材料等的实际成本小于计划成本的差异。"材料成本差异"账户的结构和内容如图5-30所示。

借方	材料成本差异	贷方
期初余额		
企业入库材料形成的超支差异 转出的发出材料应负担的节约差异	企业入库材料形成的节约差异 转出的发出材料应负担的超支差异	
企业库存材料等实际成本大于计划成本差异	企业库存材料等实际成本小于计划成本差异	

图5-30　"材料成本差异"账户的结构和内容

小贴士

"材料成本差异"账户和"材料采购"账户仅在计划成本法下使用。

4."在途物资"账户

属于资产类账户，用以核算企业采用实际成本(或进价)进行材料、商品等物资的日常核算时货款已付尚未验收入库的在途物资的采购成本。该账户可按供应单位和物资品种进行明细核算。

该账户借方登记购入材料、商品等物资的买价和采购费用(采购实际成本)，贷方登记已验收入库材料、商品等物资应结转的实际采购成本。期末余额在借方，反映企业期末在途材料、商品等物资的采购成本。"在途物资"账户的结构和内容如图5-31所示。

借方	在途物资	贷方
期初余额		
企业购入在途材料、商品等物资的实际采购成本	验收入库材料、商品等物资的实际采购成本	
期末尚未验收入库的在途材料、商品等物资的实际采购成本		

图5-31　"在途物资"账户的结构和内容

小贴士

"在途物资"账户仅在实际成本法下使用。

5."应付账款"账户

"应付账款"账户属于负债类账户，用以核算企业因购买材料、商品和接受劳务等经营活动应支付的款项。该账户可按债权人进行明细核算。

该账户贷方登记企业因购入材料、商品和接受劳务等尚未支付的款项，借方登记偿还的应付账款，或开出商业汇票抵付应付账款的款项，或已冲销的无法支付的应付账款。期末余额一般在贷方，反映企业期末尚未支付的应付账款余额；如果期末余额在借方，反映企业期末预付账款余额。"应付账款"账户的结构和内容如图5-32所示。

借方	应付账款	贷方
	期初余额	
实际归还供应单位的款项 开出商业汇票抵付应付账款的款项 已冲销的无法支付的应付账款	购买材料、商品和接受劳务等应付未付的款项	
期末企业预付账款余额	期末企业尚未支付的应付账款余额	

图5-32 "应付账款"账户的结构和内容

6. "应付票据"账户

"应付票据"账户属于负债类账户，用以核算企业购买材料、商品和接受劳务等开出、承兑的商业汇票，包括银行承兑汇票和商业承兑汇票。该账户可按债权人进行明细核算。

该账户贷方登记企业开出、承兑的商业汇票的票面金额，借方登记企业已经支付或者到期无力支付的商业汇票的票面金额。期末余额在贷方，反映企业尚未到期的商业汇票的票面金额。"应付票据"账户的结构和内容如图5-33所示。

借方	应付票据	贷方
	期初余额	
企业已经支付或者到期无力支付的商业汇票	企业开出、承兑的商业汇票	
	企业尚未到期的商业汇票的票面金额	

图5-33 "应付票据"账户的结构和内容

小贴士

商业汇票是指由出票人签发的，委托付款人在指定日期无条件支付确定的金额给收款人或持票人的票据。

7. "预付账款"账户

"预付账款"账户属于资产类账户，用以核算企业按照合同规定预付的款项。预付款项情况不多的，也可以不设置该账户，将预付的款项直接记入"应付账款"账户。该账户可按供货单位进行明细核算。

该账户借方登记企业因购货等业务预付的款项，贷方登记企业收到货物后应支付的款项等。如果预付款项小于应支付的金额，则将补付的款项记入该账户借方；反之，如果预付款项大于应支付的金额，则将退回的款项记入该账户贷方。该账户期末余额在借方，反映企业预付的款项；期末余额在贷方，反映企业尚需补付的款项。"预付账款"账户的结构和内容如图5-34所示。

借方	预付账款	贷方
企业因购货而预付的款项 补付的款项	收到所购货物时应支付的款项 退回的款项	
期末企业预付的款项	期末企业尚需补付的款项	

图 5-34　"预付账款"账户的结构和内容

8."应交税费"账户

"应交税费"账户属于负债类账户，用以核算企业按照税法等规定计算应交纳的各种税费，包括增值税、消费税、所得税、资源税、土地增值税、城市维护建设税、房产税、土地使用税、车船税、教育费附加、矿产资源补偿费、企业代扣代缴的个人所得税等。该账户总括反映各种税费的交纳情况，并按应交的税费项目进行明细核算。

"应交税费"账户贷方登记各种应交未交税费的增加额，借方登记实际缴纳的各种税费。期末余额在贷方，反映企业尚未交纳的税费；期末余额在借方，反映企业多交或尚未抵扣的税费。"应交税费"账户的结构和内容如图 5-35 所示。

借方	应交税费	贷方
企业实际缴纳的各种税费	企业各种应交未交税费的增加额	
期末企业多交或尚未抵扣的税费	期末企业尚未交纳的税费	

图 5-35　"应交税费"账户的结构和内容

小贴士

企业交纳的印花税、耕地占用税等不需要预计应交数额的税金，不通过"应交税费"账户核算。

一般纳税人为了核算企业应交增值税的发生、抵扣、交纳、退税以及转出等情况，应在"应交税费"科目下设置"应交增值税"明细科目，并在"应交增值税"明细账内设置"进项税额""销项税额""进项税额转出"等专栏。

小贴士

一般纳税人是指年应征增值税销售额超过财政部、国家税务总局规定的小规模纳税人标准或符合税法规定情形的企业和企业性单位。

小规模纳税人是指年应征增值税销售额在规定标准以下，并且会计核算不健全，不能按规定报送有关税务资料的增值税纳税人。

（1）进项税额

进项税额是指当期购进货物或接受应税劳务缴纳的增值税税额。需要说明的是，对于购入的免税农产品等可以按买价和规定的扣除率计算进项税额，并准予从销项税额中抵扣。属于购进货物时即能认定进项税额不能抵扣的，直接将发票上注明的增值税额计入购入货物或接受劳务的成本。

（2）销项税额

销项税额是指增值税纳税人销售货物或应税劳务，按照销售额和适用税率计算并向购买方收取的增值税税额。

（3）进项税额转出

企业购进的货物、在产品或产成品等因管理不善而造成的霉烂、变质、丢失、被盗等或者购进的货物在没有任何加工的情况下对其改变用途（如用于非应税项目、集体福利或个人消费等），其抵扣的进项税额应通过"应交税费——应交增值税（进项税额转出）"科目转入有关科目，不予以抵扣。

小规模纳税人应当按照不含税销售额和规定的增值税征收率计算交纳增值税，销售货物或提供应税劳务时一般只能开具普通发票，不能开具增值税专用发票（另有规定的除外）。小规模纳税人一般不享有进项税额的抵扣权，其购进货物或接受应税劳务支付的增值税直接计入有关货物或劳务的成本。因此，小规模纳税人只需在"应交税费"账户下设置"应交增值税"明细账户，不应在"应交增值税"明细账户中再设置专栏。

三、账务处理

原材料的日常收发及结存，可以采用计划成本核算，也可以采用实际成本核算。

（一）购买原材料的账务处理

1. 实际成本法

材料按实际成本法核算时，材料的收发结存，无论总分类核算还是明细分类核算，均按照实际成本计价。使用的会计科目有"原材料""在途物资"等，"原材料"账户的借方、贷方及余额均以实际成本计价，不存在成本差异的计算与结转问题。

小贴士

采用实际成本核算时，日常反映不出材料成本是节约还是超支，从而不能反映和考核物资采购业务的经营成果。因此这种方法通常适用于材料收发业务较少的企业。

企业核算时应根据支付方式不同、原材料入库与付款时间是否一致等情况，采用不同的会计处理方法。

（1）货款已经支付，发票账单已到，材料已验收入库。

按支付的实际金额，借记"原材料""应交税费——应交增值税（进项税额）"等科目，贷记"银行存款"等科目。

【例5-17】某一般纳税人企业从乙公司购入A材料一批，增值税专用发票上记载的货款为60000元，增值税7800元，乙公司替该企业代垫运费200元（代垫运费没有取得增值税专用发票，不能抵扣进项税额），全部货款已用转账支票支付，材料已验收入库。

该企业应编制会计分录如下：

借：原材料——A材料　　　　　　　　　　　　　　　　　60200

　　应交税费——应交增值税（进项税额）　　　　　　　　7800

　　贷：银行存款　　　　　　　　　　　　　　　　　　　　68000

【例5-18】某小规模纳税人企业购入材料一批，取得增值税普通发票中注明货款20000元，增值税2600元，款项以银行存款支付，材料已验收入库。该企业应编制会计分录如下：

借：原材料   22600
　　贷：银行存款   22600

（2）货款尚未支付，材料已验收入库。

①如果货款尚未支付，发票账单已到，材料已验收入库。按相关发票凭证金额，借记"原材料""应交税费——应交增值税（进项税额）"等科目，贷记"应付账款""应付票据"等科目。

【例5-19】某一般纳税人企业采用托收承付结算方式从丁公司购入C材料一批，货款460000元，增值税59800元，对方代垫运费1800元，增值税162元，并取得增值税专用发票。银行转来的结算凭证已到，材料已验收入库，货款尚未支付。

该企业应编制会计分录如下：

借：原材料——C材料   461800
　　应交税费——应交增值税（进项税额）   59962
　　贷：应付账款——丁公司   521762

小贴士

托收承付是指根据购销合同由收款人发货后委托银行向异地付款人收取款项，由付款人向银行承付的结算方式。托收承付结算通过"银行存款"账户核算。

企业偿还应付账款或开出商业汇票抵付应付账款时，借记"应付账款"科目，贷记"银行存款""应付票据"等科目。

②如果货款尚未支付，发票账单未到，材料已验收入库。月末按照暂估价入账，即借记"原材料"科目，贷记"应付账款"等科目。下月初作相反分录予以冲回，收到相关发票账单后再编制会计分录。

【例5-20】某一般纳税人企业2019年5月从甲公司购入D材料一批，材料已验收入库，月末发票账单尚未收到，货款尚未支付，暂估价为110000元。

该企业5月应编制会计分录如下：

借：原材料——D材料   110000
　　贷：应付账款——暂估应付账款   110000

6月初作相反分录予以冲回：

借：应付账款——暂估应付账款   110000
　　贷：原材料——D材料   110000

【例5-21】承【例5-20】，该企业购入的D材料于2019年6月收到发票账单，货款100000元，增值税13000元，对方代垫保险费3000元，款项已用银行存款支付。

该企业应编制会计分录如下：

借：原材料——D材料   103000
　　应交税费——应交增值税（进项税额）   13000
　　贷：银行存款   116000

(3)货款已经支付，发票账单已到，材料尚未验收入库。

按支付的实际金额，借记"在途物资""应交税费——应交增值税(进项税额)"等科目，贷记"银行存款"等科目。待材料入库后，借记"原材料"科目，贷记"在途物资"科目。

【例5-22】 某一般纳税人企业采用汇兑结算方式向丙工厂购入B材料一批，增值税专用发票及账单已收到。货款50000元，增值税6500元，装卸费500元，全部款项已支付，材料尚未到达。

该企业应编制会计分录如下：

借：在途物资——B材料　　　　　　　　　　　　　　　　　　50500

　　应交税费——应交增值税(进项税额)　　　　　　　　　　　6500

　　　贷：银行存款　　　　　　　　　　　　　　　　　　　　57000

小贴士

汇兑结算是指汇款人委托银行将其款项支付给收款人的结算方式。汇兑结算通过"银行存款"账户核算。

【例5-23】 承【例5-22】，该企业购入的B材料已收到，并验收入库。

该企业应编制会计分录如下：

借：原材料——B材料　　　　　　　　　　　　　　　　　　　50500

　　　贷：在途物资——B材料　　　　　　　　　　　　　　　　50500

(4)采用预付方式购入材料。

企业根据购货合同的规定向供应单位预付款项时，借记"预付账款"科目，贷记"银行存款"科目。企业收到所购物资，借记"原材料""应交税费——应交增值税(进项税额)"等科目，贷记"预付账款"科目；当预付货款小于采购货物所需支付的款项时，应将不足部分补付，借记"预付账款"科目，贷记"银行存款"科目；当预付货款大于采购货物所需支付的款项时，对收回的多余款项应借记"银行存款"科目，贷记"预付账款"科目。

【例5-24】 根据购销合同，某一般纳税人企业为购买E材料，于2019年7月向乙公司预付预计货款500000元的80%，共计400000元。

该企业7月应编制会计分录如下：

借：预付账款——乙公司　　　　　　　　　　　　　　　　　400000

　　　贷：银行存款　　　　　　　　　　　　　　　　　　　400000

【例5-25】 承【例5-24】，8月该企业收到乙公司发来的E材料，已验收入库。有关发票账单记载，该批货物的货款400000元，增值税52000元，对方代垫运杂费2200元(没有取得增值税专用发票)，剩余款项以银行存款支付。

该企业8月应编制会计分录如下：

(1)材料验收入库时：

借：原材料——E材料　　　　　　　　　　　　　　　　　　402200

　　应交税费——应交增值税(进项税额)　　　　　　　　　　52000

　　　贷：预付账款——乙公司　　　　　　　　　　　　　　454200

（2）补付货款时：

借：预付账款——乙公司 54200

　　贷：银行存款 54200

小白进阶 【例5-25】中，若8月份该企业收到货物的价款320000元，增值税41600元，对方代垫运杂费2200元（没有取得运费专用发票），这时该企业应将多付的预付账款收回，借记"银行存款"36200元，贷记"预付账款"36200元。

2. 计划成本法

材料采用计划成本法核算时，材料的实际采购成本的确定原则与实际成本法相同，但"原材料"科目核算入库、发出业务均按照计划成本计价。计划成本法下企业应设置的会计科目有"原材料""材料采购""材料成本差异"等。

小贴士

对于材料收发业务较多并且计划成本资料较为健全、准确的企业，一般可以采用计划成本法进行材料收发的核算。

企业核算时应根据支付方式不同、原材料入库与付款时间是否一致等情况，采用不同的会计处理方法。

（1）货款已经支付，发票账单已收到，同时材料验收入库。

如果货款已经支付，发票账单已收到，材料已验收入库，按支付的实际金额，借记"材料采购""应交税费——应交增值税（进项税额）"科目，贷记"银行存款"科目；按计划成本金额，借记"原材料"科目，贷记"材料采购"科目；按计划成本与实际成本之间的差额，借记（或贷记）"材料采购"科目，贷记（或借记）"材料成本差异"科目。

小白进阶 材料入库时，材料成本差异＝实际成本－计划成本。若材料成本差异为正，则为超支差，借记"材料成本差异"科目；若材料成本差异为负，则为节约差，贷记"材料成本差异"科目。

【例5-26】某一般纳税人企业购入甲材料一批，货款200000元，增值税26000元，发票账单已收到，计划成本为220000元，材料已验收入库，款项已用银行存款支付。该企业应编制会计分录如下：

借：材料采购——甲材料 200000

　　应交税费——应交增值税（进项税额） 26000

　　贷：银行存款 226000

借：原材料——甲材料 220000

　　贷：材料采购——甲材料 220000

借：材料采购——甲材料 20000

　　贷：材料成本差异——甲材料 20000

（2）货款尚未支付，材料已经验收入库。

①如果货款尚未支付，材料已经验收入库，按相关发票凭证上应付金额，借记"材料采购""应交税费——应交增值税（进项税额）"科目，贷记"应付账款""应付票据"等科目；按计

划成本金额，借记"原材料"科目，贷记"材料采购"科目；按计划成本与实际成本之间的差额，借记(或贷记)"材料采购"科目，贷记(或借记)"材料成本差异"科目。

【例5-27】某一般纳税人企业开出商业承兑汇票购入乙材料一批，货款50000元，增值税6500元，发票账单已收到，计划成本40000元，材料已验收入库。该企业应编制会计分录如下：

借：材料采购——乙材料		50000
应交税费——应交增值税(进项税额)		6500
贷：应付票据		56500
借：原材料——乙材料		40000
贷：材料采购——乙材料		40000
借：材料成本差异——乙材料		10000
贷：材料采购——乙材料		10000

②如果材料已经验收入库，货款尚未支付，月末仍未收到相关发票凭证，按照计划成本暂估入账，即借记"原材料"科目，贷记"应付账款"等科目。下月初作相反分录予以冲回，收到账单后再编制会计分录。

【例5-28】2019年7月某一般纳税人企业购入丙材料一批，材料已验收入库，发票账单未到，月末按照计划成本500000元估价入账。该企业7月应编制会计分录如下：

借：原材料——丙材料		500000
贷：应付账款——暂估应付账款		500000

8月初做相反的会计分录予以冲回：

借：应付账款——暂估应付账款		500000
贷：原材料——丙材料		500000

【例5-29】承【例5-28】，2019年8月15日该企业上月购入的丙材料收到发票账单，货款520000元，增值税67600元，计划成本500000元，款项已用银行存款支付。该企业应编制会计分录如下：

借：材料采购——丙材料		520000
应交税费——应交增值税(进项税额)		67600
贷：银行存款		587600
借：原材料——丙材料		500000
贷：材料采购——丙材料		500000
借：材料成本差异——丙材料		20000
贷：材料采购——丙材料		20000

(3)发票凭证已收到，材料尚未验收入库。

如果相关发票凭证已收到，但材料尚未验收入库，按支付或应付的实际金额，借记"材料采购""应交税费——应交增值税(进项税额)"科目，贷记"银行存款""应付账款"等科目；待验收入库时再作后续分录。

【例5-30】某一般纳税人企业购入乙材料一批，货款10000元，增值税1300元，发票账单已收到，计划成本为 12000 元，款项已用银行存款支付，材料尚未验收入库。该企业应编制会计分录如下：

借：材料采购——乙材料　　　　　　　　　　　　　　　　　10000
　　应交税费——应交增值税(进项税额)　　　　　　　　　　1300
　　贷：银行存款　　　　　　　　　　　　　　　　　　　　　　　11300

(二)发出原材料的账务处理

1. 实际成本法

(1)发出存货的计价方法。

在实际成本核算方式下，企业可以采用的发出存货成本的计价方法如图5-36所示。

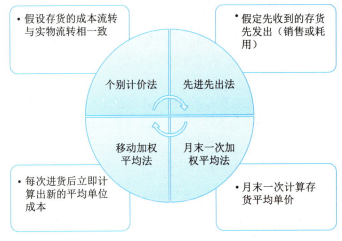

图 5-36　发出存货的计价方法

小贴士

存货的发出计价方法一经确定，不得随意变更。

①个别计价法

个别计价法，又称个别认定法、具体辨认法、分批实际法。采用这一方法假设存货的成本流转与实物流转相一致，逐一辨认各批发出存货和期末存货所属的购进批别或生产批别，分别按其购入或生产时所确定的单位成本计算各批发出存货和期末存货成本。个别计价法适用于容易识别、品种数量不多、单位成本较高的存货计价，如房产、船舶、飞机、重型设备、珠宝、名画等。

小贴士

采用个别计价法计算发出存货的成本和期末存货的成本比较合理、准确，但前提是需要对发出和结存存货的批次进行具体认定，实务操作的工作量繁重，困难较大。

②先进先出法

先进先出法是假定先收到的存货先发出(销售或耗用)，以此计算发出存货成本和期末结存货成本的方法。采用这种方法，收入存货时要逐笔登记每一批存货的数量、单价和金额；发出存货时要按照先进先出的原则计价，逐笔登记存货的发出和结存金额。

先进先出法可以随时结出存货发出成本和结存存货成本，而且期末存货成本接近于市价。但是，如果存货收发业务较多且存货单价不稳定时，计算工作量较大。另外，在物价持续上升时，采用先进先出法会使发出存货成本偏低，利润偏高。

小白进阶 存货成本偏低，利润偏高举例：

企业某月 1 日以 1 万元的价格购进了一批货物 10 千克，10 日以 1.5 万元的价格购进了一批货物 10 千克，15 日销售货物 10 千克，收到价款 2 万元。按先进先出法，先发出的 10 千克货物成本是 1 万元，利润＝2-1＝1 万元；若发出价格为 1.5 万元的货物，则利润＝2-1.5＝0.5 万元，所以在物价持续上升时，先进先出法会使利润偏高。

【例 5-31】A 公司采用先进先出法计算发出材料和期末结存材料的成本，2019 年 9 月甲材料明细账如表 5-2 所示。（金额单位：元）

表 5-2　甲材料明细账

材料类别：甲材料　　　　　　　　　　　2019 年 9 月　　　　　　　　　　　计量单位：千克

2019 年		凭证编号	摘要	收入			发出			结存		
月	日			数量	单价	金额	数量	单价	金额	数量	单价	金额
9	1		期初余额							3000	4	12000
	8		购入	2000	4.4	8800				3000 2000	4 4.4	20800
	18		领用				3000 1000	4 4.4	12000 4400	1000	4.4	4400
	25		购入	3000	4.6	13800				1000 3000	4.4 4.6	18200
	29		领用				1000 1000	4.4 4.6	4400 4600	2000	4.6	9200
	30		领用				500	4.6	2300	1500	4.6	6900
	30		本月合计	5000		22600	6500		27700	1500	4.6	6900

③月末一次加权平均法

月末一次加权平均法是指以月初结存存货和本月购入存货的数量为权数，于月末一次计算存货平均单价，据以计算当月发出存货成本和月末结存存货成本的一种方法。即平时收入时按数量、单价、金额登记，但每次不确定其结存单价，而是在月末时一次计算本期的加权平均单价。其计算公式是：

加权平均单价＝（月初结存存货实际成本+本月购入存货实际成本）/（月初结存存货数量+本月购入存货数量）

本月发出存货实际成本＝本月发出存货数量×加权平均单价

月末结存存货实际成本＝月末结存存货数量×加权平均单价

或：月末结存存货实际成本＝月初结存存货实际成本＋本月购入存货实际成本－本月发出存货实际成本

小白进阶 此种方法下，由于计算出的平均单价不一定是整数，往往小数点后要进行四舍五入，为保持账面数字之间的平衡关系，一般采用倒挤法计算月末结存存货的实际成本。

月末一次加权平均法计算手续简便，有利于简化成本计算工作。但是，由于必须到月末才能计算出本月的平均单价，平时在存货明细账上无法反映发出和结存存货的实际成本，因此不利于存货成本的日常管理与控制。

【例5-32】承【例5-31】资料，假定A公司采用月末一次加权平均法计算发出材料和期末结存材料的成本。具体计算如下：

甲材料单位成本＝(12000＋8800＋13800)/(3000＋2000＋3000)＝4.325(元)

本月发出甲材料的成本＝6500×4.325＝28112.5(元)

本月月末库存甲材料成本＝(12000＋8800＋13800)－28112.5＝6487.5(元)

或：本月月末库存甲材料成本＝(3000＋2000＋3000－6500)×4.325＝6487.5(元)

④移动加权平均法

移动加权平均法是指在每次进货以后，立即根据库存存货数量和总成本，计算出新的平均单位成本，作为下次进货前发出存货的单位成本的一种方法。其计算公式是：

移动平均单价＝(库存存货成本＋本批进货成本)/(库存存货数量＋本批进货数量)

【例5-33】承【例5-31】资料，假定A公司采用移动加权平均法计算发出材料和期末结存材料的成本。具体计算如下：

第一批收货后的甲材料平均单位成本＝(12000＋8800)/(3000＋2000)＝4.16(元)

第一批发出甲材料的成本＝4000×4.16＝16640(元)

当时结存的甲材料成本＝1000×4.16＝4160(元)

第二批收货后的甲材料平均单位成本＝(4160＋13800)/(1000＋3000)＝4.49(元)

第二批发出甲材料的成本＝2000×4.49＝8980(元)

第三批发出甲材料的成本＝500×4.49＝2245(元)

本月月末库存甲材料成本＝1500×4.49＝6735(元)

本月发出甲材料成本合计＝16640＋8980＋2245＝27865(元)

采用移动加权平均法可以随时计算存货的平均单位成本，计算出的发出和结存存货的成本比较客观。但是，在存货单价不同的情况下，由于每收入一次存货就要重新计算一次平均单价，工作量较大。因此，存货收发频繁的企业不宜采用此方法。

(2)发出材料的账务处理。

企业各生产单位及有关部门领用的材料具有种类多、业务频繁等特点。为了简化核算，可以在月末根据"领料单"或"限额领料单"中有关领料的单位、部门等加以归类，编制"发料凭证汇总表",据以编制记账凭证登记入账。这种方法一般只适用于材料收发业务较少的企业。

企业发出材料按实际成本法核算时,月末根据领料单等编制"发料凭证汇总表"结转发出材料的实际成本,根据所发出材料的用途,按计划成本分别借记相关科目,贷记"原材料"科目。

小贴士

发出材料的具体处理在第五节中有详细讲解。

2. 计划成本法

企业发出材料按计划成本核算时,月末根据领料单等编制"发料凭证汇总表"结转发出材料的计划成本,根据所发出材料的用途,按计划成本分别借记相关科目,贷记"原材料"科目,并根据发出材料应负担的材料成本差异将发出材料的计划成本调整为实际成本,通过"材料成本差异"科目进行结转,按照所发出材料的用途,分别记入相关科目。公式为:

材料成本差异率=(期初结存材料的成本差异+本期验收入库材料的成本差异)/(期初结存材料的计划成本+本期验收入库材料的计划成本)×100%

发出材料应负担的成本差异=发出材料的计划成本×材料成本差异率

本节小结▶ 材料采购和发出业务的账务处理

> **材料的采购成本**
> * 包括材料买价和各项采购费用（运输费、装卸费、保险费、包装费、运输途中的合理损耗和入库前的挑选整理费用等）。

> **账户设置**
> * 设置"原材料""材料采购""材料成本差异""在途物资""应付账款""应付票据""预付账款""应交税费"等账户。

> **账务处理**
> * 实际成本法——材料的收发结存,无论总分类核算还是明细分类核算,均按照实际成本计价。计划成本法下企业应设置的会计科目有"原材料""在途物资"等。
> * 计划成本法——"原材料"科目核算入库、发出业务均按照计划成本计价。计划成本法下企业应设置的会计科目有"原材料""材料采购""材料成本差异"等。

第五节 生产业务的账务处理

企业产品的生产过程同时也是生产资料的耗费过程。企业在生产过程中发生的各种生产费用,是企业为获得收入而预先垫支并需要得到补偿的资金耗费。这些费用最终都要归集、分配给特定的产品,形成产品的成本。

产品成本的核算是指把一定时期内企业生产过程中所发生的费用,按其性质和发生地点,分类归集、汇总、核算，计算出该时期内生产费用发生总额，并按适当方法分别计算出各种产品的实际成本和单位成本等。

一、生产费用的构成

生产费用是指与企业日常生产经营活动有关的费用，可按其经济用途进行分类，如图5-37所示。

图 5-37　生产费用的分类

1. 直接材料

直接材料是指企业在生产产品和提供劳务过程中所消耗的直接用于产品生产并构成产品实体的原料、主要材料、外购半成品以及有助于产品形成的辅助材料等。

2. 直接人工

直接人工是指企业在生产产品和提供劳务过程中，直接参加产品生产的工人工资以及其他各种形式的职工薪酬。

3. 制造费用

制造费用是指企业为生产产品和提供劳务而发生的各项间接费用，包括生产车间管理人员的工资等职工薪酬、固定资产折旧费、办公费、水电费、机物料消耗、劳动保护费、季节性和修理期间的停工损失等。

小贴士

生产费用和产品成本既有区别，也有联系。生产费用是企业一定时期内在生产过程中发生的各种耗费；产品成本是生产费用的对象化。

二、账户设置

根据生产业务的内容，企业一般要设置"生产成本""制造费用""库存商品""应付职工薪酬"等账户进行核算。

1."生产成本"账户

"生产成本"账户属于成本类账户，用以核算企业生产各种产品（产成品、自制半成品等）、自制材料、自制工具、自制设备等发生的各项生产成本。该账户可按基本生产成本和辅助生产成本进行明细分类核算。基本生产成本是企业为生产主要产品而发生的成本，辅助生产成本是为基本生产提供服务而发生的成本。

该账户借方登记应计入产品生产成本的各项费用，包括直接计入产品生产成本的直接材料费、直接人工费和其他直接支出，以及期末按照一定的方法分配计入产品生产成本的制造费用；贷方登记完工入库产成品应结转的生产成本。期末余额在借方，反映企业期末尚未加工完成的在产品成本。

小贴士

基本生产成本应当分别按照基本生产车间和成本核算对象(如产品的品种、类别、订单、批别、生产阶段等)设置明细账(或成本计算单),并按照规定的成本项目设置专栏。

"生产成本"账户的结构和内容如图5-38所示。

借方	生产成本	贷方
期初余额		
生产过程中发生的直接材料、直接人工和其他直接支出 分配计入有关成本计算对象的制造费用	已经完成生产并验收入库的产成品的生产成本	
期末在产品成本		

图5-38 "生产成本"账户的结构和内容

2. "制造费用"账户

"制造费用"账户属于成本类账户,用以核算企业生产车间(部门)为生产产品和提供劳务而发生的各项间接费用。该账户可按不同的生产车间、部门和费用项目进行明细核算。

该账户借方登记实际发生的各项制造费用,贷方登记期末按照一定标准分配转入"生产成本"账户借方的应计入产品成本的制造费用。期末结转后,该账户一般无余额。"制造费用"账户的结构和内容如图5-39所示。

借方	制造费用	贷方
企业为生产产品和提供劳务而发生的各项间接费用	转出计入有关成本计算对象的制造费用	

图5-39 "制造费用"账户的结构和内容

小贴士

如果是季节性生产的企业,可能在月末没有结转制造费用,此时"制造费用"账户有余额。

3. "库存商品"账户

"库存商品"账户属于资产类账户,用以核算企业库存的各种商品的实际成本(或进价)或计划成本(或售价),包括库存产成品、外购商品、存放在门市部准备出售的商品、发出展览的商品以及寄存在外的商品等。该账户可按库存商品的种类、品种和规格等进行明细核算。

该账户借方登记验收入库的库存商品成本,贷方登记发出的库存商品成本。期末余额在借方,反映企业期末库存商品的实际成本(或进价)或计划成本(或售价)。"库存商品"账户的结构和内容如图5-40所示。

借方	库存商品	贷方
期初余额		
企业已经生产完成并验收入库的产成品成本	对外销售产品而结转的产品销售成本	
期末企业库存产成品的成本		

图 5-40　"库存商品"账户的结构和内容

4. "应付职工薪酬"账户

"应付职工薪酬"账户属于负债类账户，用以核算企业根据有关规定应付给职工的各种薪酬。该账户可按"短期薪酬""离职后福利""辞退福利""其他长期职工薪酬"等进行明细核算。

该账户借方登记本月实际支付的职工薪酬数额；贷方登记本月计算的应付职工薪酬总额，包括短期薪酬、离职后福利、辞退福利、其他长期职工薪酬。期末余额在贷方，反映企业应付未付的职工薪酬。"应付职工薪酬"账户的结构和内容如图 5-41 所示。

借方	应付职工薪酬	贷方
	期初余额	
企业实际支付的各种职工薪酬	企业应支付给职工的各种职工薪酬	
	期末企业应付未付的职工薪酬	

图 5-41　"应付职工薪酬"账户的结构和内容

三、账务处理

(一)材料费用的归集与分配

在确定材料费用时，根据领料凭证区分车间、部门和不同用途后，按照确定的结果将发出材料的成本借记"生产成本""制造费用""管理费用"等科目，贷记"原材料"等科目。

对于直接用于某种产品生产的材料费用，直接计入该产品生产成本明细账中的直接材料费用项目；对于由多种产品共同耗用、应由这些产品共同负担的材料费用，应选择适当的标准在这些产品之间进行分配，按分担的金额计入相应的成本计算对象(生产产品的品种、类别等)；对于为提供生产条件等间接消耗的各种材料费用，应先通过"制造费用"科目进行归集，期末再同其他间接费用一起按照一定的标准分配计入有关产品成本；对于行政管理部门为组织和管理生产经营所领用的材料费用，应记入"管理费用"科目。

【例 5-34】甲公司会计部门根据本月的领料单编制发料凭证汇总表，如表 5-3 所示。

表 5-3　发料凭证汇总表　　　　　　　　　　　　　　　　单位：元

用途及领料部门		甲材料	乙材料	丙材料	合计
生产领用	A 产品	200000	100000		300000
	B 产品	80000	120000		200000
车间一般耗用			70000		70000

续表

用途及领料部门	甲材料	乙材料	丙材料	合计
行政管理部门耗用			10000	10000
合计	280000	290000	10000	580000

根据表5-3，本月领用材料应编制的会计分录如下：

借：生产成本——A产品 　　　　　　　　　　　　　　　　300000
　　　　　　——B产品 　　　　　　　　　　　　　　　　200000
　　贷：原材料——甲材料 　　　　　　　　　　　　　　　　280000
　　　　　　　——乙材料 　　　　　　　　　　　　　　　　220000
借：制造费用 　　　　　　　　　　　　　　　　　　　　　70000
　　贷：原材料——乙材料 　　　　　　　　　　　　　　　　70000
借：管理费用 　　　　　　　　　　　　　　　　　　　　　10000
　　贷：原材料——丙材料 　　　　　　　　　　　　　　　　10000

【例5-35】某企业月初结存材料的计划成本为50000元，成本差异为超支差1500元。本月入库材料的计划成本为150000元，成本差异为节约差异5000元。根据本月"发料凭证汇总表"，该企业当月基本生产车间领用材料计划成本为10000元，辅助生产车间领用材料计划成本为5000元，行政管理部门领用材料计划成本为500元。

该企业领用材料应该编制会计分录如下：

借：生产成本——基本生产成本 　　　　　　　　　　　　　10000
　　　　　　——辅助生产成本 　　　　　　　　　　　　　　5000
　　管理费用 　　　　　　　　　　　　　　　　　　　　　　500
　　贷：原材料 　　　　　　　　　　　　　　　　　　　　15500

该企业材料成本差异率＝（1500-5000）／（50000+150000）＝-1.75%

结转发出材料的成本差异的会计分录如下：

借：材料成本差异 　　　　　　　　　　　　　　　　　　271.25
　　贷：生产成本——基本生产成本 　　　　　　　　　　　　175
　　　　　　　　——辅助生产成本 　　　　　　　　　　　　87.5
　　　　管理费用 　　　　　　　　　　　　　　　　　　　8.75

（二）职工薪酬的归集与分配

职工薪酬是指企业为获得职工提供的服务或解除劳动关系而给予各种形式的报酬或补偿，具体如图5-42所示。

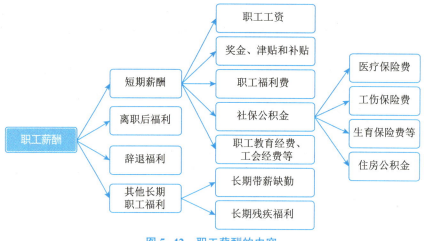

图 5-42　职工薪酬的内容

> **小贴士**
>
> 企业提供给职工配偶、子女、受赡养人、已故员工遗属及其他受益人等的福利，也属于职工薪酬。

短期薪酬，是指企业在职工提供相关服务的年度报告期间结束后 12 个月内需要全部予以支付的职工薪酬，因解除与职工的劳动关系给予的补偿除外。短期薪酬具体包括：职工工资、奖金、津贴和补贴，职工福利费，医疗保险费、工伤保险费和生育保险费等社会保险费，住房公积金，工会经费和职工教育经费等。

离职后福利，是指企业为获得职工提供的服务而在职工退休或与企业解除劳动关系后，提供的各种形式的报酬和福利，短期薪酬和辞退福利除外。

辞退福利，是指企业在职工劳动合同到期之前解除与职工的劳动关系，或者为鼓励职工自愿接受裁减而给予职工的补偿。

其他长期职工福利，是指除短期薪酬、离职后福利、辞退福利之外所有的职工薪酬，包括长期带薪缺勤、长期残疾福利等。

1. 计提短期职工薪酬的账务处理

对于短期职工薪酬，企业应当在职工为其提供服务的会计期间，按实际发生额确认为负债，并计入当期损益或相关资产成本。企业应当根据职工提供服务的受益对象，分别按下列情况处理：

(1)应由生产产品、提供劳务负担的短期职工薪酬，计入产品成本或劳务成本。其中，生产工人的短期职工薪酬属于生产成本，应借记"生产成本"科目，贷记"应付职工薪酬"科目；生产车间管理人员的短期职工薪酬属于间接费用，应借记"制造费用"科目，贷记"应付职工薪酬"科目。

当企业采用计件工资制时，生产工人的短期职工薪酬属于直接费用，应直接计入有关产品的成本。当企业采用计时工资制时，只生产一种产品的生产工人的短期职工薪酬也属于直接费用，应直接计入产品成本；同时生产多种产品的生产工人的短期职工薪酬，需采用一定的分配标准(实际生产工时或定额生产工时等)分配计入产品成本。

【例5-36】 A工厂生产甲、乙两种产品，生产工人工资共计98380元，其中计件工资为甲产品15472元，乙产品8517.60元，计时工资为74390.40。根据车间的产量工时记录，甲产品耗用生产工时32800小时，乙产品耗用26240小时。则计时工资部分分配计算如下：

计时工资薪酬分配率=74390.40/(32800+26240)=1.26(元/小时)

甲产品应分担的计时工资=32800×1.26=41328(元)

生产甲产品应分担的直接人工费用=计件工资+计时工资=15472+41328=56800(元)

乙产品应分担的计时工资=26240×1.26=33062.4(元)

生产乙产品应分担的直接人工费用=计件工资+计时工资=8517.60+33062.40=41580(元)

编制会计分录如下：

借：生产成本——甲产品　　　　　　　　　　　　　　　　　56800
　　　　　　　——乙产品　　　　　　　　　　　　　　　　　41580
　　贷：应付职工薪酬　　　　　　　　　　　　　　　　　　　98380

(2)应由在建工程、无形资产负担的短期职工薪酬，计入建造固定资产或无形资产成本。

(3)除上述两种情况之外的其他短期职工薪酬应计入当期损益。如企业行政管理部门人员和专设销售机构销售人员的短期职工薪酬均属于期间费用，应分别借记"管理费用""销售费用"等科目，贷记"应付职工薪酬"科目。

【例5-37】 乙企业本月应付职工薪酬总额482000元，工资费用分配汇总表中列示生产工人工资为320000元，车间管理人员工资为70000元，为在建固定资产项目发生的人员工资为20000元，企业行政管理人员工资为60400元，销售人员工资为11600元。乙企业应编制的会计分录为：

借：生产成本　　　　　　　　　　　　　　　　　　　　　320000
　　制造费用　　　　　　　　　　　　　　　　　　　　　　70000
　　在建工程　　　　　　　　　　　　　　　　　　　　　　20000
　　管理费用　　　　　　　　　　　　　　　　　　　　　　60400
　　销售费用　　　　　　　　　　　　　　　　　　　　　　11600
　　贷：应付职工薪酬　　　　　　　　　　　　　　　　　　482000

2. 发放短期职工薪酬的账务处理

(1)企业按照有关规定向职工支付工资、奖金、津贴等，借记"应付职工薪酬——工资"科目，贷记"银行存款""库存现金"等科目；企业从应付职工薪酬中扣还的各种款项(代垫的家属医药费、个人所得税等)，借记"应付职工薪酬——工资"科目，贷记"其他应收款""应交税费——应交个人所得税"等科目。职工未按期领取的工资，借记"应付职工薪酬——工资"科目，贷记"其他应付款"科目。

小贴士

其他应收款是指企业除应收票据、应收账款、预付账款等以外的其他各种应收、暂付款项。其他应收款的主要内容包括：应收的各种赔款、罚款，如因企业财产等遭受意外损失而应向有关保险公司收取的赔款等；应收的出租包装物租金；应向职工收取的各种垫付款项，如为职工垫付的水电费、应由职工负担的医药费、房租费等；存出保证金，如租入包装物支付的押金；其他各种应收、暂付款项。

其他应付款是指企业除应付票据、应付账款、预收账款(合同负债)、应付职工薪酬、应交税费、应付股利等以外的其他各项应付、暂收的款项，具体包括应付经营租入固定资产和包装物租金；职工未按期领取的工资；存入保证金，如租出包装物收到的押金等。

【例5-38】A企业根据"工资结算汇总表"结算当月应付职工工资总额462000元，代扣已为职工支付的房租40000元，企业代垫职工家属医药费2000元，实发工资420000元。A企业应编制会计分录如下：

(1)向银行提取现金：

借：库存现金　　　　　　　　　　　　　　　　　　　　　　　420000
　　贷：银行存款　　　　　　　　　　　　　　　　　　　　　　　420000

(2)发放工资，支付现金：

借：应付职工薪酬——工资　　　　　　　　　　　　　　　　　　420000
　　贷：库存现金　　　　　　　　　　　　　　　　　　　　　　　420000

(3)代扣款项：

借：应付职工薪酬——工资　　　　　　　　　　　　　　　　　　42000
　　贷：其他应收款——职工房租　　　　　　　　　　　　　　　　40000
　　　　　　　　　　——代垫医药费　　　　　　　　　　　　　　 2000

(2)企业向职工食堂、职工医院、生活困难职工等支付职工福利费时，借记"应付职工薪酬——职工福利"科目，贷记"银行存款""库存现金"等科目。

【例5-39】9月，甲企业以现金支付职工张某生活困难补助800元。甲企业应编制会计分录如下：

借：应付职工薪酬——职工福利　　　　　　　　　　　　　　　　800
　　贷：库存现金　　　　　　　　　　　　　　　　　　　　　　　800

(3)企业以自产产品作为职工薪酬发放给职工时，应确认主营业务收入，借记"应付职工薪酬——非货币性福利"科目，贷记"主营业务收入"科目，同时结转相关成本，涉及增值税销项税额的，还应进行相应的处理。企业支付租赁住房等(供职工无偿使用)的租金，应借记"应付职工薪酬——非货币性福利"科目，贷记"银行存款"等科目。

(三)制造费用的归集与分配

在基本生产车间只生产一种产品的情况下，制造费用可以直接计入该种产品的成本。在生产多种产品的情况下，制造费用应采用适当的分配方法计入各种产品的成本。

企业应当根据制造费用的性质，合理选择制造费用分配方法。分配制造费用的方法很多，通常采用的方法有生产工人工时比例法、生产工人工资比例法、机器工时比例法、耗用原材料的数量或成本比例法、产成品产量比例法和年度计划分配率法等。企业具体选用哪种方法，由企业自行决定。分配方法一经确定，不得随意变更。如需变更，应当在附注中予以说明。

（1）生产工人工时比例法，是指按照各种产品所用生产工人实际工时数的比例分配制造费用的方法。计算公式如下：

制造费用分配率＝制造费用总额/车间生产工人实际工时总数

某产品应负担的制造费用＝该产品的生产工人实际工时数×制造费用分配率

【例5-40】某企业生产车间生产A、B两种产品，本月共发生车间管理人员工资70000元、水电费10000元，其中A产品的生产工时为1200小时，B产品的生产工时为800小时。假设不考虑其他因素，要求在A、B产品之间分配制造费用，并编制会计分录。

本月的制造费用＝70000＋10000＝80000（元）

制造费用分配率＝80000/（1200＋800）＝40

A产品应负担的制造费用＝1200×40＝48000（元）

B产品应负担的制造费用＝800×40＝32000（元）

借：生产成本——基本生产成本（A产品）　　　　　　　　　　　　48000

　　　　　——基本生产成本（B产品）　　　　　　　　　　　　32000

　　贷：制造费用　　　　　　　　　　　　　　　　　　　　　　80000

（2）生产工人工资比例法，是指按照计入各种产品成本的生产工人实际工资的比例分配制造费用的方法。计算公式如下：

制造费用分配率＝制造费用总额/车间生产工人实际工资总额

某产品应负担的制造费用＝该产品的生产工人实际工资数×制造费用分配率

小白进阶　由于工资成本分配表可以直接提供生产工人工资资料，所以采用生产工人工资比例法，核算工作比较简便。

【例5-41】某企业结算当月应付职工薪酬，已知A产品生产工人工资5000元；B产品生产工人工资4000元。本月共发生制造费用金额2700元，假设不考虑其他因素，根据生产工人工资比例法分配并结转本月制造费用，并编制会计分录。

本月制造费用＝2700元

制造费用分配率＝2700/（5000＋4000）＝0.3

A产品应负担的制造费用＝5000×0.3＝1500（元）

B产品应负担的制造费用＝4000×0.3＝1200（元）

借：生产成本——基本生产成本（A产品）　　　　　　　　　　　　1500

　　　　　——基本生产成本（B产品）　　　　　　　　　　　　1200

　　贷：制造费用　　　　　　　　　　　　　　　　　　　　　　2700

（3）机器工时比例法，是指按照生产各种产品所用机器设备运转时间的比例分配制造费用的方法。计算公式如下：

制造费用分配率＝制造费用总额/机器运转总时数

某产品应负担的制造费用＝该产品的机器运转时数×制造费用分配率

小贴士

机器工时比例法适用于产品生产的机械化程度较高的车间。必须具备各种产品所用机器工时的原始记录才能使用该方法。

【例5-42】某企业当月生产A产品耗用机器工时120小时，生产B产品耗用机器工时180小时。本月发生车间管理人员工资30000元，产品生产人员工资30万元。该企业按机器工时比例分配制造费用。假设不考虑其他因素，要求在A、B产品之间分配制造费用，并编制会计分录。

该题中本月发生的车间管理人员工资应计入制造费用，金额为30000元。因此，机器工时比例法下：

制造费用分配率＝制造费用总额/机器运转总时数

＝30000/（120+180）＝100

A产品应负担的制造费用＝100×120＝12000（元）

B产品应负担的制造费用＝100×180＝18000（元）

借：生产成本——基本生产成本（A产品）　　　　　　　　　　　　　　　　12000

　　　　　　——基本生产成本（B产品）　　　　　　　　　　　　　　　　18000

　　贷：制造费用　　　　　　　　　　　　　　　　　　　　　　　　　　30000

（4）耗用原材料的数量或成本比例法，是指按照各种产品所耗用的原材料的数量或成本的比例分配制造费用的方法。计算公式如下：

制造费用分配率＝制造费用总额/耗用的原材料的总数量（或成本总额）

某产品应负担的制造费用＝该产品所耗用的原材料的数量（或成本）×制造费用分配率

（5）产成品产量比例法，是指按照各种产品的实际产量（或标准产量）的比例分配制造费用的方法。计算公式如下：

制造费用分配率＝制造费用总额/各种产品的实际产量（或标准产量）总数

某产品应负担的制造费用＝该产品的实际产量（或标准产量）×制造费用分配率

（6）年度计划分配率法，是指按照年度开始前确定的全年度适用的计划分配率分配制造费用的方法。假定以定额工时作为分配标准，计算公式如下：

年度计划分配率＝年度制造费用计划总额/年度各种产品计划产量的定额工时总数

某种产品应负担的制造费用＝该期该产品实际产量的定额工时数×年度计划分配率

通过以上各种成本的归集与分配，应计入本月产品成本的各种成本都已记入"生产成本——基本生产成本"科目的借方，并已在各种产品之间划分清楚，而且按成本项目分别登记在各自的产品成本计算单（基本生产成本明细账）中。

（四）完工产品生产成本的计算与结转

产品生产成本计算是指将企业生产过程中为制造产品所发生的各种费用按照成本计算对象进行归集和分配，以便计算各种产品的总成本和单位成本。有关产品成本的信息是进行库存商品计价和确定销售成本的依据。

企业应设置产品生产成本明细账，用来归集应计入各种产品的生产费用。通过对材料费用、职工薪酬和制造费用的归集和分配，企业将各月生产产品所发生的生产费用记入"生产成本"科目中。当产品生产完工并验收入库时，将产品成本转入"库存商品"科目。

如果月末某种产品全部完工，该种产品生产成本明细账所归集的费用总额，就是该种完工产品的总成本，用完工产品总成本除以该种产品的完工总产量即可计算出该种产品的单位成本。

如果月末某种产品全部未完工，该种产品生产成本明细账所归集的费用总额就是该种产品在产品的总成本。

如果月末某种产品一部分完工，一部分未完工，这时归集在产品成本明细账中的费用总额还要采取适当的分配方法在完工产品和在产品之间进行分配，然后才能计算出完工产品的总成本和单位成本。完工产品成本的基本计算公式为：

完工产品生产成本=期初在产品成本+本期发生的生产费用-期末在产品成本

单位产品成本=完工产品总成本/产品产量

【例5-43】丁公司生产A、B两种产品，期末A、B产品成本计算表如表5-4、表5-5所示，假设期末A产品全部没有完工，B产品全部完工，完工产量为5000件。

表5-4　A产品成本计算表　　　　　　　　　　　　　　单位：元

项目	期初在产品	本期发生成本	总成本
直接材料	31000	36000	67000
直接人工	22000	30000	52000
制造费用	50000	26000	76000
合计	103000	92000	195000

由于A产品期末尚未完工，"生产成本——A产品"的期末余额，即为A产品的期末在产品成本。

表5-5　B产品成本计算表　　　　　　　　　　　　　　单位：元

项目	期初在产品	本期发生成本	总成本
直接材料	58240	42730	100970
直接人工	24300	17732	42032
制造费用	13740	8892	22632
合计	96280	69354	165634

B产品期末全部完工，期末产品成本费用之和就是该产品的总成本。

B产品单位产品成本=完工产品总成本/产品产量

=165634/5000≈33.13(元/件)

期末，应编制的会计分录为：

借：库存商品——B产品　　　　　　　　　　　　　　165634

　　贷：生产成本——B产品　　　　　　　　　　　　　　　165634

本节小结 ▶ 生产业务的账务处理

> **生产费用的构成**
> • 按其经济用途可分为直接材料、直接人工和制造费用。

> **账户设置**
> • 一般设置"生产成本""制造费用""库存商品""应付职工薪酬"等账户。

> **账务处理**
> • 材料费用的归集与分配;
> • 职工薪酬的归集与分配;
> • 制造费用的归集与分配;
> • 完工产品生产成本的计算与结转。

第六节　销售业务的账务处理

　　制造企业从产品验收入库开始,到销售给购买方为止的过程称为销售过程,它是企业生产经营活动的最后一个环节。在销售过程中,企业将生产的产品销售给购买方,并按产品的销售价格向购买方办理货款结算,收回销售款。由于在销售过程中企业必须付出相应数量的产品,因而企业在确认和计量销售收入的同时,还应当结转为制造这些产品而耗费的生产成本,通常将已销售产品的生产成本称为产品销售成本。此外,企业为了推销产品,在销售过程中还会发生包装费、广告费、运输费、销售人员职工薪酬等各种销售费用。这些耗费与销售产品有关,应抵减当期的销售收入。企业在取得销售收入时,还应按国家税法规定,计算并缴纳相关税费。只有实现的销售收入能够补偿销售成本和相应的费用,企业的经营才可能持续进行。因此,销售业务的账务处理涉及商品销售、其他销售等业务收入、成本、费用和相关税费的确认与计量等内容。

一、商品销售收入的确认与计量

　　当企业与客户之间的合同同时满足下列条件时,企业应当在客户取得相关商品控制权时确认收入:

　　(1)合同各方已批准该合同并承诺履行各自义务;

　　(2)该合同明确了合同各方与所转让商品或提供劳务相关的权利和义务;

　　(3)该合同有明确的与所转让商品相关的支付条款;

　　(4)该合同具有商业实质,即履行该合同将改变企业未来现金流量的风险、时间分布或金额;

　　(5)企业因向客户转让商品而有权取得的对价很可能收回。

二、账户设置

　　企业通常设置以下账户对销售业务进行会计核算:

1."主营业务收入"账户

"主营业务收入"账户属于损益类账户,用以核算企业确认的销售商品、提供劳务等主营业务的收入。该账户应按照主营业务的种类设置明细账户,进行明细分类核算。

该账户贷方登记企业实现的主营业务收入,即主营业务收入的增加额;借方登记期末转入"本年利润"账户的主营业务收入(按净额结转),以及发生销售退回和销售折让时应冲减本期的主营业务收入。期末结转后,该账户无余额。"主营业务收入"账户的结构和内容如图5-43所示。

借方	主营业务收入	贷方
本期发生销售退回或销售折让时应冲减的销售收入 期末结转到"本年利润"账户的金额	企业销售商品、提供劳务等主营业务实现的收入	

图5-43 "主营业务收入"账户的结构和内容

小贴士

销售折让是指企业因售出商品质量不符合要求等原因而在售价上给予的减让。

2."其他业务收入"账户

"其他业务收入"账户属于损益类账户,用以核算企业确认的除主营业务活动以外的其他经营活动实现的收入,包括出租固定资产、出租无形资产、出租包装物和商品、销售材料等。该账户可按其他业务的种类设置明细账户,进行明细分类核算。

该账户贷方登记企业实现的其他业务收入,即其他业务收入的增加额;借方登记期末转入"本年利润"账户的其他业务收入。期末结转后,该账户无余额。"其他业务收入"账户的结构和内容如图5-44所示。

借方	其他业务收入	贷方
期末结转到"本年利润"账户的金额	企业销售材料等非主营业务实现的收入	

图5-44 "其他业务收入"账户的结构和内容

3."应收账款"账户

"应收账款"账户属于资产类账户,用以核算企业因销售商品、提供劳务等应收取的款项。该账户应按不同的债务人进行明细分类核算。

该账户借方登记由于销售商品以及提供劳务等发生的应收账款,包括应收取的价款、税款和代垫款等;贷方登记已经收回的应收账款。期末余额通常在借方,反映企业尚未收回的应收账款;期末余额如果在贷方,反映企业预收的账款。"应收账款"账户的结构和内容如图5-45所示。

借方	应收账款	贷方
期初余额		
企业销售商品及提供劳务应收的金额（包括价款、税款、代垫款等）	已经收回的应收账款	
期末尚未收回的应收账款	企业预收的账款	

图 5-45 "应收账款"账户的结构和内容

4. "应收票据"账户

"应收票据"账户属于资产类账户，用以核算企业因销售商品、提供劳务等而收到的商业汇票。该账户可按开出、承兑商业汇票的单位进行明细核算。

该账户借方登记企业收到的应收票据的票面金额，贷方登记票据到期收回的应收票据的票面金额；期末余额在借方，反映企业持有的商业汇票的票面金额。"应收票据"账户的结构和内容如图 5-46 所示。

借方	应收票据	贷方
期初余额		
企业销售商品及提供劳务而收到的应收票据	票据到期收回的应收票据	
期末企业持有的商业汇票的票面金额		

图 5-46 "应收票据"账户的结构和内容

小贴士

企业应设置"应收票据备查簿"，逐笔登记商业汇票的种类、号数、出票日、票面金额、交易合同号、付款人、承兑人、背书人的姓名或单位名称、到期日、背书转让日、贴现日、贴现率和贴现净额，以及收款日、收回金额、退票情况等资料。商业汇票到期结清票款或退票后，在备查簿中应予注销。

5. "主营业务成本"账户

"主营业务成本"账户属于损益类账户，用以核算企业确认销售商品、提供劳务等主营业务收入时应结转的成本。该账户可按主营业务的种类设置明细账户，进行明细分类核算。

该账户借方登记主营业务发生的实际成本，贷方登记期末转入"本年利润"账户的主营业务成本。期末结转后，该账户无余额。"主营业务成本"账户的结构和内容如图 5-47 所示。

借方	主营业务成本	贷方
企业销售商品、提供劳务等主营业务发生的实际成本	期末结转到"本年利润"账户的金额	

图 5-47 "主营业务成本"账户的结构和内容

6. "其他业务成本"账户

"其他业务成本"账户属于损益类账户，用以核算企业确认的除主营业务活动以外的其他经营活动所发生的成本，包括销售材料的成本、出租固定资产的折旧额、出租无形资产的摊销额、出租包装物的成本或摊销额等。该账户可按其他业务的种类设置明细账户，进行明细分类核算。

该账户借方登记其他业务的支出额，贷方登记期末转入"本年利润"账户的其他业务支出额。期末结转后，该账户无余额。"其他业务成本"账户的结构和内容如图5-48所示。

借方	其他业务成本	贷方
企业销售材料等非主营业务发生的实际成本	期末结转到"本年利润"账户的金额	

图 5-48 "其他业务成本"账户的结构和内容

7. "税金及附加"账户

"税金及附加"账户属于损益类账户，用以核算企业经营活动应负担的相关税费，包括消费税、城市维护建设税、教育费附加、资源税、房产税、城镇土地使用税、车船税、印花税等。

该账户借方登记企业应按规定计算确定的与经营活动相关的税费，贷方登记期末转入"本年利润"账户的与经营活动相关的税费。期末结转后，该账户无余额。"税金及附加"账户的结构和内容如图5-49所示。

借方	税金及附加	贷方
企业应按规定计算确定的与经营活动相关的税费	期末结转到"本年利润"账户的金额	

图 5-49 "税金及附加"账户的结构和内容

三、账务处理

(一) 主营业务收入的账务处理

企业销售商品或提供劳务实现的收入，应按实际收到、应收或者预收的金额，借记"银行存款""应收账款""应收票据"等科目，按确认的营业收入，贷记"主营业务收入"科目。对于增值税，一般纳税人应贷记"应交税费——应交增值税（销项税额）"科目；小规模纳税人应贷记"应交税费——应交增值税"科目。如果企业销售货物或者提供劳务采用销售额和销项税额合并定价方法的，按公式"销售额=含税销售额/（1+税率征收率）"还原为不含税销售额，并按不含税销售额计算销项税额。

【例5-44】甲公司为一般纳税人，2019年4月1日向乙公司销售一批商品，货款为100000

元，款项尚未收到，已办妥托收手续，适用的增值税税率为13%。则甲公司应编制会计分录如下：

借：应收账款 113000
　　贷：主营业务收入 100000
　　　　应交税费——应交增值税(销项税额) 13000

4月15日，甲公司收到乙公司寄来的一张3个月到期的商业承兑汇票，面值为113000元，抵付产品货款。甲公司应编制会计分录如下：

借：应收票据 113000
　　贷：应收账款 113000

7月15日，甲公司上述应收票据到期收回票面金额113000元存入银行。甲公司应编制会计分录如下：

借：银行存款 113000
　　贷：应收票据 113000

【例5-45】 承【例5-44】，假定甲公司于5月15日将上述应收票据背书转让，以取得生产经营所需的A种材料，该材料金额为100000元，适用的增值税税率为13%。甲公司应编制会计分录如下：

借：原材料 100000
　　应交税费——应交增值税(进项税额) 13000
　　贷：应收票据 113000

(二)主营业务成本的账务处理

期(月)末，企业应根据本期(月)销售各种商品、提供各种劳务等实际成本，计算应结转的主营业务成本，借记"主营业务成本"科目，贷记"库存商品""劳务成本"等科目。

采用计划成本或售价核算库存商品的，平时的营业成本按计划成本或售价结转，月末还应结转本月销售商品应分摊的产品成本差异或商品进销差价。

1. 生产型企业

企业销售商品、确认收入时，应结转其销售成本，借记"主营业务成本"科目，贷记"库存商品"科目。

【例5-46】 甲公司月末汇总的发出商品中，当月已实现销售的A产品有500台，B产品有1000台。该月A产品实际单位成本4000元，B产品实际单位成本1000元。在结转其销售成本时，应编制会计分录如下：

借：主营业务成本 3000000
　　贷：库存商品——A产品 2000000
　　　　　　　　——B产品 1000000

2. 商品流通企业

商品流通企业库存商品，通常采用毛利率法和售价金额核算法进行核算，按确定后的核算方法计算的销售成本金额，借记"主营业务成本"科目，贷记"库存商品"科目。

（1）毛利率法

毛利率法是根据本期销售净额乘以上期实际（或本期计划）毛利率匡算本期销售毛利，并据以计算发出存货和期末存货成本的一种方法。

计算公式如下：

销售净额＝商品销售收入－销售退回与折让

毛利率＝销售毛利/销售净额×100%

销售毛利＝销售净额×毛利率

销售成本＝销售净额－销售毛利＝销售净额×（1－毛利率）

期末结存存货成本＝期初结存存货成本＋本期购货成本－本期销售成本

这一方法常用于商品批发等企业计算本期商品销售成本和期末库存商品成本。商品流通企业商品种类多，一般来讲，其同类商品的毛利率大致相同，因此，采用毛利率法既能减轻工作量，也能满足对存货管理的需要。

【例5-47】某批发公司2019年4月初A类商品库存60000元，本月购进50000元，本月销售收入121000元，发生的销售退回和销售折让为11000元，上月该类商品的毛利率为20%，本月已销售商品和库存商品的成本计算如下：

本月销售净额＝121000－11000＝110000（元）

销售毛利＝110000×20%＝22000（元）

本月销售成本＝110000－22000＝88000（元）

库存商品成本＝60000＋50000－88000＝22000（元）

结转销售商品成本会计分录如下：

借：主营业务成本 88000

　　贷：库存商品 88000

（2）售价金额核算法

售价金额核算法下，平时商品的购入、加工、销售、收回均按售价记账，售价与进价的差额通过"商品进销差价"科目核算。期末计算进销差价率和本期已销商品应分摊的进销差价将已销商品的销售成本调整为实际成本，借记"商品进销差价"科目，贷记"主营业务成本"科目。计算公式如下：

商品进销差价率＝（期初库存商品进销差价＋本期购入商品进销差价）/（期初库存商品售价＋本期购入商品售价）×100%

本期销售商品应分摊的商品进销差价＝本期商品销售收入×商品进销差价率

本期销售商品的成本＝本期商品销售收入－本期已销售商品应分摊的商品进销差价

期末结存商品的成本＝期初库存商品的进价成本＋本期购进商品的进价成本－本期销售商品的成本

【例5-48】某商场采用售价金额核算法对库存商品进行核算。本月月初库存商品进价成本总额30万元，售价总额45万元；本月购进商品进价成本总额40万元，售价总额55万元；本月销售商品售价总额80万元。有关计算如下：

商品进销差价率＝［（45-30）＋（55-40）］/（45+55）×100%＝30%

本期销售商品应分摊的商品进销差价＝80×30%＝24（万元）

本期销售商品的成本＝80-24＝56（万元）

期末结存商品的成本＝30+40-56＝14（万元）

结转销售商品成本会计分录如下：

借：主营业务成本　　　　　　　　　　　　　　　　　　800000

　　贷：库存商品　　　　　　　　　　　　　　　　　　800000

借：商品进销差价　　　　　　　　　　　　　　　　　　240000

　　贷：主营业务成本　　　　　　　　　　　　　　　　240000

（三）其他业务收入与成本的账务处理

当企业发生其他业务收入时，借记"银行存款""其他应收款""应收账款""应收票据"等科目，按确定的收入金额，贷记"其他业务收入"科目，同时确认有关税金；在结转其他业务收入的同一会计期间，企业应根据本期应结转的其他业务成本金额，借记"其他业务成本"科目，贷记"原材料""累计折旧""应付职工薪酬"等科目。

小贴士

主营业务和其他业务的划分并不是绝对的，一个企业的主营业务可能是另一个企业的其他业务，即便在同一个企业，不同期间的主营业务和其他业务的内容也不是固定不变的。

【例5-49】2019年6月，某公司（一般纳税人）销售商品领用单独计价的包装物成本40000元，增值税专用发票上注明销售收入100000元，增值税额为13000元，款项已存入银行。假设不考虑材料成本差异，该公司应编制会计分录如下：

（1）出售包装物时

借：银行存款　　　　　　　　　　　　　　　　　　　　113000

　　贷：其他业务收入　　　　　　　　　　　　　　　　100000

　　　　应交税费——应交增值税（销项税额）　　　　　　13000

（2）结转出售包装物成本

借：其他业务成本　　　　　　　　　　　　　　　　　　40000

　　贷：周转材料——包装物　　　　　　　　　　　　　40000

【例5-50】2019年7月，甲公司将自行研发完成的非专利技术出租给另外一家公司，该非专利技术成本为240000元，双方约定的租赁期限为10年，甲公司每月应摊销的金额为2000（240000/10/12）元。甲公司每月摊销时应编制会计分录如下：

借：其他业务成本　　　　　　　　　　　　　　　　　　2000

　　贷：累计摊销　　　　　　　　　　　　　　　　　　2000

（四）税金及附加的账务处理

企业按规定计算确定的消费税、城市维护建设税、资源税和教育费附加等税费，应借记"税金及附加"科目，贷记"应交税费"科目。期末，应将"税金及附加"科目余额结转入"本年利润"科目，借记"本年利润"科目，贷记"税金及附加"科目。

小白进阶 城市维护建设税和教育费附加是以增值税、消费税为计税依据征收的税种。

【例5-51】某公司2019年2月1日取得应纳消费税的销售商品收入3000000元，该产品适用的消费税税率为25%。该公司应编制与消费税有关的会计分录如下：

（1）计算应交消费税时：

借：税金及附加　　　　　　　　　　　　　　　　（3000000×25%）750000

　　贷：应交税费——应交消费税　　　　　　　　　　　　　　　　750000

（2）交纳消费税时：

借：应交税费——应交消费税　　　　　　　　　　　　　　　　　750000

　　贷：银行存款　　　　　　　　　　　　　　　　　　　　　　750000

【例5-52】2019年8月，甲公司的营业收入为3000000元，适用的消费税税率为5%，城市维护建设税税率为7%，教育费附加征收率为3%。9月，甲公司通过银行转账的方式缴纳了8月份的消费税、城市维护建设税和教育费附加。假定不考虑其他税费，计算该公司8月份的消费税、城市维护建设税和教育费附加，并编制相关会计分录。

（1）8月31日，计算应交消费税、城市维护建设税和教育费附加：

应交消费税=3000000×5%=150000（元）

应交城市维护建设税=150000×7%=10500（元）

应交教育费附加=150000×3%=4500（元）

借：税金及附加　　　　　　　　　　　　　　　　　　　　　　165000

　　贷：应交税费——应交消费税　　　　　　　　　　　　　　　150000

　　　　　　　　　——应交城市维护建设税　　　　　　　　　　10500

　　　　　　　　　——应交教育费附加　　　　　　　　　　　　4500

（2）9月，缴纳税费时：

借：应交税费——应交消费税　　　　　　　　　　　　　　　　150000

　　　　　　　——应交城市维护建设税　　　　　　　　　　　　10500

　　　　　　　——应交教育费附加　　　　　　　　　　　　　　4500

　　贷：银行存款　　　　　　　　　　　　　　　　　　　　　　165000

本节小结 ▶ 销售业务的账务处理

> **商品销售收入的确认与计量**
>
> • 企业与客户之间的合同同时满足相关条件时，企业应当在客户取得相关商品控制权时确认收入。

账户设置

- 应当设置"主营业务收入""其他业务收入""应收账款""应收票据"
"主营业务成本""其他业务成本""税金及附加"等账户。

账务处理

- 主营业务收入的账务处理；
- 主营业务成本的账务处理；
- 其他业务收入与成本的账务处理；
- 税金及附加的账务处理。

第七节 期间费用的账务处理

一、期间费用的构成

期间费用是指企业日常活动中不能直接归属于某个特定成本核算对象的，在发生时应直接计入当期损益的各种费用。期间费用的具体构成内容如图 5-50 所示。

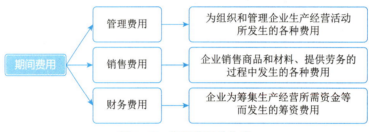

图 5-50 期间费用的构成

二、账户设置

企业通常设置以下账户对期间费用业务进行会计核算：

1."管理费用"账户

"管理费用"账户属于损益类账户，用以核算企业为组织和管理企业生产经营活动所发生的各种费用。该账户可按费用项目设置明细账户，进行明细分类核算。

该账户借方登记发生的各项管理费用，贷方登记期末转入"本年利润"账户的管理费用。期末结转后，该账户无余额。"管理费用"账户的结构和内容如图 5-51 所示。

借方	管理费用	贷方
企业为组织和管理生产经营活动所发生的各种管理费用	期末结转到"本年利润"账户的金额	

图 5-51 "管理费用"账户的结构和内容

2."销售费用"账户

"销售费用"账户属于损益类账户，用以核算企业发生的各项销售费用。该账户可按费用项目设置明细账户，进行明细分类核算。

该账户借方登记发生的各项销售费用，贷方登记期末转入"本年利润"账户的销售费用。期末结转后，该账户无余额。"销售费用"账户的结构和内容如图5-52所示。

借方	销售费用	贷方
企业在销售产品和材料、提供劳务的过程中发生的各种费用	期末结转到"本年利润"账户的金额	

图5-52　"销售费用"账户的结构和内容

3."财务费用"账户

"财务费用"账户属于损益类账户，用以核算企业为筹集生产经营所需资金等而发生的筹资费用，包括利息支出(减利息收入)、汇兑损益以及相关的手续费、企业发生的现金折扣或收到的现金折扣等。为购建或生产满足资本化条件的资产发生的应予以资本化的借款费用，通过"在建工程""制造费用"等账户核算。该账户可按费用项目进行明细核算。

该账户借方登记手续费、利息费用等的增加额，贷方登记应冲减财务费用的利息收入及期末转入"本年利润"账户的财务费用等。期末结转后，该账户无余额。"财务费用"账户的结构和内容见本章第二节的相关介绍。

三、账务处理

(一)管理费用的账务处理

管理费用是指企业为组织和管理生产经营活动而发生的各种费用，包括企业在筹建期间发生的开办费、董事会和行政管理部门在企业的经营管理中发生的或者应由企业统一负担的公司经费(包括行政管理部门职工薪酬、物料消耗、低值易耗品摊销、办公费和差旅费等)、工会经费、董事会费(包括董事会成员津贴、会议费和差旅费等)、聘请中介机构费、咨询费(含顾问费)、诉讼费、业务招待费、技术转让费、研究费用、排污费等。

企业应通过"管理费用"科目核算管理费用的发生和结转情况。具体核算如下：

(1)企业在筹建期间内发生的开办费，包括人员工资、办公费、培训费、差旅费、印刷费、注册登记费以及不计入固定资产成本的借款费用等在实际发生时，借记"管理费用"科目，贷记"库存现金""银行存款"等科目；

(2)确认行政管理部门人员的职工薪酬，借记"管理费用"科目，贷记"应付职工薪酬"科目；

(3)计提行政管理部门的固定资产折旧，借记"管理费用"科目，贷记"累计折旧"科目；企业行政管理部门等发生的固定资产修理费用等不满足资本化条件的后续支出，应在发生时计入管理费用。

(4)企业行政管理部门发生的办公费、水电费、差旅费等以及企业发生的业务招待费、聘请中介机构费、咨询费、诉讼费、技术转让费、企业研究费用等其他费用,借记"管理费用"科目,贷记"银行存款"等科目。

【例5-53】某公司2019年7月为拓展产品销售市场发生业务招待费50000元,用银行存款支付。该公司支付招待费应编制的会计分录如下:

借:管理费用——业务招待费　　　　　　　　　　　　　　　　　　50000
　　贷:银行存款　　　　　　　　　　　　　　　　　　　　　　　　　　50000

【例5-54】某公司2019年4月就一项产品的设计方案向有关专家进行咨询,以银行存款支付咨询费30000元。该公司支付咨询费应编制的会计分录如下:

借:管理费用——咨询费　　　　　　　　　　　　　　　　　　　30000
　　贷:银行存款　　　　　　　　　　　　　　　　　　　　　　　　　30000

(二)销售费用的账务处理

销售费用是指企业在销售商品和材料、提供劳务过程中发生的各项费用,包括保险费、包装费、展览费和广告费、商品维修费、预计产品质量保证损失、运输费、装卸费等,以及为销售本企业商品而专设的销售机构(含销售网点、售后服务网点等)的职工薪酬、业务费、折旧费等经营费用。企业发生的与专设销售机构相关的固定资产修理费用等后续支出,也计入销售费用。

企业应设置"销售费用"科目核算销售费用的发生和结转情况。具体核算如下:

(1)企业在销售商品过程中发生的包装费、保险费、展览费和广告费、运输费、装卸费等费用,借记"销售费用"科目,贷记"库存现金""银行存款"等科目;

(2)企业发生的为销售本企业商品而专设的销售机构的职工薪酬、业务费、折旧费、修理费等经营费用,借记"销售费用"科目,贷记"应付职工薪酬""银行存款""累计折旧"等科目。

【例5-55】某公司2019年1月12日销售一批产品,销售过程中发生运输费5000元、装卸费2000元,均用银行存款支付。该公司应编制的会计分录如下:

借:销售费用——运输费　　　　　　　　　　　　　　　　　　　5000
　　　　　　——装卸费　　　　　　　　　　　　　　　　　　　2000
　　贷:银行存款　　　　　　　　　　　　　　　　　　　　　　　　7000

【例5-56】某公司2019年3月1日用银行存款支付产品保险费5000元。该公司应编制的会计分录如下:

借:销售费用——保险费　　　　　　　　　　　　　　　　　　　5000
　　贷:银行存款　　　　　　　　　　　　　　　　　　　　　　　　5000

(三)财务费用的账务处理

财务费用是指企业为筹集生产经营所需资金等而发生的筹资费用,包括利息支出(减利息收入)、汇兑损益以及相关的手续费、企业发生或收到的现金折扣等。

小白进阶　现金折扣是指债权人为鼓励债务人在规定的期限内付款,而向债务人提供的债务扣除。如"2/10，1/20，N/30"表示：销货方允许客户最长的付款期限为30天，如果客户在10天内付款，可按售价给予2%的折扣；如果超过10天，在20天内付款，可按售价给予1%的折扣，超过20天付款，将不能享受现金折扣。

企业应设置"财务费用"科目核算财务费用的发生和结转情况。具体核算如下：

（1）企业发生的各项财务费用，借记"财务费用"科目，贷记"银行存款""应付利息"等科目；

（2）企业发生的应冲减财务费用的利息收入、汇兑损益、现金折扣，借记"银行存款""应付账款"等科目，贷记"财务费用"科目。

【例5-57】某公司2019年4月30日用银行存款支付本月应负担的短期借款利息24000元。该公司应编制的会计分录如下：

借：财务费用——利息支出　　　　　　　　　　　　　　　　24000
　　贷：银行存款　　　　　　　　　　　　　　　　　　　　　　24000

本节小结 ▶ **期间费用的账务处理**

> **期间费用的构成**
> • 包括管理费用、销售费用和财务费用。

> **账户设置**
> • 应设置"管理费用""销售费用""财务费用"等账户。

> **账务处理**
> • 管理费用的账务处理；
> • 销售费用的账务处理；
> • 财务费用的账务处理。

第八节　利润形成与分配业务的账务处理

一、利润形成的账务处理

（一）利润的形成

利润是指企业在一定会计期间的经营成果，包括收入减去费用后的净额、直接计入当期损益的利得和损失等。利得是指由企业非日常活动所形成的、会导致所有者权益增加的、与所有者投入资本无关的经济利益的流入。损失是指由企业非日常活动所发生的、会导致所有者权益减少的、与向所有者分配利润无关的经济利益的流出。利润由营业利润、利润总额和净利润三个层次构成，如图5-53所示。

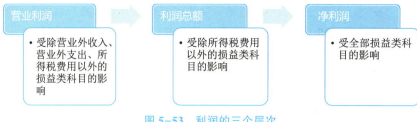

图 5-53　利润的三个层次

小白进阶　"以前年度损益调整"科目属于极其特殊的损益类科目，它不影响本期的营业利润、利润总额或净利润，只影响留存收益。

1. 营业利润

营业利润是反映企业管理者经营业绩的指标，其计算公式如下：

营业利润=营业收入-营业成本-税金及附加-销售费用-管理费用-研发费用-财务费用-信用减值损失-资产减值损失+公允价值变动收益(-公允价值变动损失)+投资收益(-投资损失)+其他收益+资产处置收益(-资产处置损失)

其中：

营业收入=主营业务收入+其他业务收入

营业成本=主营业务成本+其他业务成本

信用减值损失是指企业计提的各项金融工具减值准备所形成的预期信用损失；资产减值损失是指企业计提各项资产减值准备所形成的损失；公允价值变动收益(或损失)是指企业交易性金融资产等公允价值变动形成的应计入当期损益的收益(或损失)；投资收益(或损失)是指企业对外投资的收益(或损失)。其他收益主要是指与企业日常活动相关，除冲减相关成本费用以外的政府补助；资产处置收益(或损失)反映企业出售划分为持有待售的非流动资产(金融工具、长期股权投资和投资性房地产除外)或处置组(子公司和业务除外)时确认的处置利得或损失，以及处置未划分为持有待售的固定资产、在建工程、生产性生物资产及无形资产而产生的处置利得或损失，还包括债务重组中因处置非流动资产产生的利得或损失和非货币性资产交换中换出非流动资产产生的利得或损失。

2. 利润总额

利润总额，又称税前利润，是营业利润加上营业外收入减去营业外支出后的金额，其计算公式如下：

利润总额=营业利润+营业外收入-营业外支出

其中，营业外收入是指企业发生的与日常活动无直接关系的各项利得，包括非流动资产毁损报废收益、非货币性资产交换利得、债务重组利得、盘盈利得、捐赠利得等；营业外支出是指企业发生的与日常活动无直接关系的各项损失，包括非流动资产毁损报废损失、非货币性资产交换损失、债务重组损失、非常损失、公益性捐赠支出、盘亏损失等。

小贴士

非常损失是指企业对于因客观因素(如自然灾害等)造成的损失，扣除保险公司赔偿后应计入营业外支出的净损失。

3. 净利润

净利润，又称税后利润，是利润总额扣除所得税费用后的净额，其计算公式如下：

净利润=利润总额-所得税费用

(二)账户设置

企业通常设置以下账户对利润形成业务进行会计核算：

1. "本年利润"账户

"本年利润"账户属于所有者权益类账户，用以核算企业当期实现的净利润(或发生的净亏损)。企业期(月)末结转利润时，应将各损益类账户的金额转入本账户，结平各损益类账户。

该账户贷方登记企业期(月)末转入的主营业务收入、其他业务收入、营业外收入和投资收益等；借方登记企业期(月)末转入的主营业务成本、税金及附加、其他业务成本、管理费用、财务费用、销售费用、营业外支出、投资损失和所得税费用等。上述结转完成后，余额如在贷方，即为当期实现的净利润；余额如在借方，即为当期发生的净亏损。年度终了，应将本年实现的净利润(或发生的净亏损)，转入"利润分配——未分配利润"账户贷方(或借方)，结转后本账户无余额。"本年利润"账户的结构和内容如图5-54所示。

借方	本年利润	贷方
企业期(月)末转入的主营业务成本、税金及附加、其他业务成本、管理费用、财务费用、销售费用、营业外支出、投资损失和所得税费用等 期末结转到"利润分配"账户的净利润	企业期(月)末转入的主营业务收入、其他业务收入、营业外收入和投资收益等 期末结转到"利润分配"账户的净亏损	

图5-54 "本年利润"账户的结构和内容

2. "投资收益"账户

"投资收益"账户属于损益类账户，用以核算企业确认的投资收益或投资损失。该账户可按投资项目设置明细账户，进行明细分类核算。

该账户贷方登记实现的投资收益和期末转入"本年利润"账户的投资净损失；借方登记发生的投资损失和期末转入"本年利润"账户的投资净收益。期末结转后，该账户无余额。"投资收益"账户的结构和内容如图5-55所示。

借方	投资收益	贷方
企业发生的投资损失 期末结转到"本年利润"账户的投资净收益	企业实现的投资收益 期末结转到"本年利润"账户的投资净损失	

图5-55 "投资收益"账户的结构和内容

3."营业外收入"账户

"营业外收入"账户属于损益类账户,用以核算企业发生的各项营业外收入,该账户可按营业外收入项目设置明细账户,进行明细分类核算。

该账户贷方登记营业外收入的实现,即营业外收入的增加额;借方登记会计期末转入"本年利润"账户的营业外收入额。期末结转后,该账户无余额。"营业外收入"账户的结构和内容如图5-56所示。

借方	营业外收入	贷方
期末结转到"本年利润"账户的营业外收入额	企业发生的各项营业外收入	

图5-56 "营业外收入"账户的结构和内容

4."营业外支出"账户

"营业外支出"账户属于损益类账户,用以核算企业发生的各项营业外支出,该账户可按支出项目设置明细账户,进行明细分类核算。

该账户借方登记营业外支出的发生,即营业外支出的增加额;贷方登记期末转入"本年利润"账户的营业外支出额。期末结转后,该账户无余额。"营业外支出"账户的结构和内容如图5-57所示。

借方	营业外支出	贷方
企业发生的各项营业外支出	期末结转到"本年利润"账户的营业外支出额	

图5-57 "营业外支出"账户的结构和内容

5."所得税费用"账户

"所得税费用"账户属于损益类账户,用以核算企业确认的应从当期利润总额中扣除的所得税费用。

该账户借方登记企业应计入当期损益的所得税;贷方登记企业期末转入"本年利润"账户的所得税。期末结转后,该账户无余额。"所得税费用"账户的结构和内容如图5-58所示。

借方	所得税费用	贷方
企业按税法规定计算确定的当期应交所得税和递延所得税费用	企业计算确定的递延所得税收益和期末结转到"本年利润"账户的所得税	

图5-58 "所得税费用"账户的结构和内容

(三)账务处理

1. 利润形成的账务处理

利润形成的账务处理主要涉及的是期末结转业务。期末，**将损益类账户的贷方(或借方)余额转入"本年利润"账户的借方(或贷方)**。结转后，损益类账户的余额为零。

【**例5-58**】乙公司2018年有关损益类账户的年末余额如表5-6所示(该企业采用表结法年末一次结转损益类账户，所得税税率为25%)：

表5-6　损益类账户年末余额

账户名称	结账前余额(元)	
	借方	贷方
主营业务收入		6000000
其他业务收入		700000
公允价值变动损益		150000
投资收益		600000
营业外收入		50000
主营业务成本	4000000	
其他业务成本	400000	
税金及附加	80000	
销售费用	500000	
管理费用	770000	
财务费用	200000	
资产减值损失	100000	
营业外支出	250000	

乙公司2018年末应编制的结转本年利润的会计分录如下：

①结转损益类账户贷方余额：

借：主营业务收入　　　　　　　　　　　　　　　　　　　　　　　　6000000

　　其他业务收入　　　　　　　　　　　　　　　　　　　　　　　　　700000

　　公允价值变动损益　　　　　　　　　　　　　　　　　　　　　　　150000

　　投资收益　　　　　　　　　　　　　　　　　　　　　　　　　　　600000

　　营业外收入　　　　　　　　　　　　　　　　　　　　　　　　　　　50000

　　贷：本年利润　　　　　　　　　　　　　　　　　　　　　　　　7500000

②结转损益类账户借方余额：

借：本年利润　　　　　　　　　　　　　　　　　　　　　　　　　　6300000

　　贷：主营业务成本　　　　　　　　　　　　　　　　　　　　　　4000000

其他业务成本	400000
税金及附加	80000
销售费用	500000
管理费用	770000
财务费用	200000
资产减值损失	100000
营业外支出	250000

2. 所得税费用的账务处理

根据企业会计准则的规定，所得税费用是指应交所得税和递延所得税之和。即：

所得税费用=应交所得税+递延所得税

企业应通过"所得税费用"科目，核算企业所得税费用的确认及其结转情况，期末，应将"所得税费用"账户的余额转入"本年利润"账户，借记"本年利润"科目，贷记"所得税费用"科目，结转后本账户应无余额。

应交所得税是指企业按照税法规定计算确定的针对当期发生的交易和事项应交纳给税务部门的所得税金额。应纳税所得额是在企业税前会计利润(即利润总额)的基础上调整确定的，计算公式为：

应纳税所得额=税前会计利润+纳税调整增加额-纳税调整减少额

应交所得税额=应纳税所得额×所得税税率

纳税调整增加额主要包括税法规定允许扣除项目中，企业已计入当期费用但超过税法规定扣除标准的金额(如超过税法规定标准的业务招待费、公益性捐赠支出、广告费和业务宣传费等)，以及企业已计入当期损失但税法规定不允许扣除项目的金额(如税收滞纳金、行政性罚款等)。

纳税调整减少额主要包括按税法规定允许弥补的亏损和准予免税的项目，如前五年内的未弥补亏损和国债利息收入等。

【例5-59】某企业2018年的利润总额为2000000元，实际支出的业务招待费为120000元，按照税法规定允许税前扣除的业务招待费为70000元。假定本企业全年无其他纳税调整因素，递延所得税额为0，适用的所得税税率为25%。有关的会计处理如下：

(1)确认所得税费用：

纳税调整增加额=实际支出的业务招待费-允许税前扣除的业务招待费=120000-70000=50000(元)

应纳税所得额=利润总额+纳税调整增加额=2000000+50000=2050000(元)

应交所得税=2050000×25%=512500(元)

所得税费用=512500+0=512500(元)

借：所得税费用	512500
贷：应交税费——应交所得税	512500

(2)实际上交所得税：

借：应交税费——应交所得税 512500

  贷：银行存款 512500

(3)年末，将"所得税费用"账户余额转入"本年利润"账户：

借：本年利润 512500

  贷：所得税费用 512500

二、利润分配的账务处理

利润分配是指企业根据国家有关规定和企业章程、投资者协议等，对企业当年可供分配利润指定其特定用途和分配给投资者的行为。利润分配的过程和结果不仅关系到每个股东的合法权益是否得到保障，而且还关系到企业的未来发展。

(一)利润分配的顺序

按照我国有关规定，利润的分配顺序如图5-59所示。

图5-59 利润的分配顺序

1. 计算可供分配的利润

企业在利润分配前，应根据本年净利润(或亏损)、年初未分配利润(或亏损)以及其他转入的金额(如盈余公积弥补的亏损)等项目，计算可供分配的利润，即：

可供分配的利润=净利润(或亏损)+年初未分配利润-弥补以前年度的亏损+其他转入的金额

如果可供分配的利润为负数(即累计亏损)，则不能进行后续分配；如果可供分配利润为正数(即累计盈利)，则可进行后续分配。

2. 提取法定盈余公积

按照《公司法》的有关规定，公司应当按照当年净利润(抵减年初累计亏损后)的10%提取法定盈余公积，提取的法定盈余公积累计额超过注册资本50%以上的，可以不再提取。

3. 提取任意盈余公积

公司提取法定盈余公积后，经股东会或者股东大会决议，还可以从净利润中提取任意盈余公积。

4. 向投资者分配利润(或股利)

企业可供分配的利润扣除提取的盈余公积后，形成可供投资者分配的利润，即：

可供投资者分配的利润=可供分配的利润-提取的盈余公积

企业可采用现金股利、股票股利和财产股利等形式向投资者分配利润(或股利)。

(二)账户设置

企业通常设置以下账户对利润分配业务进行会计核算：

1. "利润分配"账户

"利润分配"账户属于所有者权益类账户，用以核算企业利润的分配(或亏损的弥补)

和历年分配(或弥补)后的余额。该账户应当分别按"提取法定盈余公积""提取任意盈余公积""应付现金股利或利润""转作股本的股利""盈余公积补亏"和"未分配利润"等进行明细核算。

该账户借方登记实际分配的利润额,包括提取的盈余公积和分配给投资者的利润,以及年末从"本年利润"账户转入的全年发生的净亏损;贷方登记用盈余公积弥补的亏损额等其他转入数,以及年末从"本年利润"账户转入的全年实现的净利润。年末,应将"利润分配"账户下的其他明细账户的余额转入"未分配利润"明细账户,结转后,除"未分配利润"明细账户可能有余额外,其他各个明细账户均无余额。"未分配利润"明细账户的贷方余额为历年累积的未分配利润(即可供以后年度分配的利润),借方余额为历年累积的未弥补亏损(即留待以后年度弥补的亏损)。"利润分配"账户的结构和内容如图 5-60 所示。

借方	利润分配	贷方
企业提取的盈余公积 分配给投资者的利润 转入的净亏损	用盈余公积弥补的亏损额等其他转入 转入的净利润	
企业历年累积的未弥补亏损	企业历年累积的未分配利润	

图 5-60　"利润分配"账户的结构和内容

2. "盈余公积"账户

"盈余公积"账户属于所有者权益类账户,用以核算企业从净利润中提取的盈余公积。该账户应当分别按"法定盈余公积""任意盈余公积"进行明细核算。

该账户贷方登记提取的盈余公积,即盈余公积的增加额;借方登记实际使用的盈余公积,即盈余公积的减少额。期末余额在贷方,反映企业结余的盈余公积。"盈余公积"账户的结构和内容如图 5-61 所示。

借方	盈余公积	贷方
	期初余额	
企业实际使用的盈余公积	企业提取的盈余公积	
	企业结余的盈余公积	

图 5-61　"盈余公积"账户的结构和内容

3. "应付股利"账户

"应付股利"账户属于负债类账户,用以核算企业分配的现金股利或利润。该账户可按投资者进行明细核算。

该账户贷方登记应付给投资者股利或利润,即应付股利的增加额;借方登记实际支付给投资者的股利或利润,即应付股利的减少额。期末余额在贷方,反映企业应付未付的现金股利或利润。"应付股利"账户的结构和内容如图 5-62 所示。

借方	应付股利	贷方
	期初余额	
企业实际支付给投资者的股利或利润	企业应付给投资者的股利或利润	
	期末企业应付未付的现金股利或利润	

图 5-62 "应付股利"账户的结构和内容

(三)账务处理

1. 净利润转入利润分配

会计期末，企业应将当年实现的净利润转入"利润分配——未分配利润"科目，即借记"本年利润"科目，贷记"利润分配——未分配利润"科目，如为净亏损，则作相反分录。

结转前，如果"利润分配——未分配利润"明细账户的余额在借方，上述结转当年所实现净利润的分录同时反映了当年实现的净利润自动弥补以前年度亏损的情况。因此，在用当年实现的净利润弥补以前年度亏损时，不需另行编制会计分录。

【例 5-60】承【例 5-59】，期末，乙公司将 2018 年实现的净利润转入"利润分配"账户。应编制的会计分录为：

借：本年利润 （2000000−512000）1488000
　　贷：利润分配——未分配利润 1488000

2. 提取盈余公积

企业提取法定盈余公积时，借记"利润分配——提取法定盈余公积"科目，贷记"盈余公积——法定盈余公积"科目；提取任意盈余公积时，借记"利润分配——提取任意盈余公积"科目，贷记"盈余公积——任意盈余公积"科目。

小白进阶 提取盈余公积，是将企业的可供分配利润按照一定比例计算，作为企业的盈余公积，所以提取后企业的盈余公积增加，利润分配减少。

【例 5-61】D 公司本年实现税后利润为 1800000 元（不存在年初累计亏损），公司股东大会决定按 10%提取法定盈余公积，按 5%提取任意盈余公积。则 D 公司应编制本年有关利润分配的会计分录如下（盈余公积和利润分配的核算写出明细账户）：

借：利润分配——提取法定盈余公积 180000
　　　　——提取任意盈余公积 90000
　　贷：盈余公积——法定盈余公积 180000
　　　　——任意盈余公积 90000

3. 向投资者分配利润或股利

企业根据股东大会或类似机构审议批准的利润分配方案，按应支付的现金股利或利润，借记"利润分配——应付现金股利"科目，贷记"应付股利"等科目；对于股票股利应在办妥增资手续后，按转作股本的金额，借记"利润分配——转作股本的股利"科目，贷记"股本"科目。

董事会或类似机构通过的利润分配方案中拟分配的现金股利或利润，不做账务处理，但应在附注中披露。

小贴士

股票股利是公司以增发股票的方式所支付的股利，通常也将其称为"红股"。

4. 盈余公积补亏

企业发生的亏损，除用当年实现的净利润弥补外，还可使用累积的盈余公积弥补。以盈余公积弥补亏损时，借记"盈余公积"科目，贷记"利润分配——盈余公积补亏"科目。

5. 企业未分配利润的形成

年度终了，企业应将"利润分配"科目所属其他明细科目的余额转入该科目"未分配利润"明细科目。结转盈余公积补亏，借记"利润分配——盈余公积补亏"科目，贷记"利润分配——未分配利润"科目；结转计提的盈余公积和已分配的利润，借记"利润分配——未分配利润"科目，贷记"利润分配——提取法定盈余公积""利润分配——提取任意盈余公积""利润分配——应付现金股利""利润分配——转作股本股利"等科目。

结转后，"利润分配"科目中除"未分配利润"明细科目外，所属其他明细科目无余额。"未分配利润"明细账户的贷方余额表示累积未分配的利润，该账户如果出现借方余额，则表示累积未弥补的亏损。

小白进阶 只有在"利润分配"的其他明细科目，均结转到"利润分配——未分配利润"科目中，才能准确核算企业最终当年的未分配利润（或发生的亏损）。

【例5-62】D股份有限公司本年实现净利润2000000元，本年提取法定盈余公积200000元，宣告发放现金股利800000元。假定不考虑其他因素，年末D股份有限公司应编制的会计处理如下：

（1）结转本年利润：

借：本年利润　　　　　　　　　　　　　　　　　　　　2000000
　　贷：利润分配——未分配利润　　　　　　　　　　　　　　　2000000

（2）提取法定盈余公积、宣告发放现金股利：

借：利润分配——提取法定盈余公积　　　　　　　　　　　　200000
　　　　　　——应付现金股利　　　　　　　　　　　　　　800000
　　贷：盈余公积——法定盈余公积　　　　　　　　　　　　　200000
　　　　应付股利　　　　　　　　　　　　　　　　　　　800000

同时：

借：利润分配——未分配利润　　　　　　　　　　　　　　1000000
　　贷：利润分配——提取法定盈余公积　　　　　　　　　　　200000
　　　　　　　　——应付现金股利　　　　　　　　　　　　800000

本节小结 ▶ 利润形成与分配业务的账务处理

利润形成的账务处理

- 利润由营业利润、利润总额和净利润三个层次构成。
- 应设置"本年利润""投资收益""营业外收入""营业外支出""所得税费用"等账户。
- 利润形成的账务处理主要涉及的是期末结转业务,即将损益类账户转入"本年利润"账户。

利润分配的账务处理

- 利润分配应按下列顺序进行:①计算可供分配的利润;②提取法定盈余公积;③提取任意盈余公积;④向投资者分配利润(或股利)。
- 应设置"利润分配""盈余公积""应付股利"等账户。

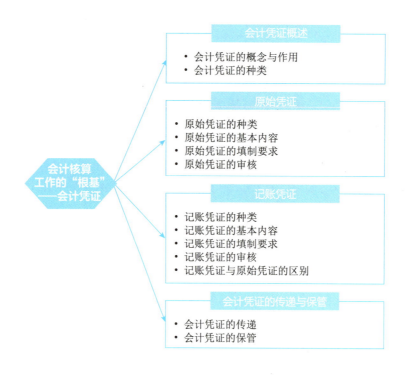

第六章

会计核算工作的"根基"
——会计凭证

本章导读

本章主要介绍了会计凭证的概念、种类、格式、填制与审核、传递与保管。本章学习的重点是在理解会计凭证含义的基础上，熟练掌握原始凭证和记账凭证的填制方法及审核内容。

本章的内容和结构如下：

会计凭证概述
- 会计凭证的概念与作用
- 会计凭证的种类

原始凭证
- 原始凭证的种类
- 原始凭证的基本内容
- 原始凭证的填制要求
- 原始凭证的审核

会计核算工作的"根基"——会计凭证

记账凭证
- 记账凭证的种类
- 记账凭证的基本内容
- 记账凭证的填制要求
- 记账凭证的审核
- 记账凭证与原始凭证的区别

会计凭证的传递与保管
- 会计凭证的传递
- 会计凭证的保管

第一节　会计凭证概述

一、会计凭证的概念与作用

（一）会计凭证的概念

会计凭证既是记录经济业务发生或者完成情况的书面证明，也是登记账簿的依据。

任何单位在处理任何经济业务时，都必须由执行和完成该项经济业务的有关人员从单位外部取得或自行填制有关凭证，以书面形式记录和证明所发生经济业务的性质、内容、数量和金额等，并在凭证上签名或盖章，从而对经济业务的合法性和凭证的真实性、完整性负责。任何会计凭证都需要经有关人员严格审核并确认无误后，才能作为登记账簿的依据。

（二）会计凭证的作用

会计凭证的作用主要体现在以下三个方面：

1. 记录经济业务，提供记账依据

填制会计凭证，可以正确、及时地反映各项经济业务的完成情况，为登记账簿提供可靠的依据。因此会计凭证所记录有关信息是否真实、可靠、及时，对保证会计信息质量具有至关重要的影响。

2. 明确经济责任，强化内部控制

填制和审核会计凭证，可加强经济业务管理责任制。任何会计凭证除记录有关经济业务的基本内容外，还必须由有关部门和人员签章，这样可以对会计凭证所记录经济业务的真实性、完整性、合法性等负责，防止舞弊行为，强化内部控制。

3. 监督经济活动，控制经济运行

审核会计凭证可以发挥会计的监督作用。通过会计凭证的审核，可以查明每一项经济业务是否真实、是否符合国家有关法律、法规、制度的规定，是否符合计划、预算进度等。对查出的问题，应积极采取措施予以纠正，实现对经济活动的事中控制，保证经济活动健康进行。

二、会计凭证的种类

会计凭证的形式多种多样，可以按照不同的标准进行分类。会计凭证按其填制程序和用途的不同可以分为原始凭证和记账凭证两类。如图 6-1 所示。

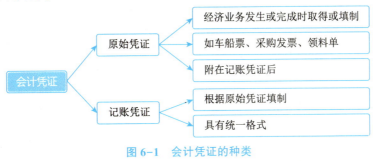

图 6-1　会计凭证的种类

（一）原始凭证

原始凭证，是指在经济业务发生或完成时取得或填制的，用以记录或证明经济业务的发生或完成情况的原始凭据。如出差乘坐车船的车船票、采购材料的发票、到仓库领料的领料单等，都是原始凭证。

（二）记账凭证

记账凭证，又称记账凭单，是指会计人员根据审核无误的原始凭证，按照经济业务的内容加以归类，并据以确定会计分录后所填制的会计凭证，作为登记账簿的直接依据。

由于经济业务的种类和数量繁多，与其相关的原始凭证的格式和内容也各不相同，而且原始凭证只表明经济业务的具体内容，不能表明经济业务应记入的会计科目及其借贷方向，直接根据原始凭证登记账簿容易发生错误。因此，在记账之前需要根据审核无误的原始凭证，经过归类、整理，填制具有统一格式的记账凭证，指明经济业务应借应贷的会计科目名称及金额，并将相关的原始凭证附在记账凭证后面。这样做既保证了记账工作的质量，也有利于原始凭证的保管，便于对账和查账，提高会计工作质量。

聊一聊会计凭证
与会计分录

本节小结 ▶ 会计凭证概述

会计凭证的概念与作用

- 概念：既是记录经济业务发生或者完成情况的书面证明，也是登记账簿的依据。
- 作用：记录经济业务，提供记账依据；明确经济责任，强化内部控制；监督经济活动，控制经济运行。

会计凭证的种类

- 分为原始凭证和记账凭证两类。

第二节　原始凭证

一、原始凭证的种类

原始凭证种类繁多，形式多样，为方便使用，可以按不同的分类标准将其加以分类，如图6-2所示。

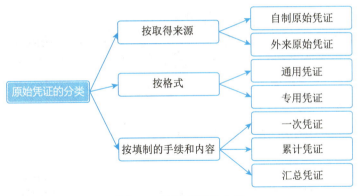

图 6-2　原始凭证的分类

（一）按取得的来源分类

原始凭证按照取得的来源可分为自制原始凭证和外来原始凭证。

1. 自制原始凭证

自制原始凭证是指由本单位有关部门和人员，在执行或完成某项经济业务时填制的，仅供本单位内部使用的原始凭证。如收料单、限额领料单、产品入库单、借款单、折旧计算表等。

2. 外来原始凭证

外来原始凭证是指在经济业务发生或完成时，从其他单位或个人直接取得的原始凭证。如购买货物时取得的增值税专用发票、银行收付款通知单、对外单位支付款项时取得的收据、银行转来的各种结算凭证等。外来原始凭证一般格式如图6-3、图6-4所示。

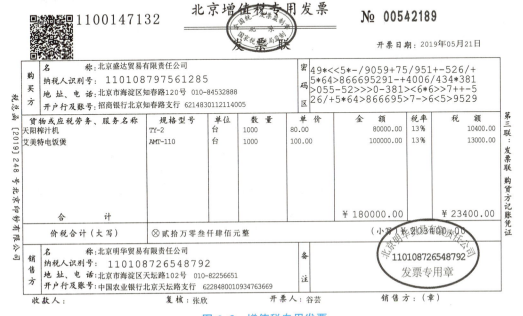

图 6-3　增值税专用发票

133

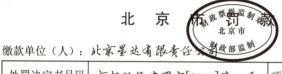

北京市罚款收据

EK000000

2018 年 11 月 7 日

缴款单位（人）：北京星达有限责任公司

处罚决定书号码	京朝环保建罚字[2018]第4号	项目编码	110201410133314	
执收单位代码	11010912213201	罚 款 原 因		第二联 收 据
罚 款 金 额	¥5000.00	污染罚款		
加收罚款金额				
合计人民币（大写）	拾 ⊗万伍仟零佰零拾零元零角零分 ¥5000.00			
收款单位（盖章）		备注		

收款人： 复核人： 北京市财政厅印制

图6-4 收据

（二）按照格式分类

原始凭证**按照格式的不同可以分为通用凭证和专用凭证。**

1. 通用凭证

通用凭证是**由有关部门统一印制**、**在一定范围内使用**的**具有统一格式和使用方法**的原始凭证。通用凭证的使用范围可以是某一地区、某一行业，也可以全国通用。如由中国人民银行制作的银行转账结算凭证、车票等。

2. 专用凭证

专用凭证是**由单位自行印制**、**仅在本单位内部使用**的原始凭证。如折旧计算表、差旅费报销单、工资费用分配表、领料单等。

小贴士

专用凭证都属于自制原始凭证。

（三）按填制的手续和内容分类

原始凭证**按照填制的手续和内容可分为一次凭证、累计凭证和汇总凭证。**

1. 一次凭证

一次凭证是指一次填制完成，只记录一笔经济业务且仅一次有效的原始凭证。如收据、购货发票、销货发票、领料单（如图6-5所示）、收料单、借款单（如图6-6所示）、银行结算凭证等。

领料部门：第一车间　　　　　　　　　　　　　　　　　　　　领料编号：第3号

领料用途：甲产品生产　　　　　　　2019年3月1日　　　　　　发料仓库：第2仓库

材料编号	材料名称及规格	计量单位	数　量		单价	金　额
			请领	实领		
12	钢材	吨	5	5	2800	14000
备注			合计			￥14000

第三联　财务联

仓库保管员：(签章)郝芳　　　　　发料：(签章)张强　　　　　领料主管：(签章)刘铮

图6-5　领料单

借　款　单

2018年 11月 2日

资金性质＿＿＿＿＿＿＿＿＿＿＿＿＿

丙式—107　12×21厘米（通）

借款单位：李森

现金付讫

借款理由：预借差旅费

借款数额：人民币（大写）壹仟元整　　　　　　　　　　￥1000.00

本单位负责人意见 张力　　　　　　借款人（签章）李森

机关领导指示：	会计主管人员核批：	付款记录：
赵飞	王琳	2018年　　11月　　2日以第　　　号 支票或现金支出凭单付给

图6-6　借款单

> **小贴士**
>
> 所有的外来原始凭证和大部分的自制原始凭证都属于一次凭证。

2. 累计凭证

累计凭证指在一定时期内多次记录发生的同类型经济业务且多次有效的原始凭证。其特点是在一张凭证内可以连续登记相同性质的经济业务，随时结出累计数及结余数，并按照费用限额进行费用控制，期末按实际发生额记账。使用累计凭证，可以简化核算手续；能对材料消耗、成本管理起事先控制作用，是企业进行计划管理的手段之一。最具有代表性的累计凭证是限额领料单，如图6-7所示。

领料部门：*第一车间*　　　　　　　　**2019 年 3 月**　　　　　　　发料仓库：*第一仓库*

产品名称：*甲产品*　　　　　　　　　　　　　　　　　　　　编号：**0001**

材料类别	材料编号	材料名称	材料规格	计量单位	领料限额	实际领用	单价	金额
五金	**1568**	A 材料		*千克*	**700**	**650**	**30**	**19500**

| 日期 | 请领 | | 实发 | | 限额结余 | 退库 | | |
	请领数量	领料人	实发数量	发料人		数量	退库单	
3.1	**150**	*刘明*	**150**	*李强*	**550**			
3.12	**170**	*刘明*	**170**	*李强*	**380**			
3.20	**200**	*刘明*	**200**	*李强*	**180**			
3.25	**130**	*刘明*	**130**	*李强*	**50**			

第三联　财务联

供应部门负责人：*李燕*　　　　　领料部门负责人：*陈晓*　　　　　仓库负责人：*徐茂才*

图 6-7　限额领料单

小贴士

限额领料单是多次使用的累计领发料凭证。在有效期间内(一般为一个月)，只要领用数量不超过限额就可以连续使用。

3. 汇总凭证

汇总凭证是指对一定时期内反映经济业务内容相同的若干张原始凭证，按照一定标准综合填制的原始凭证。它合并了同类型经济业务，简化了记账工作量。常用的汇总原始凭证有发出材料汇总表(如表 6-1 所示)、工资结算汇总表、销售日报表、差旅费报销单等。

表 6-1　发出材料汇总表

附件 **24** 张

2019 年 2 月

单位：元

会计科目	领料部门	领料单张数	甲材料	乙材料	合计
生产成本	一车间	**3**	200		200
	二车间	**8**	600	700	1300
	合计	**11**	800	700	1500
制造费用	一车间	**6**	700		700
	二车间	**7**	500	200	700
	合计	**13**	1200	200	1400
合计		**24**	2000	900	2900

会计主管：*刘健*　　　　　　　　复核：*邓云*　　　　　　　　制表：*黄燕*

发出材料汇总表是企业根据一个月内所有的领料单，按照材料的用途加以归类、整理编制而成的。

二、原始凭证的基本内容

由于各项经济业务的内容和经济管理的要求不同，原始凭证的名称、格式和内容是多种多样的。但是，所有的原始凭证作为经济业务的原始证据，必须详细载明有关经济业务的发生或完成情况，必须明确经办单位和人员的经济责任。因此，各种原始凭证都应具有一些共同的基本内容。原始凭证所包括的基本内容通常称为**凭证要素**，主要有：**(1)凭证名称；(2)填制凭证的日期；(3)填制凭证单位名称或者填制人姓名；(4)经办人员的签名或者盖章；(5)接受凭证单位名称；(6)经济业务内容；(7)数量、单价和金额。**

原始凭证除了应当具备上述内容外，还应当符合下列要求：

1. 从外单位取得的原始凭证，必须盖有填制单位的公章；对外开出的原始凭证，必须加盖本单位公章；从个人处取得的原始凭证，必须有填制人员的签名或者盖章。

公章是指具有法律效力和特定用途，能够证明单位身份和性质的印鉴，包括业务公章、财务专用章、发票专用章、结算专用章等。

2. 自制的原始凭证，必须由经办单位的领导人或者由单位领导人指定的人员签名或者盖章。

3. 购买实物的原始凭证，**必须有验收证明**。实物验收工作由经管实物的人员负责办理，会计人员通过有关的原始凭证进行监督检查。需要入库的实物，必须填写入库验收单，由实物保管人员验收后在入库单上如实填写实收数额，并加盖印章；不需要入库的实物，除经办人员在凭证上签章外，必须交给实物保管人员或者使用人员进行验收后在凭证上签章。总之，必须由购买人以外的第三者查证核实后，会计人员才能据以入账。

之所以必须有验收证明，是为了明确经济责任，保证账实相符，防止盲目采购，避免物资短缺和流失。

4. 支付款项的原始凭证，必须有收款单位和收款人的**收款证明**。

5. 发生销货退回的，除填制退货发票外，还必须有**退货验收证明**；退款时，必须取得对方的收款收据或者汇款银行的凭证，不得以退货发票代替收据。在实际工作中，有些单位发生销售退回，收到的退货没有验收证明，造成退货流失；在办理退款时，开出红字发票，并以红字发票副本作为本单位付款的原始凭证，既不经过对方单位盖章收讫，也不附对方单位收到退款的收据。这种做法容易发生舞弊行为，漏洞很大。特殊情况下，可先用银行的有关凭证作为临时收据，待收到收款单位的收款证明后，再将其附在原付款凭证之后，作为正式原始凭证。

6. 职工公出借款凭据，必须附在记账凭证之后。收回借款时，**应当另开收据或者退还借款副本，不得退还原借款收据**。

不得退还原借款收据的原因是：由于借款和收回借款，是互有联系的两项经济业务，因此必须分别在会计账目上独自反映。否则，将会使会计资料失去完整性。

7. 经上级有关部门批准的经济业务，应当将批准文件作为原始凭证附件。如果批准文件需要单独归档，应当在凭证上注明文件的批准机关名称、日期和文件文号，以便确认经济业务的审批情况和查阅。

三、原始凭证的填制要求

原始凭证一般由业务经办人员在经济业务发生的过程中填写或者在经济业务完成时填写。原始凭证必须经过财会人员审核才能登记入账。因此财会人员不仅应掌握原始凭证的内容和填制方法，而且还要向有关业务人员说明原始凭证的重要作用，帮助他们掌握正确填制原始凭证的方法。

（一）填制原始凭证的基本要求

原始凭证是编制记账凭证的依据，是会计核算最基础的资料。为了保证原始凭证能够真实、正确、完整、及时地反映经济业务，确保会计核算资料的质量，填制原始凭证必须符合一定的要求，如图6-8所示。

图 6-8　原始凭证的填制要求

1. 记录真实

原始凭证填制的日期、业务内容、数量、金额等必须与实际情况完全符合，以确保凭证内容真实可靠。

2. 内容完整

原始凭证必须按规定的格式和内容逐项填写齐全，同时必须由经办业务部门的有关人员签字盖章，对凭证的真实性和正确性负责。在填写的过程中要注意以下几点：

（1）年、月、日要按照填制原始凭证的实际日期填写；

（2）名称要齐全，不能简化；

（3）品名或用途要填写明确，不能含糊不清；

（4）有关人员的签章必须齐全。

3. 手续完备

取得的原始凭证必须符合手续完备的要求，以明确经济责任，确保凭证的合法性、真实性。

原始凭证手续完备的具体体现有：自制的原始凭证，应由经办人员和经办单位负责人签名或盖章；从外单位取得的原始凭证，除某些特殊的外来原始凭证如火车票、汽车票外，必须盖有填制单位的公章或财务专用章；从个人处取得的原始凭证，必须由填制人员签名或签章。购买实物的原始凭证，必须有验收证明；支付款项的原始凭证，必须有收款单位和收款人的收款证明，付款人不能自己证明自己已付出款项；出纳人员在办理收款或付款业务后，应在原始凭证中加盖"收讫"或"付讫"的戳记，以避免重收重付。

4. 书写清楚、规范

原始凭证上的文字和数字都需要认真填写，字迹清楚，易于辨认，不得使用未经国务院公布的简化汉字。凡是填有大写金额和小写金额的原始凭证，大写金额与小写金额必须相符。原始凭证的填制（需要复写的除外），必须用钢笔或碳素笔书写。填写时应遵守以下要求：

小写金额用阿拉伯数字逐个书写，不得连笔书写。阿拉伯金额数字前面应当书写货币币种符号或者货币名称简写，如人民币币种符号为"￥"，美元币种符号为"＄"等。币种符号与阿拉伯数字之间不得留有空白。金额数字一律填写到角分，无角无分的，写"00"或符号"—"，有角无分的，分位写"0"，不得用符号"—"。

大写金额用汉字壹、贰、叁、肆、伍、陆、柒、捌、玖、拾、佰、仟、万、亿、元、角、分、零、整等，一律用正楷或行书体书写。大写金额前未印有"人民币"字样的，应加写"人民币"三个字，"人民币"字样和大写金额之间不得留有空白，大写金额到元或角为止的，在"元"字或者"角"字后面要写"整"或"正"字，大写金额有分的，"分"字后面不写"整"或"正"字。

小白进阶 大写金额到元或角为止举例（《实训证账簿》P5-P6）

小写金额￥300060.50，大写金额应写成"人民币叁拾万零陆拾元伍角整"，或写成"人民币叁拾万零陆拾元零伍角整"。

5. 连续编号

各种凭证要连续编号，以便考查。如果凭证已预先印定编号，如发票、支票等重要凭证，在写坏作废时，应加盖"作废"戳记，妥善保管，不得撕毁。

6. 不得涂改、刮擦、挖补

原始凭证所记载的各项内容均不得涂改。随意涂改的原始凭证即为无效凭证，不能作为填制记账凭证或登记会计账簿的依据。

原始凭证记载内容有错误的，应当由开具单位重开或更正，并在更正处加盖出具凭证单位印章；原始凭证金额出现错误的，由原始凭证开具单位重新开具，不得在原始凭证上更正。

小贴士

原始凭证开具单位应当依法开具准确无误的原始凭证。对于填制有误的原始凭证，负有更正和重新开具的法律义务，不得拒绝。

7. 填制及时

原始凭证应在经济业务发生或完成时及时填制，并按规定的程序和手续传递给有关部门，以便及时办理后续业务，进行会计审核和记账。

(二) 自制原始凭证的填制要求

不同的自制原始凭证，填制要求有所不同。

1. 一次凭证的填制

一次凭证应在经济业务发生或完成时，由相关人员一次填制完成。该凭证往往只能反映一项经济业务，或者同时反映若干项同一性质的经济业务。下面以"收料单"为例，介绍一次凭证的填制方法。

【例 6-1】2018 年 12 月 25 日，某企业从某模具厂购进 32A 号模板 10 件，每件 300 元，运杂费 900 元。材料价款及运杂费以银行存款付讫。仓库保管员验收后填制"收料单"，其格式如图 6-9 所示。

供货单位：××模具厂　　　　　　　　　　　　　　　　　凭证编号：0205

发票编号：0001234　　　　　　　2018 年 12 月 25 日　　　　收料仓库：2 号库

材料类别	材料编号	材料名称及规格	计量单位	数　量		金额(元)			
				应收	实收	单价	买价	运杂费	合计
模具	2021	32A 号模板	件	10	10	300	3000	900	3900.00
备注：					合计		￥3900.00		

仓库负责人：刘锋　　　　　　仓库保管员：郝芳　　　　　　收料人：周涛

图 6-9　收料单

小贴士

收料单是企业购进材料验收入库时，由仓库保管人员根据购入材料的实际验收情况填制的一次凭证。收料单一式三联，一联留仓库，据以登记材料物资明细账和材料卡片；一联随发票账单到会计处报账；一联交采购部门存查。

2. 累计凭证的填制

累计凭证应在每次经济业务完成后，由相关人员在同一张凭证上重复填制完成。该凭证能在一定时期内不断重复地反映同类经济业务的完成情况。

下面以"限额领料单"为例说明累计凭证的填制方法。

"限额领料单"是多次使用的累计领发料凭证。在有效期间内(一般为一个月)，只要领用数量不超过限额就可以连续使用。"限额领料单"由生产计划部门根据下达的生产任务和材料消耗定额按每种材料用途分别开出，一料一单，一式两联，一联交仓库据以发料，一联交领料部门据以领料。领料单位领料时，在该单内注明请领数量，经负责人签章批准后，持往仓库领料。仓库发料时，根据材料的品名、规格在限额内发料，同时将实发数量及限额结余填写在限额领料单内，领发料双方在单内签章。月末在此单内结出实发数量和金额转交会计部门，据以计算材料费用，并做材料减少的核算。

使用限额领料单领料，全月不能超过生产计划部门下达的全月领用限额量。由于增加生产量而需追加限额时，应经生产计划部门批准，办理追加限额的手续。由于浪费或其他原因超限额用料需追加限额，应由用料部门向生产计划部门提出申请，经批准后追加限额。在用另一种材料代替限额领料单内所列材料时，应另填一次"领料单"，同时相应地减少限额结余。

3. 汇总凭证的填制

汇总凭证应由相关人员在汇总一定时期内反映同类经济业务的原始凭证后填制完成。该凭证只能将类型相同的经济业务进行汇总，不能汇总两类或两类以上的经济业务。

（三）外来原始凭证的填制要求

外来原始凭证应在企业同外单位发生经济业务时，由外单位的相关人员填制完成。外来原始凭证一般由税务局等部门统一印制，或经税务部门批准由经营单位印制，在填制时加盖出具凭证单位公章方为有效，对于一式多联的原始凭证必须用复写纸套写或打印机套打。

四、原始凭证的审核

为了如实反映经济业务的发生和完成情况，充分发挥会计的监督职能，保证会计信息的真实、合法、完整和准确，会计人员必须对原始凭证进行严格审核。审核的内容如图6-10所示。

图6-10 原始凭证的审核内容

1. 审核原始凭证的真实性

原始凭证的真实性对会计信息的质量具有至关重要的影响。其真实性的审核包括凭证日期是否真实、摘要是否真实、业务内容是否真实、数据是否真实等。

对外来原始凭证，必须有填制单位的公章和填制人员的签章；对自制原始凭证，必须有经办部门和经办人员的签章。此外，对通用原始凭证，还应审核凭证本身的真实性，以防假冒。

2. 审核原始凭证的合法性

审核原始凭证所反映的经济业务是否符合有关政策、法规、制度的规定，是否有贪污腐败等行为。

3. 审核原始凭证的合理性

审核原始凭证是否符合生产经营活动的需要，是否符合有关计划、预算和合同的规定。

4. 审核原始凭证的<u>完整性</u>

审核原始凭证的内容是否齐全，包括：有无漏记项目、日期是否完整、有关签章是否齐全等。

5. 审核原始凭证的<u>正确性</u>

审核原始凭证各项金额的计算及填写是否正确，如阿拉伯数字不得连写、大小写金额是否相符，有无刮擦、涂改和挖补现象等。

6. 审核原始凭证的<u>及时性</u>

审核时应注意审核凭证的填制日期，尤其是支票、银行汇票、银行本票等时效性较强的原始凭证，更应仔细验证其签发日期。

原始凭证的审核，是一项严肃而细致的工作，会计人员必须坚持制度，履行会计人员的职责。在审核过程中，对于完全符合要求的原始凭证，应及时据以编制记账凭证登记入账；对于真实、合法、合理但内容不够完整、填写有错误的原始凭证，应退回给有关经办人员，由其负责将有关凭证补充完整、更正错误或重开后，再办理正式会计手续；对于不真实、不合法的原始凭证，会计机构和会计人员有权不予接受，并向单位负责人报告。

本节小结 ▶ **原始凭证**

> **原始凭证的种类**
> - 按取得的来源：自制原始凭证和外来原始凭证。
> - 按格式：通用凭证和专用凭证。
> - 按填制的手续和内容：一次凭证、累计凭证和汇总凭证。

> **原始凭证的基本内容**
> - 凭证要素：（1）凭证名称；（2）填制凭证的日期；（3）填制凭证单位名称或者填制人姓名；（4）经办人员的签名或者盖章；（5）接受凭证单位名称；（6）经济业务内容；（7）数量、单价和金额。

> **原始凭证的填制要求**
> - 基本要求：记录真实；内容完整；手续完备；书写清楚、规范；连续编号；不得涂改、刮擦、挖补；填制及时。
> - 自制原始凭证的填制要求。
> - 外来原始凭证的填制要求。

> **原始凭证的审核**
> - 审核的内容：真实性、合法性、合理性、完整性、正确性、及时性。

第三节　记账凭证

一、记账凭证的种类

记账凭证可按不同的标准进行分类，如图 6-11 所示。

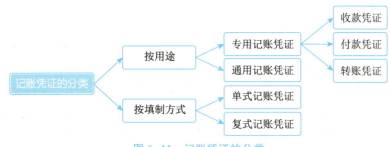

图 6-11　记账凭证的分类

(一)按凭证的用途分类

1. 专用记账凭证

专用记账凭证是指分类反映经济业务的记账凭证，按其反映的经济业务内容，可分为收款凭证、付款凭证和转账凭证。

小贴士

专用记账凭证适用于规模较大、收付业务较多的单位。

(1)收款凭证

收款凭证是用于记录库存现金和银行存款收款业务的记账凭证，分为库存现金收款凭证和银行存款收款凭证。收款凭证根据有关库存现金和银行存款收款业务的原始凭证填制，是登记现金日记账、银行存款日记账以及有关明细账和总账的依据，如图 6-12 所示。

图 6-12　收款凭证

（2）付款凭证

付款凭证是用于记录库存现金和银行存款付款业务的记账凭证，可分为库存现金付款凭证和银行存款付款凭证。付款凭证根据库存现金和银行存款付款业务的原始凭证填制，是登记现金日记账、银行存款日记账以及有关明细账和总账的依据，如图6-13所示。

图6-13　付款凭证

（3）转账凭证

转账凭证是用于记录不涉及库存现金和银行存款经济业务的记账凭证，如计提固定资产折旧、车间领用原材料、期末结转成本等业务都应编制转账凭证。转账凭证根据转账业务的原始凭证编制，是登记有关明细账和总账的依据，如图6-14所示。

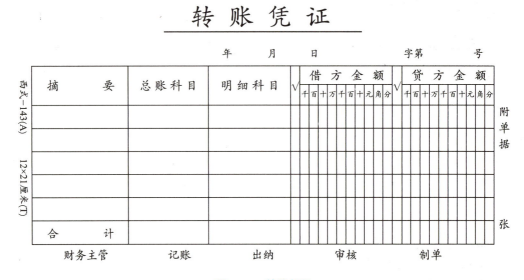

图6-14　转账凭证

2. 通用记账凭证

通用记账凭证是指用来反映所有经济业务的记账凭证,为各类经济业务所共同使用,其格式与转账凭证基本相同。

对于经济业务较简单、规模较小、收付业务较少的单位,可采用通用记账凭证来记录所有经济业务,这时记账凭证不再区分收款、付款及转账业务,而将所有的经济业务统一编号,在同一格式的凭证中进行记录。

将专用记账凭证划分为收款凭证、付款凭证和转账凭证三种,便于按经济业务对会计人员进行工作分工,也便于提供分类核算数据,为记账工作提供方便,但工作量较大。

(二)按凭证的填列方式分类

记账凭证按其填列方式不同,可分为单式记账凭证和复式记账凭证。

1. 单式记账凭证

单式记账凭证是指只填列经济业务所涉及的一个会计科目及其金额的记账凭证。只填列借方科目的称为借项记账凭证,只填列贷方科目的称为贷项记账凭证。单式记账凭证便于分工记账,但不能反映某项经济业务的全貌和所涉及的会计科目之间的对应关系。

2. 复式记账凭证

复式记账凭证是将每一笔经济业务所涉及的全部会计科目及其发生额在同一张记账凭证中反映的凭证。复式记账凭证能全面反映某项经济业务的全貌和所涉及的会计科目之间的对应关系,便于查账,同时可以减少填制记账凭证的工作量,减少记账凭证的数量。因此,在实际工作中大多数单位都使用复式记账凭证。

小贴士

专用记账凭证和通用记账凭证都属于复式记账凭证。

二、记账凭证的基本内容

记账凭证作为登记账簿的直接依据,因其所反映经济业务的内容不同、各单位规模大小及其对会计核算繁简程度的要求不同,其内容有所差异。为了满足记账的基本要求,记账凭证应具备的基本内容如图 6-15 所示。

图 6-15 记账凭证的内容

需要注意的是:

(1)记账凭证的填制日期与原始凭证的填制日期可能相同,也可能不同。

(2)经济业务摘要应能清晰地揭示经济业务的内容,同时应简明扼要;

(3)会计科目是经济业务事项所涉及的会计科目(包括总账科目、明细科目);

（4）**所附原始凭证**是编制记账凭证的根据，缺少它就无从审核记账凭证的正确性；

（5）**签名或盖章**一般包括填制凭证人员、稽核人员、记账人员、会计机构负责人、会计主管人员的签名或者盖章。收款和付款记账凭证还应当由出纳人员签名或者盖章。

（6）以自制的原始凭证或者原始凭证汇总表代替记账凭证的，也必须具备记账凭证应有的项目。

三、记账凭证的填制要求

记账凭证的填制

记账凭证应**根据审核无误的原始凭证或原始凭证汇总表填制**。记账凭证填制正确与否，直接影响整个会计系统最终提供信息的质量。与原始凭证的填制相同，记账凭证也有记录真实，内容完整，手续齐全，填制及时等要求。

（一）记账凭证填制的基本要求

填制记账凭证，是对原始凭证进行整理和分类，并按照复式记账的要求，运用会计科目，确定会计分录。填制记账凭证有助于保证记账工作的质量，也能简化记账工作，提高核算效率。填制记账凭证的基本要求如下：

1. 记账凭证各项内容必须完整。
2. 记账凭证的书写应清楚、规范。

小 贴 士

记账凭证的书写规范要求与原始凭证一致。

3. 除结账和更正错误的记账凭证可以不附原始凭证外，其他记账凭证都必须附有原始凭证。所附原始凭证张数的计算，一般以原始凭证的自然张数为准。与记账凭证中的经济业务事项记录有关的每一张证据都应当作为原始凭证。如果原始凭证需要另行保管，则应在附件栏目内加以注明。

4. 记账凭证可以根据每一张原始凭证填制，或根据若干张同类原始凭证汇总填制，也可以根据原始凭证汇总表填制。但不得将不同内容和类别的原始凭证汇总填制在一张记账凭证上，否则，会导致经济业务的具体内容不清楚，难以填写摘要，会计科目也因没有明确的对应关系而无法反映经济业务的来龙去脉，容易造成会计账簿记录错误。

5. 记账凭证应连续编号。应由主管该项业务的会计人员，按业务发生的顺序并按不同种类的记账凭证采用"字号编号法"连续编号。每一会计期间，都必须按月编制序号，不得采用按年或按季连续编号方法。如果采取收款凭证、付款凭证和转账凭证的形式，则记账凭证应该按照"字号编号法"，即把不同类型的记账凭证用"字"加以区别，再把同类的记账凭证按照顺序加以连续编号，如"收字第××号""付字第××号""转字第××号"等。

6. 填制记账凭证时若发生错误，应当重新填制。

7. 记账凭证填制完成后，如有空行，应当自金额栏最后一笔金额数字下的空行处至合计数上的空行处划线注销，以堵塞漏洞。

（二）收款凭证的填制要求

收款凭证左上角的"借方科目"应按收款的性质填写"库存现金"或"银行存款"；日期填

写的是填制该凭证的日期；右上角填写编制收款凭证的顺序号；"摘要"填写对所记录的经济业务的简要说明；"贷方科目"填写与"库存现金"或"银行存款"相对应的会计科目；"记账"是指该收款凭证已登记账簿的标记，防止经济业务重记或漏记；"金额"是指该项经济业务的发生额；凭证右边"附件×张"是指该收款凭证所附原始凭证的张数；最下边分别由有关人员签名或盖章，以明确经济责任。收款凭证的会计分录只能是**"一借多贷"**的复合分录或**"一借一贷"**的简单分录。出纳人员在办理收款业务后，要在原始凭证上加盖**"收讫"的戳记**，以避免重收。

【**例6-2**】甲公司2019年5月12日，收到丙公司支付的上月购买商品的货款45000元，存入银行。该业务应编制收款凭证(《实训证账簿》P7)，如图6-16所示。

图6-16　收款凭证

（三）付款凭证的填制要求

付款凭证是根据审核无误的有关库存现金和银行存款的付款业务的原始凭证填制的。付款凭证的填制方法与收款凭证基本相同，不同的是在付款凭证的左上角应填列贷方科目，即"库存现金"或"银行存款"科目，"借方科目"栏应填写与"库存现金"或"银行存款"相应的一级科目和明细科目。付款凭证的会计分录只能是**"多借一贷"**的复合分录或**"一借一贷"**的简单分录。出纳人员在办理付款业务后，应在原始凭证中加盖**"付讫"的戳记**，以避免重付。

小白进阶　对于涉及现金和银行存款之间的经济业务，为了避免重复记账，一般只编制付款凭证，不再填制收款凭证。

【**例6-3**】2019年5月14日，用库存现金400元购买办公用品。该业务应编制付款凭证(《实训证账簿》P8)，如图6-17所示。

图 6-17　付款凭证

【例 6-4】 2019 年 5 月 18 日，将当日多余的库存现金 35000 元存入银行。此时，应只编制一张库存现金的付款凭证(《实训证账簿》P9)，如图 6-18 所示。

图 6-18　付款凭证

(四)转账凭证的填制要求

转账凭证通常是根据有关转账业务的原始凭证填制的。转账凭证中"总账科目"和"明细科目"栏应填写应借、应贷的总账科目和明细科目，借方科目应记金额应在同一行的"借方金额"栏填列，贷方科目应记金额应在同一行的"贷方金额"栏填列，"借方金额"栏合计数与"贷方金额"栏合计数应相等。

【例 6-5】 2019 年 5 月 31 日，计提本月管理用固定资产的折旧金额 60000 元。该业务应编制转账凭证(《实训证账簿》P10)，如图 6-19 所示。

转 账 凭 证

2019 年　　5 月　　31 日　　　　　字第　　1 号

丙式—143(A)

12×21厘米(T)

摘　　要	总账科目	明细科目	√	借 方 金 额	贷 方 金 额	√
				千百十万千百十元角分	千百十万千百十元角分	
计提固定资产折旧	管理费用	折旧费	√	6 0 0 0 0 0		
	累计折旧				6 0 0 0 0 0	√
合　　　　计				￥6 0 0 0 0 0	￥6 0 0 0 0 0	

附单据 1 张

财务主管 ×××　　记账 ×××　　出纳 ×××　　审核 ×××　　制单 ×××

图 6-19　转账凭证

小白进阶　综合性业务举例

李强出差回来，报销差旅费 800 元，出差前预借 1000 元，剩余款项交回现金。对于这项经济业务应根据收款收据的记账联填制现金收款凭证（《实训证账簿》P11），同时根据差旅费报销凭单填制转账凭证（《实训证账簿》P12）。

对于某些既涉及收款业务或付款业务，又涉及转账业务的综合性业务，可分开填制不同类型的记账凭证。

四、记账凭证的审核

为了保证会计信息的质量，在记账之前应由有关稽核人员对记账凭证进行严格的审核。审核的主要内容如图 6-20 所示。

记账凭证的审核

图 6-20　记账凭证的审核内容

1. 内容是否真实

审核记账凭证是否有原始凭证为依据，所附原始凭证的内容是否与记账凭证内容一致。

2. 项目是否齐全

检查记账凭证中有关项目填列是否完备，有关人员的签章是否完备。

3. 科目是否正确

审核记账凭证的应借、应贷科目是否正确，是否有明确的账户对应关系，所使用的会计科目是否符合国家统一的会计制度的规定等。

4. 金额是否正确

审核记账凭证与原始凭证的有关金额、原始凭证汇总表的金额是否一致。

5. 书写是否规范

审核记账凭证的文字是否工整、数字是否清晰，是否按规定进行更正等。

6. 手续是否完备

记账凭证应根据审核无误的原始凭证登记，如果原始凭证手续不完备，应补办完整。对于出纳人员办理的收款、付款业务，要审核是否已在原始凭证上加盖"收讫"或"付讫"的戳记。

实行会计电算化的企业，对于机制记账凭证，要认真审核，做到会计科目使用正确，数字准确无误。打印出的机制记账凭证要加盖制单人员、审核人员、记账人员及会计机构负责人、会计主管人员印章或者签字，以加强审核，明确责任。

在审核过程中，如果发现差错，应查明原因，按规定办法及时处理和更正。只有经过审核无误的记账凭证，才能据以登记账簿。

五、记账凭证与原始凭证的区别（如图 6-21 所示）

填制人员不同
- 原始凭证应由经办人员填制。
- 记账凭证一律由本单位会计人员填制。

填制依据不同
- 原始凭证根据发生或完成的经济业务填制。
- 记账凭证则根据审核无误的原始凭证填制。

填制方式不同
- 原始凭证仅用以记录、证明经济业务已经发生或完成。
- 记账凭证则使用会计科目对已经发生或完成的经济业务进行归类、整理。

发挥作用不同
- 原始凭证是记账凭证的附件，是填制记账凭证的依据。
- 记账凭证是登记账簿的直接依据。

图 6-21　记账凭证与原始凭证的区别

本节小结 ▶ 记账凭证

记账凭证的种类
- 按用途：专用记账凭证和通用记账凭证。
- 按填列方式：单式记账凭证和复式记账凭证。

记账凭证的基本内容
- 填制凭证的日期、凭证编号、经济业务摘要、会计科目、金额、所附原始凭证的张数、填制凭证人员、稽核人员、记账人员、会计机构负责人、会计主管人员签名或者盖章。

记账凭证的填制要求

- **基本要求：** 内容完整；书写清楚规范；除结转和更正差错外，均须附原始凭证；不得将不同内容和类别的原始凭证汇总填制在一张记账凭证；应连续编号；出错时应重新填制；空行处应划线注销。
- 收款凭证的填制要求。
- 付款凭证的填制要求。
- 转账凭证的填制要求。

记账凭证的审核

- 内容是否真实；项目是否齐全；科目是否正确；金额是否正确；书写是否规范；手续是否完备。

记账凭证与原始凭证的区别

- 填制人员、依据、方式不同，发挥作用不同。

第四节　会计凭证的传递与保管

一、会计凭证的传递

会计凭证的传递是指从会计凭证的取得或填制时起至归档保管过程中，在单位内部有关部门和人员之间的传送程序。会计凭证的传递，应当满足内部控制制度的要求，使传递程序合理有效，同时尽量节约传递时间，减少传递的工作量。各单位应根据具体情况确定每一种会计凭证的传递程序和方法。

会计凭证的传递具体包括传递程序和传递时间。会计凭证的传递是否科学、严密、有效，对于加强企业内部管理、提高会计信息的质量具有重要影响。在制定会计凭证传递程序和方法时，应当注意考虑下面三个问题：

1. 制定科学合理的传递程序

企业要根据经济业务的特点，内部机构的设置和人员分工的情况，以及经营管理上的需要，恰当地规定各种会计凭证的联次和所流经的必要环节，做到既要使各有关部门和人员能利用凭证了解经济业务情况，按照规定手续进行处理，又要避免凭证传递通过不必要的环节，影响传递速度。

2. 确定合理的停留处理时间

企业应根据有关部门和人员对经济业务办理必要手续（如计量、检验、审核、登记等）的需要，确定凭证在各个环节停留的时间，保证业务手续的完成。但又要防止不必要的耽搁，从而使会计凭证以最快的速度传递，以充分发挥它及时传递经济信息的作用。

3. 建立凭证交接的签收制度

为了确保会计凭证的安全和完整，企业在各个环节中都应指定专人办理交接手续，做到责任明确，手续完备、严密、简便易行。

小白进阶 会计凭证传递举例：

收料单的传递中应规定：材料到达企业后验收入库的时间规定；填制收料单的人员；收料单一式几联，各联次的用途；传递到会计部门的时间；会计部门负责收料单审核工作的人员；编制记账凭证、登记账簿、整理归档的相关人员等。

二、会计凭证的保管

会计凭证的装订

会计凭证的保管是指会计凭证记账后的整理、装订、归档和存查工作。会计凭证作为记账的依据，是重要的会计档案和经济资料。任何单位在完成经济业务手续和记账后，必须将会计凭证按规定的立卷归档制度形成会计档案资料，妥善保管，以便日后随时查阅。

对会计凭证的保管既要做到安全和完整无缺，又要便于凭证的事后翻阅和查找。其主要要求如下：

1. 会计凭证应定期装订成册，防止散失。会计部门依据会计凭证记账以后，应定期(每天、每旬或每月)对各种会计凭证进行分类整理，将各种记账凭证按照编号顺序，连同记账凭证所附的原始凭证一起加具封面和封底，装订成册，并在装订线上加贴封签，由装订人员在装订线封签处签名或盖章。

从外单位取得的原始凭证遗失时，应取得原签发单位盖有公章的证明，并注明原始凭证的号码、金额、内容等，由经办单位会计机构负责人(会计主管人员)和单位负责人批准后，才能代作原始凭证。

小贴士

确实无法取得证明的，如火车票丢失，则应由当事人写明详细情况，由经办单位会计机构负责人(会计主管人员)和单位负责人批准后，代作原始凭证。

2. 会计凭证封面应注明单位名称、凭证种类、凭证张数、起止号数、年度、月份、会计主管人员、装订人员等有关事项，会计主管人员和保管人员应在封面上签章。会计凭证封面如图6-22所示。

3. 会计凭证应加贴封条，防止被抽换。原始凭证不得外借，其他单位如有特殊原因确实需要使用时，经本单位会计机构负责人(会计主管人员)批准，可以复制。向外单位提供的原始凭证复制件，应在专设的登记簿上登记，并由提供人员和收取人员共同签名、盖章。查阅或者复印会计档案的人员，严禁在会计档案上涂画、拆封和抽换。各单位应当建立健全会计档案查阅、复印登记制度。

小贴士

出纳人员不得兼管会计档案。

4. 原始凭证较多时，可单独装订，但应在凭证封面注明所属记账凭证的日期、编号和种类，同时在所属的记账凭证上应注明"附件另订"及原始凭证的名称和编号，以便查阅。

记账凭单（证）封面

日　　期	年　　　月			
册　　数	本月共　　　　　册　本册是第　　　　　册			
张　　数	本册自第　　　　号至第　　　　号　共　　　张			
附　　记				

会计主管：　　　　　　　　　　装订人：

图6-22　记账凭证封面

小贴士

对各种重要的原始凭证，如押金收据、提货单等，以及各种需要随时查阅和退回的单据，应另编目录，单独保管，并在有关的记账凭证和原始凭证上分别注明日期和编号。

5. 每年装订成册的会计凭证，在年度终了时可暂由单位会计机构保管一年，期满后应当移交至本单位档案机构统一保管；未设立档案机构的，应当在会计机构内部指定专人保管。

6. 严格遵守会计凭证的保管期限要求，期满前不得任意销毁。

本节小结　会计凭证的传递与保管

会计凭证的传递

- 制定科学合理的传递程序；
- 确定合理的停留处理时间；
- 建立凭证交接的签收制度。

会计凭证的保管

- 应定期装订成册，防止散失。
- 应注明单位名称、凭证种类、凭证张数、起止号数、年度、月份、会计主管人员、装订人员等，会计主管人员和保管人员应在封面上签章。
- 应加贴封条，防止被抽换。
- 原始凭证较多时，可单独装订。
- 可暂由单位会计机构保管一年，期满后应当移交至本单位档案机构统一保管。
- 会计凭证的保管期满前不得任意销毁。

左侧竖排：丙式—40—1　12.2×22.5厘米（通）

第七章

玄机重重的"小本本"
——会计账簿

本章导读

　　会计账簿是连接财务报表与会计凭证的桥梁，承上启下。学习本章内容时重点掌握会计账簿的登记要求，总分类账与明细分类账平行登记的要点，日记账、总分类账及有关明细分类账的登记方法，对账与结账的方法及错账查找与更正的方法。

　　本章的内容和结构如下：

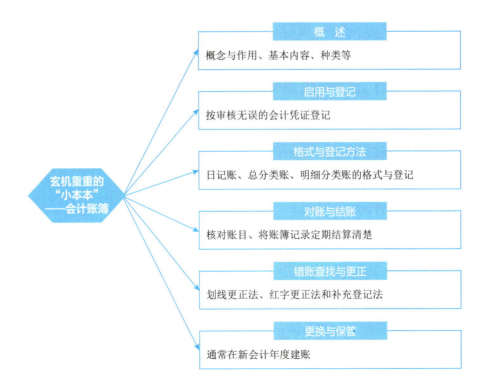

玄机重重的
"小本本"
——会计账簿

概　述
概念与作用、基本内容、种类等

启用与登记
按审核无误的会计凭证登记

格式与登记方法
日记账、总分类账、明细分类账的格式与登记

对账与结账
核对账目、将账簿记录定期结算清楚

错账查找与更正
划线更正法、红字更正法和补充登记法

更换与保管
通常在新会计年度建账

第一节　会计账簿概述

一、会计账簿的概念与作用

填制与审核会计凭证可以将每天发生的经济业务如实、正确地记录，明确经济责任，但会计凭证数量繁多、信息分散，缺乏系统性，不便于会计信息的整理与报告。为了全面、系统、连续地记录和监督单位的经济活动及财务收支情况，应设置会计账簿。会计账簿是指由一定格式的账页组成的，以经过审核的会计凭证为依据，全面、系统、连续地记录各项经济业务的簿籍。各单位应当按照国家统一的会计制度的规定和会计业务的需要设置会计账簿。

小贴士

会计账簿从外表形式上看，是具有一定格式的账页连接而成的簿籍；从记录内容上看，是对各项经济业务进行分类和序时记录的簿籍。

设置和登记账簿，既是填制和审核会计凭证的延伸，也是编制财务报表的基础，是连接会计凭证和财务报表的中间环节。在会计核算中具有重要的意义。

账簿的设置和登记在会计核算中的作用如图7-1所示。

1. **记载和储存**会计信息

将会计凭证所记录的经济业务事项一一记入有关账簿，可以全面反映会计主体在一定时期内所发生的各项资金运动，储存所需要的各项会计信息。

2. **分类和汇总**会计信息

账簿由不同的相互关联的账户构成。通过账簿记录，一方面可以分门别类地反映各项会计信息，提供一定时期内经济业务的详细情况；另一方面可以通过发生额、余额的计算，提供各方面所需要的总括会计信息，反映财务状况、经营成果和现金流量状况。

图7-1　账簿的作用

3. **检查和校正**会计信息

账簿记录是对会计凭证进一步整理，是会计分析、会计检查的重要依据。账簿中记录的财产物资的账面数与通过实地盘点所得的实存数进行核对，可以检查财产物资是否妥善保管、账实是否相符。

4. **编报和输出**会计信息

为了反映一定日期的财务状况及一定时期的经营成果，应定期进行结账工作，进行有关账簿之间的核对，计算出本期发生额和余额，据以编制会计报表，向有关各方提供所需要的会计信息。

二、会计账簿的基本内容

在实际工作中，由于各种会计账簿所记录的经济业务不同，账簿的格式也多种多样，但各种账簿都应具备以下基本内容。

(一)封面

主要标明账簿的名称，如总分类账、库存现金日记账、银行存款日记账、各种明细分类账等。

(二)扉页

扉页上**主要载明账簿启用登记和经管人员一览表及账户目录**。账簿启用登记和经管人员一览表应填列的主要内容包括单位名称、账簿名称、起止页数、启用日期、单位领导人、会计主管人员、记账人员、移交人员和移交日期、接管人员和接管日期等。账户目录注明各个账户所在页次。现金日记账使用登记表如表 7-1 所示，账户目录如表 7-2 所示。

表 7-1 现金日记账使用登记表

现金日记账使用登记表

设计单位：北京市财政局

使用者名称				印　　鉴	
账 簿 编 号					
账 簿 页 数	本账簿共计使用		页		
启 用 日 期		年　　月　　日			
截 止 日 期		年　　月　　日			
责任者盖章	出　　纳	审　　核	主　　管	部门领导	

交　接　记　录					
姓　　名	交　接　日　期		交接盖章	监交人员	
				职务	姓名
	经管	年　　月　　日			
	交出	年　　月　　日			
	经管	年　　月　　日			
	交出	年　　月　　日			
	经管	年　　月　　日			
	交出	年　　月　　日			
	经管	年　　月　　日			
	交出	年　　月　　日			
印花税票					

表7-2 账户目录

科目名称	页号	科目名称	页号	科目名称	页号	科目名称	页号

（三）账页

账页是用来记录经济业务事项的载体，其格式因反映经济业务内容的不同而有所不同。账页包括账户名称（总账科目、明细科目）、日期栏、记账凭证的种类和号数栏、摘要栏（记录经济业务内容的简要说明）、金额栏（记录经济业务的增减变动和余额）、总页次和分户页次栏等基本内容。

小贴士

会计账簿与账户的关系：账簿只是一个外在形式，账户才是它的实质内容。

三、会计账簿与账户的关系

账簿与账户的关系是形式和内容的关系。账簿是由若干账页组成的一个整体，账簿中的每一账页就是账户的具体存在形式和载体，没有账簿，账户就无法存在；账簿序时、分类地记录经济业务，是在各个具体的账户中完成的。

四、会计账簿的种类

会计账簿的种类很多，不同类别的会计账簿可以提供不同的信息，满足不同的需要。账簿可以按其用途、账页格式和外形特征等不同标准进行分类。

（一）按用途分类

会计账簿可按用途的不同进行分类，如图7-2所示。

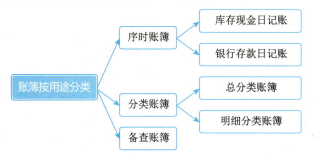

图7-2 会计账簿按用途的不同分类

1. 序时账簿

序时账簿又称日记账，是按照经济业务发生时间的先后顺序逐日、逐笔进行登记的账簿。日记账的特点是序时登记和逐笔登记。序时账簿通常有两种，一种是用来登记全部经济业务发生情况的账簿，称为普通日记账；另一种是用来登记某一特定种类的经济业务发生情况的账簿，称为特种日记账。在实际工作中，因经济业务的复杂性，一般很少采用普通日记账，应用较为广泛的是特种日记账。在我国，大多数单位一般只设库存现金日记账(《实训证账簿》P13-P14)和银行存款日记账(《实训证账簿》P15-P16)，而不设置转账日记账和普通日记账。

小贴士

设置序时账簿的作用：能够及时、系统、全面地反映所发生的经济业务事项以及资金的增减变动和结余情况，保护财产物资和资金的安全完整，以及便于对账、查账。

2. 分类账簿

分类账簿是按照分类账户设置登记的账簿。账簿按照其反映经济业务的详略程度分为总分类账簿和明细分类账簿两种。总分类账簿，又称总账，是根据总分类账户开设的，能够全面地反映企业的经济活动；明细分类账簿，又称明细账，是根据明细分类账户开设的，用来提供明细的核算资料。总账对所属的明细账起统驭作用，明细账对总账进行补充和说明。

小贴士

分类账簿可以分别反映和监督各项资产、负债、所有者权益、收入、费用和利润的增减变动情况及其结果，分类账簿是会计账簿的主体，它提供的核算信息是编制财务报表的主要依据。

3. 备查账簿

备查账簿，又称辅助登记簿或补充登记簿，是指对某些在序时账簿和分类账簿中未能记载或记载不全的经济业务进行补充登记的账簿。它的记录与会计报表的编制没有直接关系，是一种表外账簿，是对其他账簿记录的一种补充，与其他账簿之间不存在严密的依存和勾稽关系。备查账簿根据企业的实际需要设置，没有固定的格式要求。

小贴士

租入固定资产登记簿、应收票据贴现备查簿、受托加工来料备查簿等均属于备查账簿。

(二)按账页格式分类

会计账簿可按账页格式的不同进行分类，如图7-3所示。

图7-3 会计账簿按账页格式分类

1. 两栏式账簿

两栏式账簿是指只有借方和贷方两个金额栏目的账簿。普通日记账和转账日记账一般采用两栏式。

2. 三栏式账簿

三栏式账簿是指设有借方、贷方和余额三个金额栏目的账簿。各种日记账、总分类账以及

资本、债权、债务明细账都可采用三栏式账簿。不设对方科目的三栏式账簿格式如表 7-3 所示。

表 7-3 三栏式账簿

总分类账

					本账页数	
					本户页数	

_____ 科目

年		凭证		摘要	对方科目	页数	借方金额										贷方金额										借或贷	金额									
月	日	字	号				亿	千	百	十	万	千	百	十	元	角	分	亿	千	百	十	万	千	百	十	元	角	分		亿	千	百	十	万	千	百	十	元	角	分

小贴士

三栏式账簿分为设对方科目和不设对方科目两种，区别在于摘要栏和借方栏之间是否有一栏"对方科目"。

3. 多栏式账簿

多栏式账簿是指在账簿的两个金额栏目(借方和贷方)按需要分设若干专栏的账簿。该账簿专栏设置在借方还是贷方或是两方同时设置专栏，以及专栏的数量等，均应根据需要确定。**收入、成本、费用明细账一般采用这种格式的账簿，**例如主营业务收入、管理费用、应交税费、生产成本、制造费用明细账等。多栏式账簿格式如表 7-4 所示。

表 7-4 多栏式账簿

本账页数	
本户页数	

科目名称 _____

年		凭证		摘要	借 方											贷 方											借或贷	余 额											借（ ）方金额分析										
月	日	字	号		亿	千	百	十	万	千	百	十	元	角	分	亿	千	百	十	万	千	百	十	元	角	分		亿	千	百	十	万	千	百	十	元	角	分	亿	千	百	十	万	千	百	十	元	角

4. 数量金额式账簿

数量金额式账簿的借方、贷方和余额三个栏目内，都分设数量、单价和金额三小栏，借以反映财产物资的实物数量和价值量。如原材料、库存商品、产成品等明细账一般都采用数量金额式账簿。数量金额式账簿格式如表 7-5 所示。

表 7-5　数量金额式账簿

最高存量 _____

最低存量 _____

编号 _____

规格 _____

本账页数	
本户页数	

单位　（台）　名称 _____

年		凭证		摘要	账页	收入											付出											结存										
月	日	字	号			数量	单价	金额										数量	单价	金额										数量	单价	金额								
								千	百	十	万	千	百	十	元	角	分			千	百	十	万	千	百	十	元	角	分			千	百	十	万	千	百	十	元	角	分

5. 横线登记式账簿

横线登记式账簿，又称平行式账簿，是指将前后密切相关的经济业务登记在同一行上，以便检查每笔业务的发生和完成情况的账簿。这种账簿适用于登记材料采购、在途物资、应收票据和一次性备用金业务。横线登记式账簿格式如表 7-6 所示。

表 7-6　横线登记式账簿

材 料 采 购

户名： _____

户名	借				方								贷				方								转销
	年		凭证号数	摘要	金额								年		凭证号数	摘要	金额								
	月	日			十万	千	百	十	元	角	分		月	日			十万	千	百	十	元	角	分		

（三）按外形特征分类

会计账簿可按外形特征进行分类，如图 7-4 所示。

1. 订本式账簿

订本式账簿，简称订本账，是在启用前将编有顺序页码的一定数量账页装订成册的账簿。订本账启用之前就已将账页装订在一起，并对账页进行了连续编号。订本账能避免账页散失和防止抽换账页，但是不能准确为各账户预留账页，预留太多造成浪费，预留太少影响连续登记。订本账同一本账簿在同一时间只能由一个人登记，这样不便于记账人员分工记账。订本账适用于比较重要的、具有统驭性的账簿。总分类账、库存现金日记账、银行存款日记账可采用这种账簿。

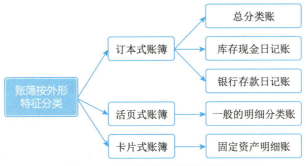

图7-4 会计账簿按外形特征分类

2. 活页式账簿

活页式账簿，简称活页账，是将一定数量的账页置于活页夹内，可根据记账内容的变化而随时增加或减少部分账页的账簿。活页账在账簿登记完毕之前并不固定装订在一起，而是装在活页账夹中。平时在使用过程中把账页存放在活页账夹内，可以随时取放，待年终才装订成册。单位可以根据实际需要增添账页或抽去不需用的账页，不浪费账页，使用灵活，便于同时分工记账。如果管理不善，可能会造成账页散失或被抽换。各种明细分类账一般采用活页账形式。

小白进阶 活页账的空白账页使用时必须连续编号，置于账夹中或临时装订成册，并由有关人员在账页上盖章，以防舞弊。

3. 卡片式账簿

卡片式账簿，简称卡片账，是将一定数量的卡片式账页存放于专设的卡片箱中，可以根据需要随时增添账页的账簿。卡片账将账户所需格式印刷在硬卡上。使用时，应在卡片上连续编号，加盖有关人员印章，置放于卡片箱内，以保证其安全并可以随时取出和放入。在我国，一般只对固定资产明细账采用卡片账形式。因为固定资产在长期使用过程中实物形态不变，经常转移使用部门，设置卡片账便于随同实物转移。少数企业在材料核算中也使用卡片账。

本节小结 ▶ **会计账簿概述**

> **会计账簿的概念与作用**
> - 会计账簿是指由一定格式的账页组成的，以经过审核的会计凭证为依据，全面、系统、连续地记录各项经济业务的簿籍。
> - 作用：记载和储存、分类和汇总、检查和校正、编报和输出会计信息。

> **会计账簿的基本内容**
> - 包括封面、扉页、账页。

> **会计账簿与账户的关系**
> - 是形式和内容的关系。

> **会计账簿的种类**
>
> - 按用途分：序时账簿、分类账簿和备查账簿；
> - 按账页格式分：两栏式账簿、三栏式账簿、多栏式账簿、数量金额式账簿和横线登记式账簿；
> - 按外形特征分：订本式账簿、活页式账簿和卡片式账簿。

第二节　会计账簿的启用与登记要求

一、会计账簿的启用

启用会计账簿时，应当在账簿封面上写明单位名称和账簿名称，并在账簿扉页上附启用表。启用订本式账簿应当从第一页到最后一页顺序编定页数，不得跳页、缺号。使用活页式账簿应当按账户顺序编号，并须定期装订成册，装订后再按实际使用的账页顺序编定页码，另加目录以便于记明每个账户的名称和页次。

二、会计账簿的登记要求

为了保证账簿记录的正确性，必须根据审核无误的会计凭证登记会计账簿，并符合有关法律、行政法规和国家统一的会计准则制度的规定，会计账簿登记要求主要有：

1. 准确完整

登记会计账簿时，应当将会计凭证日期、编号、业务内容摘要、金额和其他有关资料逐项记入账内，做到数字准确、摘要清楚、登记及时、字迹工整。每一项会计事项，一方面要记入有关的总账，另一方面要记入该总账所属的明细账。账簿记录中的日期，应该填写记账凭证上的日期。

小贴士

账簿记录中的日期以自制原始凭证(如发料单、领料单等)作为记账依据的，账簿记录中的日期应按有关自制原始凭证上的日期填列。

2. 注明记账符号

账簿登记完毕后，要在记账凭证上签名或者盖章，并在"记账"栏内画"√"，注明已经登账的符号，表示已经记账完毕，避免重记、漏记。

3. 书写留空

账簿中书写的文字和数字上面要留有适当的空格，不要写满格，一般应占格距的1/2。

4. 正常记账使用蓝黑墨水

为了保持账簿记录的持久性，防止涂改，登记账簿必须使用蓝黑墨水或碳素墨水书写，不得使用圆珠笔(银行的复写账簿除外)或者铅笔书写。

5. 特殊记账使用红墨水

在下列情况下，可以用红色墨水记账：

(1)按照红字冲账的记账凭证，冲销错误记录；

(2)在不设借贷等栏的多栏式账页中，登记减少数；

（3）在三栏式账户的余额栏前，如未印明余额方向的，在余额栏内登记负数余额；

（4）根据国家统一的会计制度的规定可以用红字登记的其他会计记录。

小白进阶 由于会计中的红字表示负数，因而除这4种情况外，不得用红色墨水登记账簿。

6. 顺序连续登记

在登记账簿时，应按页次顺序连续登记，不得隔页、跳行。如发生隔页、跳行现象，应在空页、空行处用红色墨水划对角线注销，或者注明"此页空白""此行空白"字样，并由记账人员签名或盖章。

7. 结出余额

凡需要结出余额的账户，结出余额后，应当在"借或贷"栏内注明"借"或"贷"字样，以示余额的方向；对于没有余额的账户，应在"借或贷"栏内写"平"字，并在"余额"栏用"θ"表示。库存现金日记账和银行存款日记账必须逐日结出余额。

8. 过次承前

每一账页登记完毕结转下页时，应当结出本页发生额合计数及余额，写在本页最后一行和下页第一行相关栏内，并在摘要栏内注明"过次页"和"承前页"字样；也可以将本页合计数及金额只写在下页第一行相关栏内，并在摘要栏内注明"承前页"字样，以保持账簿记录的连续性，便于对账和结账。

小白进阶 对需要结计本月发生额的账户，结计"过次页"的本页合计数应当为自本月初起至本页末止的发生额合计数；对需要结计本年累计发生额的账户，结计"过次页"的本页合计数应当为自年初起至本页末止的累计数；对既不需要结计本月发生额也不需要结计本年累计发生额的账户，可以只将每页末的余额结转次页。

9. 不得涂改、刮擦、挖补

如果发生账簿记录错误，不得刮擦、挖补或用褪色药水更改字迹，而应采用规定的方法更正。

本节小结 ▶ 会计账簿的启用与登记要求

> **会计账簿的启用**
> - 订本式账簿：从第一页到最后一页顺序编定页数；
> - 活页式账簿：先按账户顺序编号，定期装订成册时再按实际使用的账页顺序编定页码。

> **会计账簿的登记要求**
> - 准确完整；注明记账符号；书写留空；正常记账使用蓝黑墨水；特殊记账使用红墨水；顺序连续登记；结出余额；过次承前；不得涂改、刮擦、挖补。

第三节　会计账簿的格式与登记方法

一、日记账的格式与登记方法

日记账是按照经济业务发生或完成时间的先后顺序逐日逐笔进行登记的账簿。日记账的分类如图 7-5 所示。

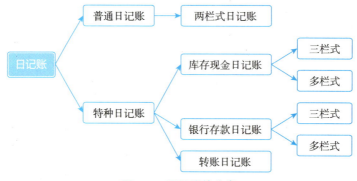

图 7-5　日记账的分类

日记账的目的是为了使经济业务的时间顺序清晰地反映在账簿记录中。日记账按其所核算和监督经济业务的范围，可分为普通日记账和特种日记账。

普通日记账是两栏式日记账，序时、逐笔登记各项经济业务，它核算和监督全部经济业务的发生和完成情况。

特种日记账是核算和监督某一特定种类的经济业务的发生和完成情况的账簿。常见的特种日记账有库存现金日记账、银行存款日记账和转账日记账。在我国，大多数企业一般只设库存现金日记账和银行存款日记账。

（一）库存现金日记账的格式与登记方法

库存现金日记账是用来核算和监督库存现金日常收、付和结存情况的序时账簿。库存现金日记账的格式主要有三栏式和多栏式两种，库存现金日记账必须使用订本账。

现金日记账的登记

1. 三栏式库存现金日记账

三栏式库存现金日记账是用来登记库存现金的增减变动及其结果的日记账。设借方、贷方和余额三个金额栏目，一般将其分别称为收入、支出和结余三个基本栏目。

三栏式库存现金日记账是由出纳人员根据库存现金收款凭证、库存现金付款凭证及银行存款的付款凭证，按照库存现金收、付款业务和银行存款付款业务发生时间的先后顺序逐日逐笔登记。

2. 多栏式库存现金日记账

多栏式库存现金日记账是在三栏式库存现金日记账基础上发展起来的。这种日记账的借方（收入）和贷方（支出）金额栏都按对方科目设专栏，也就是按收入的来源和支出的用途设专栏。

这种格式在月末结账时,可以结出各收入来源专栏和支出用途专栏的合计数,便于对现金收支的合理性、合法性进行审核分析,便于检查财务收支计划的执行情况,其全月发生额还可以作为登记总账的依据。

在实际工作中,设置多栏式库存现金日记账,一般常把收入业务和支出业务分设"库存现金收入日记账"和"库存现金支出日记账"两本账。

3. 库存现金日记账的登记方法

库存现金日记账由出纳人员根据同库存现金收付有关的记账凭证,按时间顺序逐日逐笔进行登记,并根据"上日余额+本日收入-本日支出=本日余额"的公式,逐日结出库存现金余额,与库存现金实存数核对,以检查每日库存现金收付是否有误。

库存现金日记账的具体登记方法如图7-6所示。

日期栏	凭证栏	摘要栏	对方科目栏	收入、支出栏
• 登记记账凭证的日期 • 应与库存现金实际收付日期一致	• 登记入账的收付款凭证的种类和编号	• 登记入账的经济业务的内容 • 文字需简练,但要能说明问题	• 登记库存现金收入的来源科目或支出的用途科目	• 登记库存现金实际收付的金额 • 日清月结

图7-6 库存现金日记账的具体登记方法

小贴士

因为库存现金的收付要做到"日清",当天的业务要当天填写记账凭证,登记账簿,所以日期栏中填写的既是记账凭证的日期,也是现金实际收付日期。

"日清"是指每日终了,应分别计算库存现金收入和付出的合计数,结出余额,同时将余额与出纳员的库存现金实有数额进行核对。如账款不符应查明原因,并记录备案。

"月结"是指月终同样要计算库存现金收入和付出的合计数,结出余额。

注意,借、贷方分设的多栏式库存现金日记账应先根据有关库存现金收入业务的记账凭证登记库存现金收入日记账,根据有关库存现金支出业务的记账凭证登记库存现金支出日记账,每日营业终了,再将库存现金支出日记账结计的支出合计数转入库存现金收入日记账的"支出合计"栏中,并结出当日余额。

(二)银行存款日记账的格式与登记方法

银行存款日记账是用来核算和监督银行存款每日的收入、支出和结余情况的账簿。银行存款日记账应按根据企业在银行开立的账户和币种分别设置,每个银行账户设置一本日记账。

银行存款日记账的登记

银行存款日记账的格式和登记方法与库存现金日记账相同,可以采用三栏式,也可以采用多栏式。银行存款日记账应由出纳人员根据审核无误的涉及银行存款收、付的记账凭证按经济业务发生时间的先后顺序,逐日逐笔进行登记。根据银行存款收款凭证和有关的库存现金付款凭证登记银行存款收入栏,根据银行存款付款凭证登记支出栏,每日结出存款余额。多栏式可以将收入和支出的核算在一本账上进行,也可以分设"银行存款收入日记账"和"银行存款支出日记账"两本账,其格式和登记方法与"库存现金收入日记账"和"库存现金支出日记账"基本相同。

小贴士

银行存款日记账不管采用三栏式还是多栏式，应在适当位置增加一栏"结算凭证"，以便记账时标明每笔业务的结算凭证及编号，便于与银行核对账目。

【例7-1】北京盛达有限责任公司2019年5月31日库存现金日记账的余额为8200元，银行存款日记账的余额为168000元。公司6月份发生涉及库存现金和银行存款的业务如下：

(1)3日，从银行借入半年期借款50000元，存入银行。（记01号）

(2)5日，以银行存款偿还甲公司材料款113000元。（记05号）

(3)6日，职工张伟预借差旅费1000元，以现金付讫。（记10号）

(4)6日，以现金支付水电费500元。（记11号）

(5)8日，收取3月18日赊销产品款33900元。（记14号）

(6)11日，用银行存款支付广告费8000元。（记16号）

(7)16日，行政管理部门职工刘明轩报销市内交通费200元，以现金付讫。（记18号）

(8)22日，以银行存款支付上月职工工资80000元。（记22号）

(9)25日，以现金500元支付违约金。（记28号）

(10)27日，接银行收款通知，收到投资单位投资款60000元，根据投资协议，不存在溢价。（记30号）

(11)30日，用银行存款上缴税金4000元。（记38号）

1. 填制记账凭证（《实训证账簿》P17-P27）环节（略），此处直接列示会计分录

(1)借：银行存款 50000

　　贷：短期借款 50000

(2)借：应付账款 113000

　　贷：银行存款 113000

(3)借：其他应收款 1000

　　贷：库存现金 1000

(4)借：管理费用 500

　　贷：库存现金 500

(5)借：银行存款 33900

　　贷：应收账款 33900

(6)借：销售费用 8000

　　贷：银行存款 8000

(7)借：管理费用 200

　　贷：库存现金 200

(8)借：应付职工薪酬 80000

　　贷：银行存款 80000

(9)借：营业外支出 500

```
        贷：库存现金                                      500
（10）借：银行存款                              60000
          贷：实收资本                                   60000
（11）借：应交税费                              4000
          贷：银行存款                                    4000
```

2. 登记会计账簿

（1）登记的现金日记账（《实训证账簿》P28-P29）如表7-7所示。

表7-7 现金日记账

现 金 日 记 账

2019年 月	日	凭证编号	摘要	对应科目	借方	√	贷方	√	余额
			承前页						8200 00
6	6	10	张伟预借差旅费				1000 00		7200 00
6	6	11	支付水电费				500 00		6700 00
6	16	18	刘明轩报销交通费				200 00		6500 00
6	25	28	支付违约金				500 00		6000 00
6	30		本月合计				2200 00		6000 00

（2）登记的银行存款日记账（《实训证账簿》P30-P31）如表7-8所示。

表7-8 银行存款日记账

银 行 存 款 日 记 账

2019年 月	日	凭证编号	结算方式 类	号码	摘要	借方	√	贷方	√	余额
					承前页					168000 00
6	3	1			借入半年期借款	50000 00				218000 00
6	5	5			偿还材料款			113000 00		105000 00
6	8	14			收到货款	33900 00				138900 00
6	11	18			支付广告费			8000 00		130900 00
6	22	22			发放工资			80000 00		50900 00
6	27	30			收到投资款	60000 00				110900 00
6	30	38			支付税金			40000 00		106900 00
6	30				本月合计	143900 00		205000 00		106900 00

二、总分类账的格式与登记方法

(一)总分类账的格式

总分类账是按照总分类账户分类登记以提供总括会计信息的账簿。应用总分类账，可以全面、系统、综合地反映企业所有的经济活动情况和财务收支情况，可以为编制会计报表提供所需要的资料。因此，每一企业都应设置总分类账。总分类账必须采用订本式账簿。总分类账的账页格式有三栏式和多栏式两种。大多数总分类账一般采用借方、贷方、余额三栏式的订本账。

小贴士

多栏式总分类账是把所有的总账账户合设在一张账页上，这种格式的总分类账，兼有序时账和分类账的作用，实际上是序时账与分类账相结合的联合账簿。

(二)总分类账的登记方法

总分类账的登记方法因登记的依据不同而有所不同。经济业务少的小型单位的总分类账可以根据记账凭证逐笔登记；经济业务多的大中型单位的总分类账可以根据记账凭证汇总表(又称科目汇总表)或汇总记账凭证等定期登记。总分类账(《实训证账簿》P32-P33)根据科目汇总表登记如表7-9所示。

表7-9 按科目汇总表登记的总分类账

总分类账

科目名称 固定资产

2019年		凭证		摘要	对方科目	页数	借方金额										贷方金额										借或贷	余额									
月	日	字	号				亿	千	百	十	万	千	百	十	元	角	分	亿	千	百	十	万	千	百	十	元	角	分		亿	千	百	十	万	千	百	十	元	角	分
1	31			1-31汇总						3	7	3	5	0	0	0	0												借				3	7	3	5	0	0	0	0
2	29			1-29汇总						1	8	3	6	0	0	0	0												借				3	9	1	8	6	0	0	0
3	31			1-31汇总							4	0	0	0	0	0	0												借				4	3	1	8	6	0	0	0

三、明细分类账的格式与登记方法

明细分类账是根据有关明细分类账户设置并登记的账簿。它能提供交易或事项比较详细、具体的核算资料，以弥补总账所提供核算资料的不足。因此，各企业单位在设置总账的同时，还应设置必要的明细账。明细分类账一般采用活页式账簿、卡片式账簿。明细分类账一般根据记账凭证和相应的原始凭证来登记。

(一)明细分类账的格式

根据各种明细分类账所记录经济业务的特点，明细分类账的常用格式主要有四种，如图7-7所示。

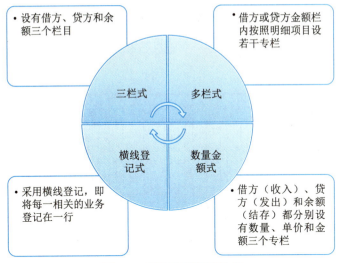

图 7-7　明细分类账的格式

1. 三栏式

三栏式明细分类账是设有借方、贷方和余额三个栏目，用以分类核算各项经济业务，提供详细核算资料的账簿，其格式与三栏式总账格式相同，适用于只进行金额核算的资本、债权、债务明细账。三栏式应收账款明细分类账(《实训证账簿》P34)的格式如表 7-10 所示。

表 7-10　三栏式应收账款明细分类账

明细分类账

| | 本账页数 | |
| 本户页数 | |

乙公司　　　　科目 应收账款

2019年		凭证		摘要	对方科目	页数	借方金额										贷方金额										借或贷	余额									
月	日	字	号				亿	千	百	十	万	千	百	十	元	角	分	亿	千	百	十	万	千	百	十	元	角	分		亿	千	百	十	万	千	百	十	元	角	分
				承前页																									借			5	0	0	0	0	0	0	0
11	6	记	17	收到货款																		4	0	0	0	0	0	0	借			1	0	0	0	0	0	0	0

2. 多栏式

多栏式明细分类账将属于同一个总账科目的各个明细科目合并在一张账页上进行登记，即在这种格式账页的借方或贷方金额栏内按照明细项目设若干专栏。这种格式适用于收入、成本、费用类账户的明细核算，例如"生产成本""管理费用""营业外收入"等账户的明细分类核算。多栏式主营业务收入明细分类账(《实训证账簿》P35)格式如表 7-11 所示。

表7-11 多栏式主营业务收入明细分类账

明细分类账

本账页数	
本户页数	

科目名称 主营业务收入

2019年		凭证		摘要	借 方	贷 方	借或贷	余 额	借（ ）方金额分析		
月	日	字	号						甲产品	乙产品	丙产品
11	3	记	7	销售甲产品		8000000	贷	8000000	8000000		
11	5	记	12	销售乙产品		8400000	贷	16400000		8400000	
11	6	记	15	销售丙产品		1200000	贷	17600000			1200000

3. 数量金额式

数量金额式明细账适用于既要进行金额核算又要进行数量核算的账户。数量金额式明细账提供了企业有关财产物资数量和金额收、发、存的详细资料，从而能加强财产物资的实物管理和使用监督，保证这些财产物资的安全完整。

如原材料、库存商品等存货账户，其借方（收入）、贷方（发出）和余额（结存）都分别设有数量、单价和金额三个专栏。数量金额式库存商品明细分类账（《实训证账簿》P36）的格式如表7-12所示。

表7-12 数量金额式库存商品明细分类账

库存商品

最高存量 _____
最低存量 _____
编　号 _____
规　格 _____

本账页数	
本户页数	

单位 （台） 名称 甲产品

2019年		凭证		摘要	账页	收入			付出			结存		
月	日	字	号			数量	单价	金额	数量	单价	金额	数量	单价	金额
				承前页								400	120.00	4800000
11	3	记	7	结转销售成本					200	120.00	2400000	200	120.00	2400000
11	8	记	25	委托代销					100	120.00	1200000	100	120.00	1200000
11	11	记	28	购买甲产品		70	110.00	770000				170		1970000

4. 横线登记式

横线登记式账页采用横线登记，即将每一相关的业务登记在一行，从而可依据每一行各个栏目的登记是否齐全来判断该项业务的进展情况。这种格式适用于登记材料采购、在途物资、应收票据和一次性备用金业务。

(二)明细分类账的登记方法

不同类型经济业务的明细分类账，可根据管理需要，依据记账凭证、原始凭证或汇总原始凭证逐日逐笔或定期汇总登记。固定资产、债权、债务等明细账应逐日逐笔登记；库存商品、原材料、产成品收发明细账以及收入、费用明细账可以逐笔登记，也可定期汇总登记。

明细分类账的登记通常有三种方法，如图7-8所示。

图7-8　明细分类账的登记方法

对于只设有借方的多栏式明细分类账，平时在借方登记"制造费用""管理费用""主营业务成本"等账户的发生额，贷方登记月末将借方发生额一次转出的数额，所以平时如果发生贷方发生额，应该用红字在多栏式账页的借方栏中登记表示冲减；对于只设有贷方的多栏式明细分类账，平时在贷方登记"主营业务收入""营业外收入"等账户的发生额，借方登记月末将贷方发生额一次转出的数额，所以平时如果发生借方发生额，应该用红字在多栏式账页的贷方栏中登记表示冲减。明细分类账一般应于会计期末结算出当期发生额及期末余额。

四、总分类账户与明细分类账户的平行登记

(一)总分类账户与明细分类账户的关系

总分类账户是所属明细分类账户的统驭账户，对所属明细分类账户起着控制作用；明细分类账户则是总分类账户的从属账户，对其所隶属的总分类账户起着辅助作用。总分类账户及其所属明细分类账户的核算对象相同，它们所提供的核算资料互相补充，只有把二者结合起来，才能既总括又详细地反映同一核算内容。因此，总分类账户和明细分类账户必须平行登记。

小贴士

总分类账簿只进行金额核算，提供价值指标，不提供实物指标；有些明细账簿既提供价值指标又提供实物指标。

(二)总分类账户与明细分类账户平行登记的要点

平行登记是指对所发生的每一项经济业务都要以会计凭证为依据，一方面记入有关总分类账户，另一方面也要记入所属明细分类账户的方法。总分类账户与其所属明细分类账户的平行登记，便于科目的核对和检查，纠正错误和遗漏。

总分类账户与明细分类账户平行登记的要点如图7-9所示。

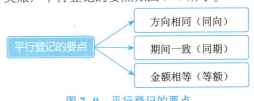

图7-9　平行登记的要点

1. 方向相同

将经济业务记入总分类账户和明细分类账户时，记账方向必须相同。即总分类账户记入借方，明细分类账户也记入借方；总分类账户记入贷方，明细分类账户也记入贷方。

2. 期间一致

对每项经济业务在记入总分类账户和所属的明细分类账户过程中，可以有先有后，但必须在同一会计期间全部登记入账。

3. 金额相等

记入总分类账户的金额必须等于记入所属明细分类账户的金额之和。

小贴士

总分类账户本期发生额与其所属明细分类账户本期发生额合计相等；总分类账户期初余额与其所属明细分类账户期初余额合计相等；总分类账户期末余额与其所属明细分类账户期末余额合计相等。

【例7-2】 某单位向A单位销售商品8000元，向B单位销售商品5000元，款项尚未收到（假设不考虑增值税）。有关总分类账和明细分类账的平行登记，如图7-10所示。

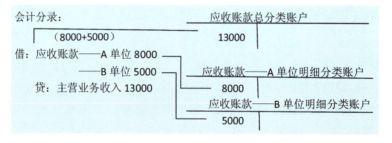

图7-10　总分类账与明细分类账的平行登记

本节小结 ▶ 会计账簿的格式与登记方法

> **日记账的格式与登记方法**
>
> - 库存现金日记账：格式主要有三栏式和多栏式两种，必须使用订本账；按时间顺序逐日逐笔进行登记；
> - 银行存款日记账：每个银行账户设置一本日记账；可以采用三栏式或多栏式；按时间顺序逐日逐笔进行登记。

> **总分类账的格式与登记方法**
>
> - 总分类账必须采用订本式账簿，账页格式有三栏式和多栏式两种。
> - 根据记账凭证逐笔登记，或根据记账凭证汇总表（又称科目汇总表）或汇总记账凭证等定期登记。

明细分类账的格式与登记方法

- 一般采用活页式账簿、卡片式账簿，一般根据记账凭证和相应的原始凭证来登记。
- 登记方法：一是根据原始凭证直接登记明细分类账；二是根据汇总原始凭证登记明细分类账；三是根据记账凭证登记明细分类账。

总分类账户与明细分类账户的平行登记

- 总分类账户和明细分类账户必须平行登记。
- 平行登记的要点：方向相同；期间一致；金额相等。

第四节　对账与结账

一、对账

（一）对账的概念

对账就是核对账目，是对账簿记录的正确与否所进行的核对工作。对账工作是为了保证账证相符、账账相符和账实相符的一项检查性工作，其目的在于使期末用于编制财务报表的数据真实、可靠。

（二）对账的内容

对账工作一般在月末进行，即在记账之后、结账之前进行。对账是把会计账簿记录的有关数字与库存实物、货币资金、有价证券等的相关资料和情况进行核对，包括与往来单位或者个人进行的相关核对。对账的内容如图 7-11 所示。

图 7-11　对账的内容

1. 账证核对

账证核对是指核对会计账簿记录与原始凭证、记账凭证的时间、凭证字号、内容、金额是否一致，记账方向是否相符。账簿是根据经过审核之后的会计凭证登记的，但实际工作中仍然可能发生账证不符的情况。因此，记完账后，要将账簿记录与会计凭证进行核对，做到账证相符。

会计期末，如果发现账账不符，也可以再将账簿记录与有关会计凭证进行核对，以保证账证相符。

2. 账账核对

账账核对是指核对不同会计账簿之间的账簿记录是否相符。各个会计账簿是一个有机整体，既有分工，又有衔接，总的目的是为了全面、系统、综合地反映企事业单位的经济活动与财务收支情况。各种账簿之间的这种衔接依存关系就是常说的勾稽关系。由于这种关系的存在，就可以通过账簿之间的相互核对发现记账工作是否有误。一旦发现错误，应立即更正，做到账账相符。账账核对的内容主要包括：

（1）总分类账簿之间的核对

根据"资产＝负债＋所有者权益"这一会计等式和"有借必有贷、借贷必相等"的记账规则可知，总分类账簿各账户的期初余额、本期发生额和期末余额之间存在对应的平衡关系，各总分类账户本期借方发生额合计数与贷方发生额合计数相等，总分类账户借方余额合计和贷方余额合计数相等。

（2）总分类账簿与所属明细分类账簿之间的核对

总分类账户余额与其所属有关明细账各账户余额合计数相等；总分类账户本期借（贷）方发生额与其有关明细账账户借（贷）方发生额合计数相等。

小贴士

总分类账簿之间的核对工作通过"试算平衡表"进行。

总分类账簿与所属明细分类账簿之间的核对方法是通过编制"总分类账户与明细分类账户本期发生额及余额对照表"进行。

（3）总分类账簿与序时账簿之间的核对

应检查库存现金总账和银行存款总账的期末余额与库存现金日记账和银行存款日记账的期末余额是否相符。

（4）明细分类账簿之间的核对

指的是会计部门的各种财产物资明细账与财产物资保管和使用部门的有关财产物资明细账进行核对。如会计部门有关库存商品的明细账与保管部门库存商品的明细账要定期核对，以检查其余额是否相符。

小贴士

明细分类账簿之间的核对，一般由财产物资保管部门或使用部门定期编制"收发结存汇总表"报会计部门进行核对。

3. 账实核对

账实核对是指各项财产物资、债权债务等账面余额与实有数额之间的核对。企业需要通过定期的财产清查来弥补漏洞，保证会计信息真实可靠，提高企业管理水平。账实核对的内容主要有：

（1）库存现金日记账账面余额与库存现金实际库存数逐日核对是否相符。库存现金日记账账面余额应于每日终了与库存现金实际库存数相核对，不准以借条抵充现金或挪用现金，要做到日清月结。

（2）银行存款日记账账面余额与银行对账单余额定期核对是否相符。

（3）各项财产物资明细账账面余额与财产物资的实有数额定期核对是否相符。材料、产成品、固定资产等财产物资明细分类账的账面余额，应与实有数额相核对。

（4）有关债权债务明细账账面余额与对方单位的账面记录核对是否相符。各项应收款、应付款等结算款项，应定期寄送对账单同有关单位进行核对。

小贴士

有关债权债务明细账账面余额与对方单位的账面记录的核对，虽然是账簿与账簿之间的核对，但是属于账实核对，而非账账核对。

二、结账

(一)结账的概念

结账是将账簿记录定期结算清楚的账务工作，企业在一定时期结束时(如月末、季末或年末)，为了编制财务报表需要进行结账，**具体包括月结、季结和年结**。结账的内容通常包括两个方面：**一是结清各种损益类账户，并据以计算确定本期利润；二是结出各资产、负债和所有者权益账户本期发生额合计和期末余额**。

结账(月结) 结账(季结、年结、结转下年)

小贴士

既不能提前结账，也不能将本期发生的经济业务延迟到下期登账。

(二)结账的程序

1. 结账前，将本期发生的经济业务全部登记入账，并保证其正确性。对于**发现的错误，应采用适当的方法进行更正**。

2. **在将本期经济业务全面入账的基础上，根据权责发生制的要求，调整有关账项，合理确定应计入本期的收入和费用**。

小贴士

有关账项的调整主要包括应计收入和应计费用的调整；收入分摊和成本分摊的调整。

有些经济业务是前期发生的。根据权益发生制的要求，影响本期的收入和费用，所以应该调整有关账项，如本期应计的债券利息收入、本期应分摊的前期已收款的房屋租金收入及固定资产折旧费用的分摊等，都应编制相关的记账凭证，登记入账。

3. **将各损益类账户余额全部转入"本年利润"账户，结平所有损益类账户**。

单位在一定会计期间内实现的各项收入和发生的各项支出、费用以及直接计入当期损益的利得和损失，是通过损益类账户记录的，期末应将损益类账户记录的各项收入和费用、利得和损失，分别转入"本年利润"账户，及时计算当期的经营成果。

4. **结出资产、负债和所有者权益账户的本期发生额和余额，并转入下期**。

上述工作完成后，就可以根据总分类账和明细分类账的本期发生额和期末余额，分别进行试算平衡。

(三)结账的方法

1. 对**不需按月结计本期发生额的账户**(《实训证账簿》P37)，如各项应收、应付款明细账和各项财产物资明细账等，**每次记账以后，都要随时结出余额**，每月最后一笔余额为月末余额，即月末余额就是本月最后一笔经济业务记录的同一行内余额。月末结账时，只需要在最后一笔经济业务记录之下通栏划单红线，不需要再次结计余额，如表 7-13 所示。

表 7-13　应付账款等账户的结账方法

明细分类账

本账页数	
本户页数	

A公司　　　　科目 应付账款

2019年		凭证		摘要	对方科目	页数	借方金额	贷方金额	借或贷	余额
月	日	字	号				亿千百十万千百十元角分	亿千百十万千百十元角分		亿千百十万千百十元角分
				承前页					贷	4 0 0 0 0 0
3	12	记	37	偿还应付账款			3 0 0 0 0 0		贷	1 0 0 0 0 0
	25	记	50	购买材料，货款未付				1 2 0 0 0 0 0	贷	1 3 0 0 0 0 0
4	2	记	12	支付上月购货款			1 0 0 0 0 0 0		贷	3 0 0 0 0 0

2. 库存现金、银行存款日记账《实训证账簿》P38-P39和需要按月结计发生额的收入、费用等明细账，每月结账时，要在最后一笔经济业务记录下面通栏划单红线，结出本月发生额和余额，在摘要栏内注明"本月合计"字样，并在下面通栏划单红线，如表 7-14 所示。

表 7-14　现金日记账等的结账方法

现金日记账

2019年		凭证		摘要	对方科目	√	借方金额	√	贷方金额	余额
月	日	字	号				亿千百十万千百十元角分		亿千百十万千百十元角分	亿千百十万千百十元角分
7	1	记	3	购买办公用品					3 5 2 0 0	1 4 1 8 0 0
7	2	记	6	罚款收入			4 0 0 0 0			1 8 1 8 0 0
7	6	记	15	购买办公用品					8 5 0 0 0	9 6 8 0 0
7	7	记	16	提现			3 0 0 0 0 0			3 9 6 8 0 0
7	24	记	34	报销油费					2 1 5 0 0 0	1 8 1 8 0 0
7	24	记	36	现金盘盈			4 2 0 0 0			2 2 3 8 0 0
7	25	记	39	提现			2 5 0 0 0 0			4 7 3 8 0 0
7	28	记	41	餐费支出					2 1 8 0 0 0	2 5 5 8 0 0
7	31	记	44	支付物业费					2 0 0 0 0	2 3 5 8 0 0
				本月合计			6 3 2 0 0 0		5 7 3 2 0 0	2 3 5 8 0 0

3. 对于需要结计本年累计发生额的明细账户《实训证账簿》P40，每月结账时，应在"本月合计"行下结出自年初起至本月末止的累计发生额，登记在月份发生额下面，在摘要栏内注明"本年累计"字样，并在下面通栏划单红线。12 月末的"本年累计"就是全年累计发生额，全年累计发生额下通栏划双红线，如表 7-15 所示。

表7-15 库存商品明细账的结账方法

最高存量 _____

最低存量 _____

编号 _____

规格 _____

库存商品

单位 (台)　名称 艾美特电饭煲

本账页数	
本户页数	

2019年		凭证		摘要	账页	收入													付出														结存													
月	日	字	号			数量	单价	金额 千	百	十	万	千	百	十	元	角	分	数量	单价	金额 千	百	十	万	千	百	十	元	角	分	数量	单价	金额 千	百	十	万	千	百	十	元	角	分
				承前页		1660			2	0	1	6	0	0	0	0		1428			1	7	3	6	0	0	0	0		400	120.00			4	8	0	0	0	0
11	3	记	7	结转艾美特电饭煲成本														200	120.00			2	4	0	0	0	0		200	120.00			2	4	0	0	0	0
11	8	记	25	委托代销														100	120.00			1	2	0	0	0	0		100	120.00			1	2	0	0	0	0
11	11	记	28	购买艾美特电饭煲		70	110.00				7	7	0	0	0	0													170				1	9	7	0	0	0
				本月合计		70	110.00				7	7	0	0	0	0		300				3	6	0	0	0	0		170				1	9	7	0	0	0
				本年累计		1730			2	0	9	3	0	0	0	0		1728			2	0	9	6	0	0	0	0		170				1	9	7	0	0	0
12	1	记	2	购买商品		1200	110.00			1	3	2	0	0	0	0													1370			1	5	1	7	0	0	0
12	4	记	13	结转艾美特电饭煲成本														670				7	4	7	0	0	0	0		700	100.00			7	7	0	0	0	0
12	14	记	24	结转艾美特电饭煲成本														400	100.00			4	4	0	0	0	0		700				3	3	0	0	0	0
12	21	记	27	采购商品		1000	100.00			1	0	0	0	0	0	0													1300			1	3	3	0	0	0	0
12	28	记	42	结转艾美特电饭煲成本														600				6	3	0	0	0	0		700	100.00			7	0	0	0	0	0
				本月合计		2200			2	3	2	0	0	0	0	0		1670			1	8	1	7	0	0	0	0		700	100.00			7	0	0	0	0	0
				本年累计		3930			4	4	1	3	0	0	0	0		3398			4	4	1	3	0	0	0	0		700	100.00			7	0	0	0	0	0
				结转下年																																			

4. **总账账户** (《实训证账簿》P41)平时只需结出月末余额。年终结账时，为了总括地反映全年各项资金运动情况的全貌，核对账目，要将所有总账账户结出全年发生额和年末余额，在摘要栏内注明"本年合计"字样，并在合计数下通栏划双红线，如表7-16所示。

表7-16 库存商品总账的结账方法

库存商品

本账页数	
本户页数	

_____ 科目 _____

2019年		凭证		摘要	对方科目	页数	借方金额											贷方金额											借或贷	余额										
月	日	字	号				亿	千	百	十	万	千	百	十	元	角	分	亿	千	百	十	万	千	百	十	元	角	分		亿	千	百	十	万	千	百	十	元	角	分
				承前页				3	2	7	1	0	0	0	0				2	8	9	3	0	0	0	0		借			8	0	4	0	0	0	0	
11	30			1-30汇总					2	6	8	4	0	0	0					7	0	8	3	5	2	0		借				3	6	4	1	8	8	8
12	31			1-31汇总					3	9	2	0	0	0	0					2	8	7	6	1	8	8	0	借			1	4	0	8	0	0	0	0
				本年合计				7	4	5	9	5	0	0	0				6	4	7	7	5	4	0	0		借			1	4	0	8	0	0	0	0
				结转下年																																			

5. 年度终了结账时，有余额的账户，要将其余额结转下年，并在摘要栏注明"结转下年"字样；在下一会计年度新建有关会计账户的第一行余额栏内填写上年结转的余额，并在摘要栏注明"上年结转"字样。即将有余额的账户的余额直接记入新账余额栏内，不需要编制记账凭证，也不需要将账户的余额结平。

本节小结 ▶ 对账与结账

对　账

- 概念：对账簿记录的正确与否所进行的核对工作。
- 内容：账证相符、账账相符和账实相符。

结　账

- 概念：将账簿记录定期结算清楚的账务工作。
- 程序：①结账前，将经济业务登记入账，更正发现的错误；②调整有关账项，合理确定应计入本期的收入和费用；③结平所有损益类账户；④结出资产、负债和所有者权益账户的本期发生额和余额，并转入下期。
- 方法：①对不需按月结计本期发生额的账户，随时结出余额；②库存现金、银行存款日记账和需要按月结计发生额的收入、费用等明细账，每月结账时，要在最后一笔经济业务记录下面通栏划单红线，结出本月发生额和余额；③需要结计本年累计发生额的明细账户，每月结账时，应在"本月合计"行下结出自年初起至本月末止的累计发生额；④总账账户平时只需结出月末余额。

第五节　错账查找与更正的方法

一、错账查找方法

在日常的会计核算中，可能发生各种各样的差错，产生错账，如重记、漏记、数字颠倒、数字错位、数字记错、科目记错、借贷方向记反等，为保证会计信息的准确性，应及时找出差错，并予以更正。

错账查找的方法很多，如图7-12所示。

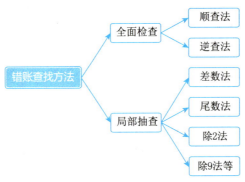

图7-12　错账查找方法

1. 全面检查是对一定时期内的账目逐笔核对的方法。按照查找的顺序与记账程序的方向是否相同，又可分为顺查法和逆查法。

（1）顺查法是指按照记账的顺序，从原始凭证到记账凭证，再到账簿顺次查找的方法。顺查法按照记账的先后顺序查找，有利于全面检查账簿记录的正确性，但查找的工作量大，适用于错账较多，难以确定查找方向与重点范围的情况。

（2）逆查法是指与记账顺序相反，从错账的位置开始，逆向查找错误原因的方法。这种方法能减少查找的工作量，实际工作中使用较多。

2. 局部抽查是针对错误的数字抽查账目的方法。局部抽查包括差数法、尾数法、除2法、除9法等具体方法。

（1）差数法

差数法是指按照错账的差数查找错账的方法。这种方法主要用以查明是否有重记或漏记。在记账过程中只登记了会计分录的借方或贷方，漏记了另一方，从而使得试算平衡中借方合计与贷方合计不等。对于这样的差错，可由会计人员通过回忆和相关金额的记账核对来查找。

小白进阶　如果某一账户借方金额遗漏，会使该金额在贷方超出；贷方金额遗漏，会使该金额在借方超出。

（2）尾数法

尾数法是指对于发生的差错只查找末位数，以提高查错效率的方法。检查时只查找"角""分"部分，可提高查错的效率。

小白进阶　尾数法举例

试算平衡时，如发现借方合计比贷方多0.77元，可查找是否有尾数是0.77元的业务有误的情况。

（3）除2法

除2法是指以差数除以2来查找错账的方法。当某个借方金额错记入贷方（或相反）时，出现错账的差数表现为错误的2倍，将此差数用2去除，得出的商即是反向的金额。如非此类错误，则应另寻差错的原因。

小白进阶　除2法举例

企业应记入"原材料——A材料"账户借方的3000元误记入贷方，则该明细账户的期末余额将小于其总分类账户期末余额6000元，差异数6000元除以2的商3000元即为记反方向的数字。

（4）除9法

除9法是指以差数除以9来查找错账的方法，适用于以下三种情况：

①将数字写小。

如将300元误记为30元。查找的方法是：以差数除以9后得出的商即为写错的数字，商乘以10即为正确的数字。本例差数270（300−30）除以9，商为30元，这30元为错数，扩大10倍后即可得出正确的数字300元。

②将数字写大。

如将40写成400，错误数字大于正确数字9倍。查找方法是：以差数除以9后得出的商即为正确的数字，商乘以10即为错误的数字。本例差数360元（400−40）除以9，商为40元，这40元为正确的数字，扩大10倍后即可得出错误的数字400元。

③邻数颠倒。

在记账时，如果将相邻的两位数或者是三位数的数字记颠倒，如将 95 记为 59 或将 123 记为 321。无论是两位数字颠倒还是三位数字颠倒，其不平衡的差额都能被 9 除尽。

采用上述方法进行检查后，如果查出是账簿登记错误，应按规定的更正方法进行更正。如差错确实不属于账簿登记、计算等问题，应及时向有关负责人汇报，同时认真回忆发生的经济业务，仔细检查办理的每一张记账凭证，分析差额出现的原因，直至查出所有差错。

二、错账更正方法

如果账簿记录发生错误，必须按照规定的方法予以更正，不准涂改、挖补、刮擦或用药水消除字迹，不准重新抄写。错账更正方法如图 7-13 所示。

图 7-13　错账更正方法

（一）划线更正法

划线更正法

划线更正法又称红线更正法。在结账前发现账簿记录有文字或数字错误，而记账凭证没有错误，可以采用划线更正法。更正时，可在错误的文字或数字上划一条红线，在红线的上方填写正确的文字或数字，并由记账及相关人员在更正处盖章。错误的数字，应全部划红线更正，不得只更正其中的错误数字。对于文字错误，可只划去错误的部分。

【例 7-3】盛达公司 2018 年 12 月登记的原材料总分类账中，将 50000.00 元误记为 500000.00 元，从而导致将余额 1013250.00 元误记为 563250.00 元，经查记账凭证无误。

更正方法（《实训证账簿》P42-P43）如表 7-17 所示。

表 7-17　划线更正法

总分类账

科目名称　原材料

2018年月	日	凭证编号	摘要	借方 亿	千	百	十	万	千	百	十	元	角	分	贷方 亿	千	百	十	万	千	百	十	元	角	分	借或贷	余额 亿	千	百	十	万	千	百	十	元	角	分
12	20		承前页	2	0	8	9	6	7	0	0	0	0	0	2	6	6	7	8	0	0	0	0	0	0	借				9	7	6	7	5	0	0	0
12	21		结转采购成本					8	6	5	0	0	0	0												借			1	0	6	3	2	5	0	0	0
12	25	25	A产品领用材料																5	0	0	0	0	0	0	借			1	0	1	3	2	5	0	0	0
																			5	0	0	0	0	0	0	借				5	6	9	3	2	5	0	0

（二）红字更正法

红字更正法是指用红字冲销原有错误的账户记录或凭证记录，以更正或调整账簿记录的一

种方法。通常有如下两种情况:

1. 记账后在当年内发现记账凭证中的应借、应贷会计科目有错误,所引起的记账错误,可以采用红字更正法。更正时应用红字填写一张与原记账凭证完全相同的记账凭证,在摘要栏注明"冲销某月某日第×号记账凭证",并据以用红字登记入账,以示冲销原记账凭证,然后用蓝字填写一张正确的记账凭证,在摘要栏内写明"补记某月某日账",并据以记账。

【例7-4】2019年3月18日,盛达公司以银行存款5000元购买一台设备,购入当月投入使用,假定不考虑增值税因素。在填制记账凭证时,误做借记"原材料"科目,并已据以登记入账(原凭证号为34号)。(发现错账的时间为2019年4月20日,更正凭证(《实训证账簿》P44-P45)号为第42号)

(1)更正时,先用红字填制一张与原错误记账凭证内容完全相同的记账凭证,以冲销原错误记录,如表7-18所示。

表7-18 科目有误时的红字更正法

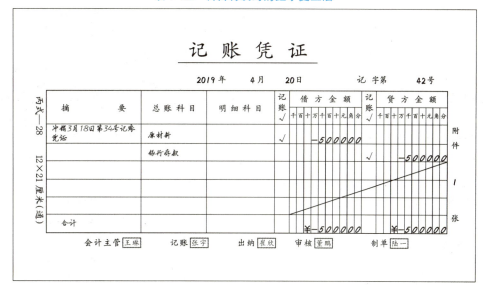

小贴士

凭证中负数代表红字,实际工作中用红色墨水笔书写。

(2)再用蓝字填制一张正确的记账凭证。会计分录如下:

借:固定资产 5000

    贷:银行存款 5000

2. 记账后在当年内发现记账凭证和账簿记录中应借、应贷会计科目无误,只是所记金额大于应记金额所引起记账错误,可以采用红字更正法。更正时应按多记的金额用红字编制一张与原记账凭证应借、应贷科目完全相同的记账凭证,在摘要栏内写明"冲销某月某日第×号记账凭证多记金额"以冲销多记的金额,并据以记账。

【例7-5】2018年6月20日,盛达公司偿还甲公司货款,金额为58500元。填制记账凭证时，误将金额记为 68500 元 (原凭证号为 47 号)。(发现错账的时间为 2018 年 9 月 30 日，更正凭证(《实训证账簿》P46)号为第 61 号)

发现错误后，应将多记的金额用红字编制一张与原记账凭证应借、应贷科目完全相同的记账凭证，如表 7-19 所示。

表 7-19　金额有误时的红字更正法

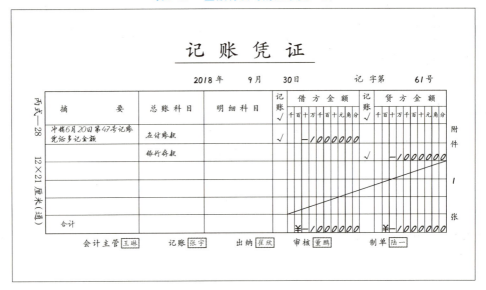

小贴士

凭证中负数代表红字，实际工作中用红色墨水笔书写。

(三)补充登记法

补充登记法是在记账后发现记账凭证和账簿记录中应借、应贷会计科目无误，只是所记金额小于应记金额时采用的一种更正方法。更正时应按少记的金额用蓝字编制一张与原记账凭证应借、应贷科目完全相同的记账凭证，在摘要栏内写明"补记某月某日第×号记账凭证少记金额"以补充少记的金额，并据以记账。

【例7-6】2018 年 7 月 5 日，盛达公司收到乙公司上月购货款 150000 元，已存入银行。在填制记账凭证时，误将其金额写为 140000 元，并已登记入账 (原凭证号为 13 号)。(发现错账的时间为 2018 年 10 月 16 日，更正凭证(《实训证账簿》P47)号为第 27 号)

发现错误后，应将少记的金额用蓝字编制一张与原记账凭证应借、应贷科目完全相同的记账凭证，如表 7-20 所示。

表 7-20 补充登记法

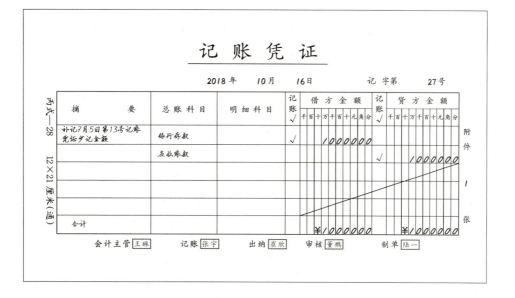

本节小结 ▶ 错账查找与更正的方法

> **错账查找方法**
>
> · 全面检查：顺查法和逆查法。
> · 局部检查：差数法、尾数法、除2法、除9法等。

> **错账更正方法**
>
> · 划线更正法：在结账前发现账簿记录有文字或数字错误，而记账凭证没有错误；
> · 红字更正法：记账后在当年内发现记账凭证中的应借、应贷会计科目有错误所引起的记账错误；记账后在当年内发现记账凭证和账簿记录中应借、应贷会计科目无误，只是所记金额大于应记金额所引起记账错误。
> · 补充登记法：在记账后发现记账凭证和账簿记录中应借、应贷会计科目无误，只是所记金额小于应记金额

第六节 会计账簿的更换与保管

一、会计账簿的更换

企业应在每一会计年度结束、新的会计年度开始时，按会计制度规定更换账簿、建立新账，以保持会计账簿资料的连续性。

总账、日记账和多数明细账应每年更换一次。在新年度开始时，将旧账簿中各账户的余额直接记入新账簿中有关账户新账页的第一行余额栏内。同时，在摘要栏内，加盖"上年结转"

戳记，将旧账页最后一行数字下的空格，划一条斜红线注销，在新旧账户之间转记余额，不需填制凭证。

部分明细账，如固定资产明细账等，因年度内变动不多，新年度可不必更换账簿。但摘要栏内，要加盖"结转下年"戳记，以划分新旧年度之间的金额。备查账簿可以连续使用。

二、会计账簿的保管

各种账簿与会计凭证、会计报表一样，必须按照国家统一的会计制度的规定妥善保管。年度终了，各种账户在结转下年、建立新账后，一般都要把旧账送交总账会计集中统一管理。会计账簿暂由本单位财务会计部门保管一年，期满之后，由财务会计部门编造清册移交单位档案管理机构保管。

各种账簿应当按年度分类归档，编造目录，妥善保管。既保证在需要时迅速查阅，又保证各种账簿的安全和完整。保管期满后，还要按照规定的审批程序经批准后才能销毁。

小贴士

总账、日记账、明细账和备查账簿的保管期限均为30年。特别的，固定资产卡片的保管期限为固定资产报废清理后5年。

本节小结 ▶ **会计账簿的更换与保管**

> **会计账簿的更换**
> - 总账、日记账和多数明细账应每年更换一次。
> - 固定资产明细账等新年度可不必更换账簿。
> - 备查账簿可以连续使用。

> **会计账簿的保管**
> - 会计账簿暂由本单位财务会计部门保管一年，期满之后，由财务会计部门编造清册移交单位档案管理机构保管。

第八章

会计工作流程"全解析"
——账务处理程序

本章导读

本章分别介绍了记账凭证账务处理程序、汇总记账凭证账务处理程序和科目汇总表账务处理程序。本章的学习重点是在理解账务处理程序的基础上，掌握各种账务处理程序的主要特点和适用范围，能够根据不同单位的特点选择适当的账务处理程序以及掌握各种账务处理程序的具体处理方法。

本章的内容和结构如下：

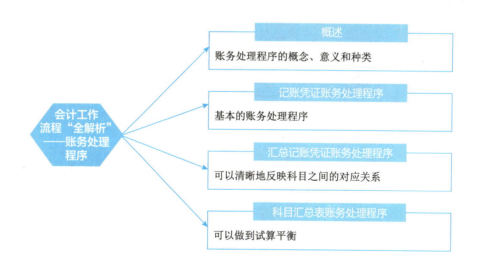

第一节　账务处理程序概述

一、账务处理程序的概念与意义

账务处理程序，又称会计核算组织程序或会计核算形式，是指会计凭证、会计账簿、财务报表相结合的方式，包括账簿组织和记账程序。账簿组织是指会计凭证和会计账簿的种类、格式，会计凭证与账簿之间的联系方法；记账程序是指由填制、审核原始凭证到填制、审核记账凭证，登记日记账、明细分类账和总分类账，编制财务报表的工作程序和方法等。

账务处理程序是企业会计制度设计的一项重要内容。科学、合理地选择适合本单位的账务处理程序的意义主要有:

(1)有利于规范会计工作,保证会计信息加工过程的严密性,提高会计信息质量;

(2)有利于保证会计记录的完整性和正确性,增强会计信息的可靠性;

(3)有利于减少不必要的会计核算环节,提高会计工作效率,保证会计信息的及时性。

科学、合理的账务处理程序应符合下列基本要求:

(1)要结合本单位实际情况,适应本单位生产经营活动的特点和规模,满足本单位组织会计核算的要求。

(2)要有利于全面、及时、正确地反映本单位经济活动情况,提供高质量的会计核算信息,满足投资者和债权人等外部和单位内部会计信息使用者的需求。

(3)要有利于简化会计核算手续,提高会计工作效率,节约会计核算的人力、物力和财力。

二、账务处理程序的种类

决定账务处理程序的因素有多种,比如经济活动和财务收支的实际情况、经营管理的需要、会计核算手续等。这些因素是不断变化的,因此,核算程序和方法也相应地发生变化,由此形成了不同的账务处理程序。

在会计实践中,不同的账簿组织、记账程序和记账方法及其不同的结合方式,形成了不同种类的账务处理程序。企业常用的账务处理程序如图8-1所示。

图8-1 常用的账务处理程序

小贴士

记账凭证账务处理程序是基本的账务处理程序,其他账务处理程序都是在此基础上演变和发展形成的。它们之间的主要区别为登记总分类账的依据和方法不同。

(一)记账凭证账务处理程序

记账凭证账务处理程序是指对发生的经济业务,先根据原始凭证或汇总原始凭证填制记账凭证,再直接根据记账凭证登记总分类账的一种账务处理程序。如图8-2所示。

图8-2 记账凭证账务处理程序

(二)汇总记账凭证账务处理程序

汇总记账凭证账务处理程序是指先根据原始凭证或汇总原始凭证编制记账凭证,定期根据记账凭证分类编制汇总收款凭证、汇总付款凭证和汇总转账凭证,再根据汇总记账凭证登记总分类账的一种账务处理程序。如图8-3所示。

图8-3　汇总记账凭证账务处理程序

(三)科目汇总表账务处理程序

科目汇总表账务处理程序,又称记账凭证汇总表账务处理程序,是指根据记账凭证定期编制科目汇总表,再根据科目汇总表登记总分类账的一种账务处理程序。如图8-4所示。

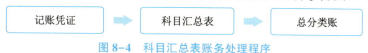

图8-4　科目汇总表账务处理程序

本节小结　**账务处理程序概述**

> **账务处理程序的概念与意义**
> - 账务处理程序是指会计凭证、会计账簿、财务报表相结合的方式,包括账簿组织和记账程序。

> **账务处理程序的种类**
> - 包括记账凭证账务处理程序、汇总记账凭证账务处理程序和科目汇总表账务处理程序等,区别在于登记总分类账的依据和方法不同

第二节　记账凭证账务处理程序

一、一般步骤

记账凭证账务处理程序的一般步骤是:

(1)根据原始凭证填制汇总原始凭证;

小白进阶　实务工作中,应尽量将原始凭证汇总编制汇总原始凭证,再根据汇总原始凭证编制记账凭证,从而减少总账登记的工作量。

(2)根据原始凭证或汇总原始凭证,填制收款凭证、付款凭证和转账凭证,也可以填制通用记账凭证;

(3)根据收款凭证、付款凭证逐笔登记库存现金日记账和银行存款日记账;

(4)根据原始凭证、汇总原始凭证和记账凭证,登记各种明细分类账;

小白进阶　一般情况下,明细账的登记依据为记账凭证,但为了反映详细的核算资料,有时需要以一些原始凭证为依据,并且有些具备记账凭证各项目的原始凭证也能代替记账凭证。

(5)根据记账凭证逐笔登记总分类账;

(6)期末,将库存现金日记账、银行存款日记账和明细分类账的余额与有关总分类账的余额核对相符;

（7）期末，根据总分类账和明细分类账的记录，编制财务报表。

记账凭证账务处理程序如图8-5所示。

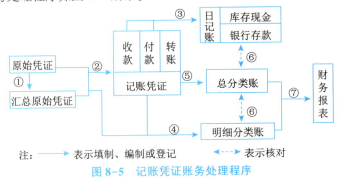

注：——▶ 表示填制、编制或登记　　◀---▶ 表示核对

图8-5　记账凭证账务处理程序

二、记账凭证账务处理程序的评价

（一）特点

记账凭证账务处理程序的特点是直接根据记账凭证对总分类账进行逐笔登记。

（二）优缺点

记账凭证账务处理程序的优点是简单明了，易于理解，总分类账可以较详细地反映经济业务的发生情况；缺点是登记总分类账的工作量较大。

（三）适用范围

记账凭证账务处理程序适用于规模较小、经济业务量较少的单位。

本节小结 ▶ 记账凭证账务处理程序

一般步骤

- 填制汇总原始凭证；
- 填制收款凭证、付款凭证和转账凭证或通用记账凭证；
- 登记库存现金/银行存款日记账；
- 登记各种明细分类账；
- 登记总分类账；
- 期末将日记账和明细分类账的余额与有关总分类账的余额核对相符；
- 编制财务报表。

记账凭证账务处理程序的评价

- 特点：直接根据记账凭证对总分类账进行逐笔登记；
- 优点：简单明了，易于理解，总分类账可以较详细地反映经济业务的发生情况；
- 缺点：登记总分类账的工作量较大；
- 适用范围：适用于规模较小、经济业务量较少的单位。

第三节 汇总记账凭证账务处理程序

一、汇总记账凭证的编制方法

汇总记账凭证是指对一段时期内同类记账凭证进行定期汇总而编制的记账凭证。汇总记账凭证可以分为汇总收款凭证、汇总付款凭证和汇总转账凭证，三种凭证有不同的编制方法。

（一）汇总收款凭证的编制

汇总收款凭证根据"库存现金"和"银行存款"账户的借方进行编制，定期（如5天或10天）将这一期间内的全部库存现金收款凭证、银行存款收款凭证，分别按各账户对应的贷方科目加以归类、汇总编制。

月终时，总分类账根据各汇总收款凭证的合计数进行登记，分别记入"库存现金""银行存款"总分类账户的借方，并将汇总收款凭证上各账户贷方的合计数分别计入有关总分类账户的贷方。

【例8-1】A公司2019年4月份发生收款业务如下：

(1)2019年4月5日，收到投资者投资60000元，存入银行。［记5(《实训证账簿》P48)］

(2)2019年4月12日，收到投资者追加投资200000元，存入银行。［记17(《实训证账簿》P49)］

(3)2019年4月23日，从银行借入短期借款300000元，存入银行。［记20(《实训证账簿》P50)］

会计分录：

(1)借：银行存款		60000
贷：实收资本		60000
(2)借：银行存款		200000
贷：实收资本		200000
(3)借：银行存款		300000
贷：短期借款		300000

银行存款汇总收款凭证(《实训证账簿》P51)如表8-1所示。

表8-1 汇总收款凭证

借方科目：银行存款　　　　　　　　　　　2019年4月　　　　　　　　　　　汇收字第4号

贷方科目	金额			合计	总账账页
	1-10日 记字第5号	11-20日 记字第17号	21-30日 记字第20号		
实收资本	60000	200000		260000	
短期借款			300000	300000	

小贴士

汇总付款凭证的编制与汇总收款凭证类似。

(二)汇总付款凭证的编制

汇总付款凭证根据"库存现金"和"银行存款"账户的贷方进行编制,定期(如5天或10天)将这一期间内的全部库存现金付款凭证、银行存款付款凭证,分别按各账户对应的借方科目加以归类、汇总编制。

月终时,总分类账根据汇总付款凭证的合计数进行登记,分别记入"库存现金""银行存款"总分类账户的贷方,并将汇总付款凭证中各账户借方的合计数分别记入相应总分类账户的借方。

(三)汇总转账凭证的编制

汇总转账凭证通常根据所设置账户的贷方进行编制,定期(5天或10天)将这一期间内的全部转账凭证,按各账户对应的借方科目加以归类、汇总编制。

月终时,总分类账根据汇总转账凭证的合计数进行登记,分别记入对应账户的总分类账户的贷方,并将汇总转账凭证上各账户借方的合计数分别计入有关总分类账户的借方。

值得注意的是,由于汇总转账凭证上的科目对应关系是一个贷方科目与一个或几个借方科目相对应,因此,为了便于编制汇总转账凭证,要求所有的转账凭证也应按一个贷方科目与一个或几个借方科目的对应关系来填制,不应填制一个或几个借方科目与几个贷方科目相对应的转账凭证,即转账凭证必须一借一贷或多借一贷。

【例8-2】A公司2019年4月份发出原材料分录如下:

(1)2019年4月15日,记字16号《实训证账簿》P52)

借:生产成本　　　　　　　　　　　　　　　　　　　　　　　10000
　　贷:原材料　　　　　　　　　　　　　　　　　　　　　　　　　10000

(2)2019年4月16日,记字25号《实训证账簿》P53)

借:管理费用　　　　　　　　　　　　　　　　　　　　　　　20000
　　贷:原材料　　　　　　　　　　　　　　　　　　　　　　　　　20000

(3)2019年4月23日,记字31号《实训证账簿》P54)

借:管理费用　　　　　　　　　　　　　　　　　　　　　　　30000
　　贷:原材料　　　　　　　　　　　　　　　　　　　　　　　　　30000

(4)2019年4月30日,记字40号《实训证账簿》P55)

借:生产成本　　　　　　　　　　　　　　　　　　　　　　　40000
　　贷:原材料　　　　　　　　　　　　　　　　　　　　　　　　　40000

原材料汇总转账凭证(《实训证账簿》P56)如表8-2所示。

表 8-2 汇总转账凭证

贷方科目：原材料   2019 年 4 月   汇转字第 4 号

借方科目	金额			合计	总账账页
	1-10 日 记字第 5 号	11-20 日记字 第 16 号、25 号	21-30 日记字 第 40 号、31 号		
生产成本		10000	40000	50000	
管理费用		20000	30000	50000	

二、一般步骤

汇总记账凭证账务处理程序的一般步骤是：

(1)根据原始凭证填制汇总原始凭证；

(2)根据原始凭证或汇总原始凭证，填制收款凭证、付款凭证和转账凭证，也可以填制通用记账凭证；

(3)根据收款凭证、付款凭证逐笔登记库存现金日记账和银行存款日记账；

(4)根据原始凭证、汇总原始凭证和记账凭证，登记各种明细分类账；

(5)根据各种记账凭证编制有关汇总记账凭证，包括汇总收款凭证、汇总付款凭证和汇总转账凭证；

小贴士

如果企业在一个月内某一贷方账户的转账凭证不多，可不编制汇总转账凭证，直接根据转账凭证登记总分类账。

(6)根据各种汇总记账凭证登记总分类账；

(7)期末，将库存现金日记账、银行存款日记账和明细分类账的余额同有关总分类账的余额核对相符；

(8)期末，根据总分类账和明细分类账的记录，编制财务报表。

汇总记账凭证账务处理程序如图 8-6 所示。

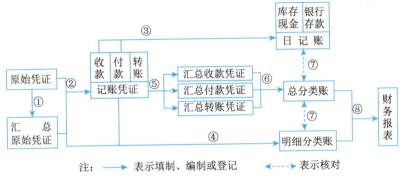

图 8-6 汇总记账凭证账务处理程序

三、汇总记账凭证账务处理程序的评价

(一)特点

汇总记账凭证账务处理程序的特点是先根据记账凭证定期编制汇总记账凭证，再根据汇总记账凭证登记总分类账。

(二)优缺点

汇总记账凭证账务处理程序的优点是减轻了登记总分类账的工作量；其缺点是当转账凭证较多时，编制汇总转账凭证的工作量较大，并且按每一贷方科目编制汇总转账凭证，不利于会计核算的日常分工。

(三)适用范围

汇总记账凭证账务处理程序适用于规模较大、经济业务较多的单位。

本节小结 ▶ 汇总记账凭证账务处理程序

汇总记账凭证的编制方法

- 汇总收款凭证的编制：根据"库存现金"和"银行存款"账户的借方进行编制；
- 汇总付款凭证的编制：根据"库存现金"和"银行存款"账户的贷方进行编制；
- 汇总转账凭证的编制：根据所设置账户的贷方进行编制。

一般步骤

- 填制汇总原始凭证；
- 填制收款凭证、付款凭证和转账凭证或通用记账凭证；
- 登记库存现金/银行存款日记账；
- 登记各种明细分类账；
- 编制有关汇总记账凭证；
- 登记总分类账；
- 期末将日记账和明细分类账的余额同有关总分类账的余额核对相符；
- 编制财务报表。

汇总记账凭证账务处理程序的评价

- 特点：先根据记账凭证定期编制汇总记账凭证，再根据汇总记账凭证登记总分类账。
- 优点：减轻了登记总分类账的工作量。
- 缺点：编制汇总转账凭证的工作量较大，不利于会计核算的日常分工。
- 适用范围：适用于规模较大、经济业务较多的单位。

第四节　科目汇总表账务处理程序

科目汇总表，又称记账凭证汇总表，是企业通常定期对全部记账凭证进行汇总后，按照不同的会计科目分别列示各账户借方发生额和贷方发生额的一种汇总凭证。

一、科目汇总表的编制方法

科目汇总表的编制方法是根据一定时期内的全部记账凭证，按照会计科目进行归类，定期汇总出每一个账户的借方本期发生额和贷方本期发生额，填写在科目汇总表的相关栏内。科目汇总表可每月编制一张，按旬汇总；也可每旬汇总一次编制一张。任何格式的科目汇总表，都只反映各个账户的本期借方发生额和本期贷方发生额，不反映各个账户的对应关系。

在编制科目汇总表时，首先将汇总期内各项经济业务所涉及的会计科目填在科目汇总表的"会计科目"栏内。其次，根据汇总期内所有记账凭证，按会计科目分别加计借方发生额和贷方发生额，将其汇总数填在各相应会计科目的"借方"和"贷方"栏。按会计科目汇总后，应加总借、贷方发生额，进行发生额的试算平衡。科目汇总表的编制时间，应根据业务量而定。业务较多的可以每日汇总，业务较少的可以定期汇总，可分为 5 天、10 天、半个月等定期汇总编制。科目汇总表上，应注明据以编制的各种记账凭证的起讫字号，以备进行检查。

小白进阶　在实务工作中，为了便于登记总分类账，科目汇总表中会计科目的顺序按总分类账上会计科目的先后顺序填写。

【例 8-3】A 公司 2019 年 5 月发生经济业务(《实训证账簿》P57-P62)分录如下：

(1)借：银行存款　　　　　　　　　　　　　　　　　　　30000

　　贷：实收资本　　　　　　　　　　　　　　　　　　　　　　30000

(2)借：银行存款　　　　　　　　　　　　　　　　　　　60000

　　贷：长期借款　　　　　　　　　　　　　　　　　　　　　　60000

(3)借：长期借款　　　　　　　　　　　　　　　　　　　8000

　　贷：银行存款　　　　　　　　　　　　　　　　　　　　　　8000

(4)借：原材料　　　　　　　　　　　　　　　　　　　　5000

　　贷：银行存款　　　　　　　　　　　　　　　　　　　　　　5000

(5)借：应付票据　　　　　　　　　　　　　　　　　　　3000

　　贷：应付账款　　　　　　　　　　　　　　　　　　　　　　3000

(6)借：利润分配　　　　　　　　　　　　　　　　　　　4000

　　贷：应付股利　　　　　　　　　　　　　　　　　　　　　　4000

根据会计分录编制 T 字账(《实训证账簿》P63)，如图 8-7 所示。

借方	银行存款	贷方
30000	8000	
60000	5000	
90000	13000	

借方	实收资本	贷方
	30000	
	30000	

借方	长期借款	贷方
8000	60000	
8000	60000	

借方	原材料	贷方
5000		
5000		

借方	应付票据	贷方
3000		
3000		

借方	应付账款	贷方
	3000	
	3000	

借方	应付股利	贷方
	4000	
	4000	

借方	利润分配	贷方
4000		
4000		

图 8-7　T 字账

登记科目汇总表，如表 8-3 所示。

表 8-3　科目汇总表

2019 年 5 月 31 日　　　　　　　　　　　　　　　字第 5 号

	借方金额	√	会计科目	贷方金额	√
1	90000		银行存款	13000	
2	5000		原材料		
3	3000		应付票据		
4			应付账款	3000	
5			应付股利	4000	
6	8000		长期借款	60000	
7			实收资本	30000	
8	4000		利润分配		
合计	110000			110000	

会计主管　　　　记账　　　　复核　　　　制单　李花

二、一般步骤

科目汇总表账务处理程序的一般步骤是：

（1）根据原始凭证填制汇总原始凭证；

（2）根据原始凭证或汇总原始凭证，填制记账凭证；

（3）根据收款凭证、付款凭证逐笔登记库存现金日记账和银行存款日记账；

（4）根据原始凭证、汇总原始凭证和记账凭证，登记各种明细分类账；

（5）根据各种记账凭证编制科目汇总表；

（6）根据科目汇总表登记总分类账；

（7）期末，将库存现金日记账、银行存款日记账和明细分类账的余额同有关总分类账的余额核对相符；

（8）期末，根据总分类账和明细分类账的记录，编制财务报表。

小贴士

三种账务处理程序的一般步骤中，除了登记总分类账不同外，其他步骤基本相同。

科目汇总表账务处理程序如图8-8所示。

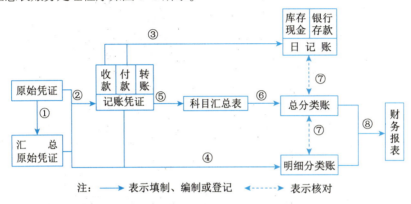

图8-8　科目汇总表账务处理程序

三、科目汇总表账务处理程序的评价

（一）特点

科目汇总表账务处理程序的特点是先将所有记账凭证汇总编制成科目汇总表，然后以科目汇总表为依据登记总分类账。

小白进阶　总分类账可以根据每次汇总编制的科目汇总表随时进行登记，也可以在月末根据科目汇总表的借方发生额和贷方发生额的全月合计数一次登记。

（二）优缺点

科目汇总表账务处理程序的优点是减轻了登记总分类账的工作量，易于理解，方便学习，并可做到试算平衡。其缺点是科目汇总表不能反映各个账户之间的对应关系，不利于对账目进行检查。

（三）适用范围

科目汇总表账务处理程序适用于经济业务较多的单位。

本节小结　▶　科目汇总表账务处理程序

> **科目汇总表的编制方法**
>
> - 根据一定时期内的全部记账凭证，按照会计科目进行归类，定期汇总出每一个账户的借方本期发生额和贷方本期发生额，填写在科目汇总表的相关栏内。

一般步骤

- 填制汇总原始凭证；
- 填制记账凭证；
- 逐笔登记库存现金/银行存款日记账；
- 登记各种明细分类账；
- 编制科目汇总表；
- 登记总分类账；
- 期末，将日记账和明细分类账的余额同有关总分类账的余额核对相符；
- 编制财务报表。

科目汇总表账务处理程序的评价

- 特点：先将所有记账凭证汇总编制成科目汇总表，然后以科目汇总表为依据登记总分类账。
- 优点：减轻了登记总分类账的工作量，易于理解，方便学习，并可做到试算平衡。
- 缺点：科目汇总表不能反映各个账户之间的对应关系，不利于对账目进行检查。
- 适用范围：适用于经济业务较多的单位。

第九章 提防"跑偏"的有效手段——财产清查

本章导读

本章主要介绍财产清查的概念、意义、种类、一般程序、方法及财产清查结果的处理。学习时应重点掌握财产清查的方法、财产清查结果的处理。

本章的内容和结构如下：

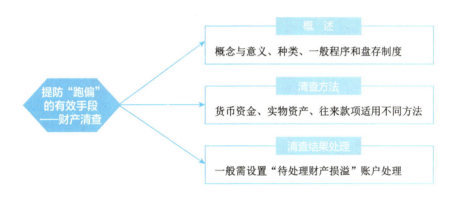

第一节 财产清查概述

一、财产清查的概念与意义

财产清查是指通过对货币资金、实物资产和往来款项等财产物资进行盘点或核对，确定其实存数，查明账存数与实存数是否相符的一种专门方法。

各项财产的增减变动和结存情况，都是通过账簿记录来反映的。一些主客观因素的存在会导致财产物资的变动和结存的实际情况与账簿记录不完全一致，如财产物资收入、发出时由于计量、检验不准确而造成的差错；在保管过程中发生的自然损耗；在填制会计凭证或登记账簿时发生的错记、漏记和重记；由于管理不善或工作人员的过失造成财产物资的霉烂损坏、短缺及不法分子的营私舞弊、贪污盗窃等。因此企业应建立健全财产物资清查制度，加强管理，以保证财产物资核算的真实性和完整性。具体而言，财产清查的意义主要有：

1. 通过财产清查，可以查明各项财产物资的实有数量，确定实有数量与账面数量之间的差异，查明原因和责任，以便采取有效措施，消除差异，改进工作，从而保证账实相符，提高会计资料的准确性。

小贴士

财产清查是账实核对的具体体现。

2. 通过财产清查，可以查明各项财产物资的保管情况是否良好，有无因管理不善造成霉烂、变质、损失浪费，或者被非法挪用、贪污盗窃的情况，以便采取有效措施，改善管理，切实保障各项财产物资的安全完整。

3. 通过财产清查，可以查明各项财产物资的库存和使用情况，合理安排生产经营活动，充分利用各项财产物资，加速资金周转，提高资金使用效益。

二、财产清查的种类（如图9-1）

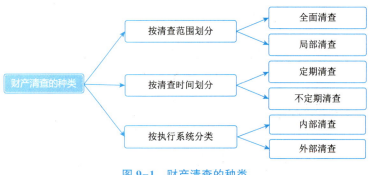

图9-1 财产清查的种类

（一）按照清查范围分类

按照清查范围的不同，财产清查可分为全面清查和局部清查。

1. 全面清查

全面清查是指对属于本单位或存放在本单位的所有实物资产、货币资金和往来款项进行全面的盘点与核对。全面清查范围广、内容多、工作量大，不宜经常进行。需要进行全面清查的主要有以下几种情况：

（1）年终决算之前；

（2）单位撤并或者改变其隶属关系时；

（3）中外合资、国内合资前；

（4）开展资产评估、清产核资等专项经济活动前；

（5）单位主要负责人调离工作；

（6）企业股份制改造前。

2. 局部清查

局部清查是指根据需要对部分财产物资进行盘点与核对。其清查的主要对象是流动性较大的财产，如现金、原材料、在产品和库存商品等。局部清查范围小，内容少，涉及的人员较少，但专业性较强。具体说明如下：

（1）对于库存现金，每日终了应由出纳人员清点核对，以保持实存数和库存现金日记账结存数相符；

（2）对于银行存款，出纳人员至少每月要同银行核对一次；

（3）对于贵重物资，每月都应清查盘点一次；

（4）对于各种往来款项，每年至少同对方企业核对一至两次；

（5）通常情况下，对于流动性较大的材料物资，除年度清查外，年内还要轮流盘点或重点抽查。

小白进阶　这5条清查内容都是正常情况下进行的，目的是保证账实相符。如果遭受自然灾害（如风、火、水灾、地震等）、发生盗窃事件以及更换相关工作人员时也应对财产物资或资金进行局部的清点和盘查。

（二）按照清查的时间分类

按清查的时间不同，财产清查可分为定期清查和不定期清查。

1. 定期清查

定期清查是指按照预先计划安排的时间对财产进行的盘点和核对。定期清查一般在年末、季末、月末结账时进行。定期清查可以是全面清查，也可以是局部清查。一般情况下，年终决算前进行全面清查，季末和月末进行局部清查。

2. 不定期清查

不定期清查是指事先不规定清查日期，而是根据特殊需要对财产物资所进行的临时性清查。不定期清查可以是全面清查，也可以是局部清查，应根据实际需要来确定清查的对象和范围。需要进行不定期清查的主要有以下几种情况：

（1）单位更换出纳或财产物资保管人员时；

（2）单位发生意外损失时；

（3）上级主管、财政、税务、审计和银行等部门对单位进行检查时；

（4）进行临时性清产核资时。

（三）按照清查的执行系统分类

按照清查执行系统的不同，财产清查可分为内部清查和外部清查。

1. 内部清查

内部清查是指由本单位内部自行组织清查工作小组所进行的财产清查工作。大多数财产清查都是内部清查。

2. 外部清查

外部清查是指由上级主管部门、审计机关、司法部门、注册会计师根据国家有关规定或情况需要对本单位所进行的财产清查。一般来讲，进行外部清查时应有本单位相关人员参加。

小贴士

外部清查一般是不定期清查。

三、财产清查的一般程序（如图9-2）

财产清查既是会计核算的一种专门方法，又是财产物资管理的一项重要制度。企业必须有计划、有组织地进行财产清查，企业的财产清查工作应严格按以下程序进行：

图9-2　财产清查的一般程序

1. 建立财产清查组织；

2. 组织清查人员学习有关政策规定，掌握有关法律、法规和相关业务知识，以提高财产清查工作的质量；

3. 确定清查对象、范围，明确清查任务；

4. 制定清查方案，具体安排清查内容、时间、步骤、方法以及必要的清查前准备；

5. 清查时本着先清查数量、核对有关账簿记录等，后认定质量的原则进行；

小贴士

现代意义上的财产清查，不仅包括资产实存数量和质量的检查，还包括资产价值量的测定，并关注资产是否发生减值等。

6. 填制盘存清单；

7. 根据盘存清单，填制实物、往来账项清查结果报告表。

四、财产清查盘存制度

（一）实地盘存制

实地盘存制，是指企业对各项财产物资只在账簿中登记其收入数，不登记其发出数，期末通过实地盘点来确定财产物资的结余数，然后倒挤出本期发出数的一种盘存制度。其计算公式如图9-3所示。

图9-3　实地盘存制下本期发出数的计算

实地盘存制的优点是核算工作比较简单，工作量较小。其缺点是，手续不够严密，不能通过账簿随时反映和监督各项财产物资的收、发、结存情况，仓库管理中存在的多发、少发、丢失等情况，在账面上均无反映，而全部隐藏在本期的发出数内，这样不利于检查监督。

（二）永续盘存制

永续盘存制，是指企业对各项财产物资收入和发出的数量和金额，都必须根据原始凭证和记账凭证在有关账簿中进行连续登记，并随时结出账面余额的一种盘存制度。其计算公式如图9-4所示。

| 期初账面结存数 | **+** | 本期收入数 | **−** | 本期发出数 | **=** | 期末账面结存数 |

图 9-4　永续盘存制下期末账面结存数的计算

小贴士

大多数企业在清查时采用永续盘存制度。永续盘存制与实地盘存制的公式内容相同，但次序不同。

实地盘存制是根据期末实存数倒挤出本期发出数，而永续盘存制是先确定本期实际发生数，然后结出期末账面结存数。后者手续比较严密，对会计账簿起到了实际控制财产物资收、付、存的作用，有利于加强财产物资管理。另外，永续盘存制下对财产物资的发出逐笔都有记录，且有原始凭证为依据，容易追查差错的来龙去脉，也容易控制差错和非法行为的发生，因此是控制差错和制止非法行为的有效方法。

永续盘存制虽然实际记录了财产物资的收、付、存数量和金额，但账簿记录与实际盘存的数量和金额，由于种种原因，仍有发生差异的可能。因此，即使是实行永续盘存制，也必须定期进行财产清查，以确保账实相符。

【例 9-1】某商业公司月初库存甲商品 50 件，单位成本 1000 元；本月购入甲商品 950 件，单位成本 1000 元；本期销售甲商品 900 件。期末经实地盘点，查明甲商品实存 80 件。则按照永续盘存制和实地盘存制可分别计算如下：

永续盘存制下销售甲商品的成本 $=1000×900=900000$（元）

永续盘存制下月末甲商品账面余额 $=1000×50+1000×950-900000=100000$（元）

实地盘存制下销售甲商品的成本 $=1000×50+1000×950-1000×80=920000$（元）

可见，在永续盘存制下，通过实地盘点可以查明实存金额（80000 元）和账存金额（100000 元）不符。因此，可以确定盘盈、盘亏数额。

在实地盘存制下，倒挤得出本期发出金额，无法确定盘盈、盘亏。实际上，盘亏的 20000 元（100000 元−80000 元），也作为了本期耗用数进行确认。正是因为实地盘存制存在这个缺陷，故在会计核算中大部分财产物资均应采用永续盘存制。

本节小结 ▶ **财产清查概述**

> **财产清查的概念与意义**
>
> • 概念：是指通过对货币资金、实物资产和往来款项等财产物资进行盘点或核对，确定其实存数，查明账存数与实存数是否相符的一种专门方法。

> **财产清查的种类**
>
> • 按清查范围：全面清查和局部清查。
> • 按清查时间：定期清查和不定期清查。
> • 按清查执行系统：内部清查和外部清查。

> **财产清查的一般程序**
>
> • ①建立财产清查组织；②组织清查人员学习；③确定清查对象、范围，明确清查任务；④制定清查方案；⑤清查时本着"先数量、记录，后质量"的原则进行；⑥填制盘存清单；⑦填制清查结果报告表。

> **财产清查盘存制度**
>
> • 实地盘存制：期初结存数＋本期收入数－期末实存数＝本期发出数
> • 永续盘存制：期初账面结存数＋本期收入数－本期发出数＝期末账面结存数

第二节　财产清查的方法

由于货币资金、实物、往来款项的特点各有不同，在进行财产清查时，应采用与其特点和管理要求相适应的方法。

一、货币资金的清查方法

（一）库存现金的清查

库存现金清查先采用实地盘点的方法确定库存现金的实存数，然后再与库存现金日记账的账面余额相核对，确定账实相符。库存现金的盘点应由清查人员会同出纳人员共同负责。

库存现金的清查

库存现金清查主要包括两种情况：

1. 经常性的清查

即由出纳人员每日清点库存现金实有数，并与库存现金日记账的账面余额核对，这是出纳人员日常进行的工作。

2. 定期或不定期清查

在坚持日清月结的基础上，为了加强对出纳工作的监督，确保库存现金安全完整，各单位应建立库存现金清查制度。由有关领导和专业人员组成清查小组，定期或不定期地对库存现金情况进行清查盘点。

清查时，出纳人员必须在场，库存现金由出纳人员经手盘点，清查人员从旁监督。同时，清查人员还应认真审核库存现金收付凭证和有关账簿，检查财务处理是否合理合法、账簿记录有无错误，以确定账存数与实存数是否相符。

小白进阶　库存现金清查盘点时，重点检查库存现金有无超过其限额，账款是否相符、有无白条抵库、有无私借公款、有无挪用公款、有无账外资金等违纪违法行为。

库存现金盘点结束后，填制"库存现金盘点报告表"，由监盘人员、出纳人员及其相关负责人签名盖章，并据以调整库存现金日记账的账面记录。库存现金盘点报告表的一般格式如表9-1所示。

表 9-1　库存现金盘点报告表

单位名称：　　　　　　　　　　　年　　月　　日　　　　　　　　　　　单位：元

库存现金盘点			核对账面余额		盘点结果	
面值	数量	金额	项目	金额	溢余	短缺
100 元			账面余额			
50 元			加：收入未记账		盘点结果说明	
20 元			减：支出未记账			
10 元			调整后现金余额			
5 元			处理决定			
2 元						
1 元						
5 角						
2 角						
1 角						
5 分						
2 分						
1 分						
合计						

总经理：　　　　　　　　监盘人：　　　　　　　出纳员：

（二）银行存款的清查

银行存款的清查是采用与开户银行核对账目的方法进行的，即将本单位银行存款日记账的账簿记录与开户银行转来的对账单逐笔进行核对，来查明银行存款的实有数额。银行存款的清查一般在月末进行。

1. 银行存款日记账与银行对账单不一致的原因

将截止到清查日所有银行存款的收付业务都登记入账后，对发生的错账、漏账应及时查清更正，再与银行的对账单逐笔核对。如果二者余额相符，通常说明没有错误；如果二者余额不相符，则可能是企业或银行一方或双方记账过程有错误，属于企业方面的记账差错，经确定后企业应立即更正；属于银行方面的记账差错，应通知银行更正。如果双方均无记账错误，企业的银行存款日记账余额与银行对账单余额往往也不一致，这种不一致一般是由未达账项造成的。

未达账项，是指企业与银行之间由于凭证传递上的时间差，一方已登记入账，另一方因尚未接到凭证而未登记入账的款项。产生未达账项的常见情形如图 9-5 所示。

图 9-5 产生未达账项的常见情形

（1）企业已收款记账，银行未收款未记账的款项。例如，企业销售产品收到支票，送存银行后即可根据银行盖章后返回的"记账单"回单联登记银行存款的增加，而银行则要等款项收妥后再记增加。如果此时对账，就会出现企业已记银行存款增加，而开户银行尚未记增加的款项。

（2）企业已付款记账，银行未付款未记账的款项。例如，企业开出一张支票支付购料款，企业可根据支票存根登记银行存款的减少，而此时银行由于尚未接到支付款项的凭证尚未记减少。如果此时对账，就会出现企业已记银行存款减少，而开户银行尚未记减少的款项。

（3）银行已收款记账，企业未收款未记账的款项。例如，外地某单位给本企业汇来款项，银行收到汇款单后，马上登记企业存款增加，而企业由于尚未收到收账通知而未登记银行存款增加。如果此时对账，就会出现银行已记企业存款增加，而企业尚未记增加的款项。

（4）银行已付款记账，企业未付款未记账的款项。例如，银行收取企业借款的利息，银行已从企业存款账户中收取并已记作企业存款减少，而企业尚未接到银行计付利息通知单，尚未记作银行存款的减少。如果此时对账，就会出现银行已记企业存款减少，而企业尚未记减少的款项。

小贴士

任何一种未达账项的存在，都会使企业银行存款日记账的余额与银行开出的对账单的余额不符。在与银行对账时首先应查明是否存在未达账项，如果存在未达账项，就应编制"银行存款余额调节表"，据以调整双方的账面余额，确定企业银行存款实有数。

2. 银行存款清查的步骤

银行存款清查的四个步骤如图 9-6 所示。

图 9-6 银行存款清查的四个步骤

（1）根据经济业务、结算凭证的种类、号码和金额等资料逐日逐笔核对银行存款日记账与银行对账单。凡双方都有记录的，用铅笔在金额旁打上记号"√"。

（2）找出未达账项。

（3）将日记账和对账单的月末余额及找出的未达账项填入"银行存款余额调节表"，并计算出调整后的余额。

(4)将调整平衡的"银行存款余额调节表",经主管会计签章后,呈报开户银行。

凡有几个银行户头以及开设有外币存款户头的单位,应分别按存款户头开设"银行存款日记账"。每月月底,应分别将各户头的"银行存款日记账"与各户头的"银行对账单"核对,并分别编制各户头的"银行存款余额调节表"。

银行存款余额调节表的编制,是以双方账面余额为基础,各自分别加上对方已收款入账而己方尚未入账的数额,减去对方已付款入账而己方尚未入账的数额。其计算公式如下:

企业银行存款日记账余额+银行已收企业未收款-银行已付企业未付款=银行对账单存款余额+企业已收银行未收款-企业已付银行未付款

【例9-2】某企业2019年5月31日银行存款日记账余额为496000元,银行对账单余额为617200元。经逐笔核对,发现存在以下4笔未达账项:

(1)企业偿还A公司货款70000元已登记入账,但银行尚未登记入账;

(2)企业收到销售商品款13200元已登记入账,但银行尚未登记入账;

(3)银行已划转电费5600元登记入账,但企业尚未收到付款通知单,未登记入账;

(4)银行已收到外地汇入货款70000元登记入账,但企业尚未收到收款通知单,未登记入账。

要求:填制银行存款余额调节表(《实训证账簿》P64)。

计算结果如表9-2所示。

表9-2 银行存款余额调节表

2019年5月31日

单位:元

项目	金额	项目	金额
银行存款日记账余额	496000	银行对账单余额	617200
加:银行已收、企业未收款	70000	加:企业已收、银行未收款	13200
减:银行已付、企业未付款	5600	减:企业已付、银行未付款	70000
调节后余额	560400	调节后余额	560400

3. 银行存款余额调节表的作用

(1)银行存款余额调节表是一种对账记录或对账工具,不能作为调整账面记录的依据,即不能根据银行存款余额调节表中的未达账项来调整银行存款账面记录,未达账项只有在收到有关凭证后才能进行有关的账务处理。

(2)调节后的余额如果相等,通常说明企业和银行的账面记录一般没有错误,该余额通常为企业可以动用的银行存款实有数。

(3)调节后的余额如果不相等,通常说明一方或双方记账有误,需进一步追查,查明原因后予以更正和处理。

二、实物资产的清查方法

实物资产主要包括存货和固定资产等,实物资产的清查是对实物资产在数量和质量上所进行的清查。实物资产具有种类繁多、数量大、储存情况复杂、计量单位不统一等特点,在清查时往往需要结合实际情况，合理选择清查范围，针对不同的清查对象，选用不同的清查方法。实物资产的清查方法<u>最常用的有实地盘点法和技术推算法</u>。

小白进阶 存货是指企业在日常活动中持有以备出售的产成品或商品、处在生产过程中的在产品、在生产过程或提供劳务过程中耗用的材料和物料等。存货主要包括原材料、在产品、库存商品、半成品、低值易耗品等。

存货清查

（一）实地盘点法

实地盘点法是在财产物资存放现场逐一清点数量或用计量仪器确定其实存数的一种方法。应运用度、量、衡等工具，通过点数，逐一确定被清查实物实有数。这种方法适用范围较广，而且数字准确可靠，大多数财产物资都可采取这种方法，但工作量较大。

实施盘点时，盘点人员应做好盘点记录。盘点结束后，盘点人员应根据财产物资的盘点记录，编制"财产物资盘存单"，并由参与盘点人员、财产物资保管人员及相关责任人签名盖章。应就盘存单的资料以及相关账簿资料填制"实存账存对比表"，并据以检查账面数额与实际数额是否相符，同时根据对比结果调整账簿记录，分析差异原因，做出相应处理。

小贴士

财产物资盘存单不属于原始凭证。

（二）技术推算法

技术推算法是按照一定标准推算出其实有数的一种方法。这种方法适用于堆垛量很大，不便一一清点，单位价值比较低的实物清查。

对实物资产的数量进行清查的同时，还要对实物的质量进行鉴定，可根据不同的实物采用不同的检查方法，<u>如物理法、化学法、直接观察法等</u>。

为了明确经济责任，在进行实物资产清查盘点时，实物保管人员必须在场。对各项财产物资的盘点结果，应逐一填制盘存单，由盘点人员和实物保管人员共同签章，并同账面余额记录核对，确认盘盈盘亏数，填制"实存账存对比表"，作为调整账面记录的原始凭证。

小贴士

实存账存对比表是用以调整账簿记录的重要原始凭证，也是分析产生差异的原因，明确经济责任的依据。

财产物资"盘存单"和"实存账存对比表"的常用格式如表9-3、表9-4所示。

表9-3 盘存单

单位名称：　　　　　　　　　　盘点时间　　　　　　　　　　编　号：
财产类别：　　　　　　　　　　存放地点：　　　　　　　　　金额单位：

编号	名称	计量单位	数量	单价	金额	备注

盘点人（签章）：　　　　　　　　　　　　　　　　　　　实物保管人（签章）：

表9-4 实存账存对比表

使用部门：　　　　　　　　　　　年　月　日　　　　　　　　　　编　号：

财产类别：　　　　　　　　　　　存放地点：　　　　　　　　　　金额单位：

编号	类别及名称	计量单位	单价	实　存		账　存		对比结果				备注
								盘　盈		盘　亏		
				数量	金额	数量	金额	数量	金额	数量	金额	

实物保管人：　　　　　　　　　会计：　　　　　　　　　制表：

对已清查出来的残存变质物资、伪劣产品，应另行编制"残存变质物资、伪劣产品情况表"（如表9-5所示），写明损失程度和损失金额，经盘点小组研究决定后提出处理意见，情况比较严重的还应作专项说明。

表9-5 残存变质物资、伪劣产品情况表

单位名称：　　　　　　　　　　年　月　日　　　　　　　　　金额单位：

名称规格	单价	原价	账面记录		报　废		报　损		残存伪劣		处理意见
			数量	金额	数量	金额	数量	金额	数量	金额	
合计											

主管人员：　　　　　　　　会计：　　　　　　　　　　制表：

三、往来款项的清查方法

往来款项是指各种债权债务结算款项，主要包括应收账款、应付账款、预收账款、预付账款及其他应收款、其他应付款。往来款项的清查一般采用发函询证的方法进行核对，即派人前往或利用通讯工具，向结算往来单位核实账目。

往来款项的清查方法一般是：

1. 首先确定本单位的往来款项记录准确无误，总分类账与明细分类账的余额相符。

2. 在保证本单位账簿记录正确的情况下，编制"往来款项询证函"，通过信函、电函、面询等多种方式，请对方企业核对，确定各种应收、应付款的实际情况。

对账单应按明细账户逐笔摘抄，一式两联，其中一联是回单，对方单位核对后将回单盖章退回本单位；如果发现双方账目不相符，应在回单上注明，以便进一步查对，其格式如图9-7所示。

往来款项对账单

×××单位：

　　贵单位于××年××月××日从我单位购入乙产品 200 件，已付款 40000 元，尚有 60000 元货款尚未支付，请核对后将回单联寄回。

清查单位：（盖章）

年　　月　　日

　　如核对相符，请盖章确认(沿此虚线剪下，将以下回单联寄回)；如数据存在差异，请注明贵单位记载的金额。

- -

往来款项对账单(回单联)

×××清查单位：

　　贵单位寄来的"往来款项对账单"已收到，经核对相符。

×××单位：（盖章）

年　　月　　日

图 9-7　往来款项询证函

　　3. 收到回单以后，要据以编制"往来款项清查报告单"，由清查人员和记账人员共同签名盖章，注明核对相符与不相符的款项，对不相符的款项按有争议、未达账项、无法收回等情况归类，并针对具体情况及时采取措施进行处理，避免或减少坏账损失。往来款项清查报告单如表 9-6 所示。

表 9-6　往来款项清查报告单

总分类账户名称：　　　　　　　　年　　月　　日

明细分类账户		清查结果		核对不符原因分析				备注
名称	账面余额	核对相符	核对不符	未达账项	有争议款项	无法收回(或偿还)款项	其他	

记账员：　　　　　　　　　　　　　　　　清查人员：

小贴士

　　往来款项清查报告单与往来款项询证函都不具备原始凭证的作用，不能据以填制记账凭证。

本节小结 ▶ 财产清查的方法

货币资金的清查方法

- 库存现金的清查：采用实地盘点法确定实存数，再与日记账账面余额核对；
- 银行存款的清查：采用与开户银行核对账目的方法进行。

> **实物资产的清查方法**
> - 主要包括存货和固定资产等的清查；
> - 最常用实地盘点法和技术推算法。

> **往来款项的清查方法**
> - 主要包括应收账款、应付账款、预收账款、预付账款及其他应收款、其他应付款等的清查；
> - 一般采用发函询证的方法进行。

第三节 财产清查结果的处理

一、财产清查结果处理的要求

进行财产清查以后，通常都能发现会计工作、财产物资管理工作上存在的问题。妥善处理好这些问题是财产清查工作的主要目的之一，也是财产清查发挥积极作用的最终体现。对于财产清查中发现的问题，如财产物资的盘盈、盘亏、毁损或其他各种损失，应核实情况，调查分析产生的原因，按照国家有关法律法规的规定，进行相应的处理。财产物资清查结果的处理应该包括以下几方面要求：

1. 分析产生差异的原因和性质，提出处理建议

对于各种财产物资的盘盈盘亏，必须通过调查研究查明原因、分清责任，按相关规定进行处理。一般来说，个人造成的损失，应由个人赔偿；因管理不善造成的损失，应作为企业管理费用入账；因自然灾害造成的非常损失，列入企业的营业外支出；如相关财产已经向保险公司投保，还应向保险公司索取赔偿。

2. 积极处理多余积压财产，清理往来款项

对于各种已经制订储备定额的财产物资，在财产清查后，还应当全面地检查物资储备的定额执行情况。储备不足的物资，应当及时通知有关部门，补充储备；对于多余、积压的物资应当查明原因，分别处理。

在处理积压、多余物资时，对于利用率不高的固定资产也必须查明原因积极处理，使所有固定资产都能充分加以利用，从而提高固定资产的使用效率。

3. 总结经验教训，建立健全各项管理制度

财产清查后，要针对存在的问题和不足，总结经验教训，采取必要的措施，建立健全财产管理制度，进一步提高财产管理水平。

4. 及时调整账簿记录，保证账实相符

对于财产清查中发现的盘盈或盘亏，应及时调整账面记录，以保证账实相符。要根据清查中取得的原始凭证编制记账凭证，登记有关账簿，使各种财产物资的账存数与实存数相一致，同时反映待处理财产损溢的发生。

二、财产清查结果处理的步骤与方法

对于财产清查结果的处理可分为以下两种情况：

1. 审批之前的处理

根据"清查结果报告表""盘点报告表"等已经查实的数据资料，填制记账凭证，记入有关账簿，使账簿记录与实际盘存数相符，同时根据权限，将处理建议报股东大会或董事会，或经理(厂长)会议或类似机构批准。

2. 审批之后的处理

企业清查的各种财产的损溢，**应于期末前查明原因**，并根据企业的管理权限，经股东大会或董事会，或经理(厂长)会议或类似机构批准后，**在期末结账前处理完毕**。企业应严格按照有关部门对财产清查结果提出的处理意见，填制有关记账凭证，登记有关账簿，并追回由于责任者造成的财产损失。

如果在期末结账前尚未经批准，在对外提供财务报表时，先按上述规定进行处理，并在附注中作出说明；其后批准处理的金额与已处理金额不一致的，应调整财务报表相关项目的年初数。

三、财产清查结果的账务处理

(一)设置"待处理财产损溢"账户

为了反映和监督企业在财产清查中查明的各种财产物资的盘盈、盘亏、毁损及处理情况，应设置"待处理财产损溢"账户。

"待处理财产损溢"账户**属于双重性质的资产类账户**，该账户应设置"待处理非流动资产损溢"和"待处理流动资产损溢"两个明细账户，分别核算非流动资产和流动资产的待处理财产损溢。

该账户的**借方登记财产物资的盘亏数、毁损数和批准转销的财产物资盘盈数；贷方登记财产物资的盘盈数和批准转销的财产物资盘亏及毁损数**。企业清查的各种财产的盘盈、盘亏和毁损应在期末结账前处理完毕，所以"待处理财产损溢"账户在期末结账后没有余额。"待处理财产损溢"账户的基本结构和内容如图9-8所示。

借方　　　　　　　　　　　　　待处理财产损溢　　　　　　　　　　　　　贷方	
待处理财产盘亏、毁损金额 根据批准的处理意见结转的待处理财产盘盈数	待处理财产盘盈金额 根据批准的处理意见结转的待处理财产盘亏、毁损数

图9-8　待处理财产损溢的基本结构和内容

(二)库存现金清查结果的账务处理

1. 库存现金盘盈的账务处理

库存现金盘盈时，应及时办理库存现金的入账手续，调整库存现金账簿记录，即按盘盈的金额借记"库存现金"科目，贷记"待处理财产损溢——待处理流动资产损溢"科目。

对于盘盈的库存现金，应及时查明原因，按管理权限报经批准后，按盘盈的金额借记"待处理财产损溢——待处理流动资产损溢"科目；**按需要支付或退还他人的金额贷记"其他应付**

款"科目；按无法查明原因的金额贷记"营业外收入"科目。

【例9-3】甲公司在财产清查过程中盘盈库存现金2000元，其中1000元属于应支付给其他公司的违约金，剩余盘盈金额无法查明原因。应作如下会计处理：

(1)审批之前：

借：库存现金　　　　　　　　　　　　　　　　　　　　　　2000

　　贷：待处理财产损溢——待处理流动资产损溢　　　　　　　　　　　2000

(2)审批之后：

借：待处理财产损溢——待处理流动资产损溢　　　　　　　2000

　　贷：其他应付款　　　　　　　　　　　　　　　　　　　　　1000

　　　　营业外收入　　　　　　　　　　　　　　　　　　　　　1000

2. 库存现金盘亏的账务处理

库存现金盘亏时，应及时办理盘亏的确认手续，调整库存现金账簿记录，即按盘亏的金额借记"待处理财产损溢——待处理流动资产损溢"科目，贷记"库存现金"科目。

对于盘亏的库存现金，应及时查明原因，按管理权限报经批准后，**按可收回的保险赔偿和过失人赔偿的金额借记"其他应收款"科目；按管理不善等原因造成净损失的金额借记"管理费用"科目；按自然灾害等原因造成净损失的金额借记"营业外支出"科目；按原记入"待处理财产损溢——待处理流动资产损溢"科目借方的金额贷记该科目。**

【例9-4】某企业在财产清查中发现库存现金盘亏8000元，其中出纳人员应赔偿4000元，剩余部分因管理不善造成。应作如下会计处理：

(1)审批之前：

借：待处理财产损溢——待处理流动资产损溢　　　　　　　8000

　　贷：库存现金　　　　　　　　　　　　　　　　　　　　　8000

(2)审批之后：

借：其他应收款　　　　　　　　　　　　　　　　　　　　4000

　　管理费用　　　　　　　　　　　　　　　　　　　　　　4000

　　贷：待处理财产损溢——待处理流动资产损溢　　　　　　　　8000

(三)存货清查结果的账务处理

1. 存货盘盈的账务处理

存货盘盈时，应及时办理存货入账手续，调整存货账簿的实存数。盘盈的存货应**按其重置成本作为入账价值**，借记"原材料""库存商品"等科目，贷记"待处理财产损溢——待处理流动资产损溢"科目。

对于盘盈的存货，应及时查明原因，按管理权限报经批准后，**冲减管理费用**，即按其入账价值，借记"待处理财产损溢——待处理流动资产损溢"科目，贷记"管理费用"科目。

小白进阶 存货盘盈时，无论什么原因，都要冲减企业的管理费用。

2. 存货盘亏的账务处理

存货盘亏时，应按盘亏的金额借记"待处理财产损溢——待处理流动资产损溢"科目，贷记"原材料""库存商品"等科目。材料、产成品、商品采用计划成本(或售价)核算的,还应同时结转成本差异(或商品进销差价)。涉及增值税的,还应进行相应处理。

对于盘亏的存货,应及时查明原因,按管理权限报经批准后,按可收回的保险赔偿和过失人赔偿的金额借记"其他应收款"科目;按管理不善等原因造成净损失的金额借记"管理费用"科目;按自然灾害等原因造成净损失的金额借记"营业外支出"科目;按原记入"待处理财产损溢——待处理流动资产损溢"科目借方的金额贷记本科目。

【例9-5】 企业的财产清查中发现甲商品溢余50件,每件成本为40元;乙商品盘亏300件,每件成本为50元;丙商品盘亏100件,每件成本为100元。在发现盘盈、盘亏时应编制如下会计分录:

盘盈甲商品时:

借:库存商品——甲商品	2000
贷:待处理财产损溢——待处理流动资产损溢	2000

盘亏乙、丙商品时:

借:待处理财产损溢——待处理流动资产损溢	25000
贷:库存商品——乙商品	15000
——丙商品	10000

【例9-6】 承【例9-5】,经检查发现,盘盈的甲商品为收发计量差错所致,已批准进行处理,因此应编制如下会计分录:

借:待处理财产损溢——待处理流动资产损溢	2000
贷:管理费用	2000

【例9-7】 承【例9-5】,经检查发现,盘亏的乙商品为管理不善所致,其中仓库保管人员赔偿3000元(款项已收存银行),已批准进行处理,因此应编制如下会计分录:

借:银行存款	3000
管理费用	12000
贷:待处理财产损溢——待处理流动资产损溢	15000

【例9-8】 承【例9-5】,经检查发现,盘亏的丙商品是由火灾导致的,保险公司应赔偿4000元,款项尚未收到,已批准进行处理,因此应编制如下会计分录:

借:其他应收款	4000
营业外支出	6000
贷:待处理财产损溢——待处理流动资产损溢	10000

(四)固定资产清查结果的账务处理

1. 固定资产盘盈的账务处理

企业在财产清查过程中盘盈的固定资产,经查明确属企业所有,按管理权限报经批准后,应根据盘存凭证填制固定资产交接凭证,经有关人员签字后送交企业会计部门,填写固定资产卡片账,并作为前期差错处理,通过"以前年度损益调整"科目核算。盘盈的固定资产通常按其重置成本作为入账价值,借记"固定资产"科目,贷记"以前年度损益调整"科目。涉及增值税、所得税和盈余公积的，还应按相关规定处理。

【例9-9】2018年12月20日甲公司在进行财产清查过程中，发现账外设备一台，重置成本为50000元，假定甲公司按净利润的10%计提法定盈余公积，不考虑相关税费及其他因素的影响。甲公司应编制的会计分录为：

(1)盘盈固定资产时：

借：固定资产	50000
贷：以前年度损益调整	50000

(2)结转为留存收益时：

借：以前年度损益调整	50000
贷：盈余公积——法定盈余公积	5000
利润分配——未分配利润	45000

2. 固定资产盘亏的账务处理

固定资产盘亏时，应及时办理固定资产注销手续，按盘亏固定资产的账面价值，借记"待处理财产损溢——待处理非流动资产损溢"科目；按已提折旧额，借记"累计折旧"科目；按其原价，贷记"固定资产"科目。涉及增值税和递延所得税的，还应按相关规定处理。

对于盘亏的固定资产，应及时查明原因，按管理权限报经批准后，按过失人及保险公司应赔偿额，借记"其他应收款"科目；按盘亏固定资产的原价扣除累计折旧和过失人及保险公司赔偿后的差额，借记"营业外支出"科目；按盘亏固定资产的账面价值，贷记"待处理财产损溢——待处理非流动资产损溢"科目。

【例9-10】东方公司在财产清查中，盘亏设备一台，原值为80000元，已提折旧50000元。经查明，应由过失人赔偿5000元，已批准进行处理，编制如下会计分录：

(1)盘亏固定资产时：

借：待处理财产损溢——待处理非流动资产损溢	30000
累计折旧	50000
贷：固定资产	80000

(2)批准后处理：

借：其他应收款	5000
营业外支出	25000
贷：待处理财产损溢——待处理非流动资产损溢	30000

(五)结算往来款项盘存的账务处理

在财产清查过程中发现的长期未结算的往来款项，应及时清查。对于经查明确实无法支付的应付款项可按规定程序报经批准后，转作营业外收入。

企业对有确凿证据表明确实无法收回的应收款项，经批准后作为坏账损失。对于已确认为坏账的应收款项，并不意味着企业放弃了追索权，一旦重新收回，应及时入账。

小白进阶 应收款项包括：应收票据、应收账款、预付账款、其他应收款、应收股利、应收利息等。

坏账是指企业无法收获或收回的可能性极小的应收款项。由于发生坏账而产生的损失，称为坏账损失。企业通常将符合下列条件之一的应收款项确认为坏账：

(1)债务人死亡，以其遗产清偿后仍然无法收回；

(2)债务人破产，以其破产财产清偿后仍然无法收回；

(3)债务人较长时间内未履行其偿还义务，并有足够的证据表明无法收回或收回的可能性很小。

为了核算企业发生的坏账损失，应当设置"坏账准备"账户，核算应收款项的坏账准备的计提、转销等情况。"坏账准备"账户的贷方登记当期计提的坏账准备金额，借方登记实际发生的坏账损失金额和冲减的坏账准备金额，期末余额一般在贷方，反映企业已计提但尚未转销的坏账准备。

1. 当期应计提坏账准备金额的计算

企业坏账损失的核算应采用备抵法，计提坏账准备的方法由企业自行确定，可以按应收账款余额百分比法、账龄分析法、赊销百分比法等计提坏账准备，也可以按客户分别确定应计提的坏账准备。

小白进阶 确定应收款项减值的方法有直接转销法、备抵法。我国企业会计准则规定，确定应收款项的减值只能采用备抵法，不能采用直接转销法。

(1)应收账款余额百分比法

应收账款余额百分比法是指按应收账款余额的一定比例计算提取坏账准备金。由于各行业应收账款是否能及时收回，其风险程度不一，各行业规定的计提比例不尽相同。企业每期坏账准备数额的估计要求应合理适中，估计过高会造成利润人为下降，估计过低则造成坏账准备不足以抵减实际发生的坏账，起不到坏账准备金应有的作用。

(2)账龄分析法

账龄分析法是指根据应收账款的时间长短来估计坏账损失的一种方法。采用账龄分析法时，将不同账龄的应收账款进行分组，并根据前期坏账实际发生的有关资料，确定各账龄组的估计坏账损失百分比，再将各账龄组的应收账款金额乘以对应的估计坏账损失百分比，计算出各组的估计坏账损失额之和，即为当期的坏账损失预计金额。

小贴士

账龄是指债务人所欠账款的时间。账龄越长，发生坏账损失的可能性就越大。

(3)赊销百分比法

赊销百分比法又称"销货百分比法"，是指企业根据当期赊销金额的一定百分比估计坏账的方法。一般认为，企业当期赊销业务越多，坏账的可能性越大。企业可以根据过去的经验和有关资料，估计坏账损失与赊销金额之间的比率，也可以用其他更合理的方法进行估计。

不管采用哪种方法，计算当期应计提坏账准备的基本公式如下：

当期应提取的坏账准备 =按照相应的方法计算"坏账准备"账户期末应有余额-"坏账准备"账户已有的贷方余额(或+"坏账准备"账户已有借方余额)

计算出来当期应提取的坏账准备若为正数，表示应该补提的坏账准备金额；若为负数，则表示应该冲减的坏账准备金额。

2. 计提坏账准备的会计分录

企业计提坏账准备时，当期计提的坏账准备应当计入信用减值损失，即借记"信用减值损失"科目，贷记"坏账准备"科目。冲减多计提的坏账准备时作相反分录。

【例9-11】2018年12月31日，甲公司对应收账款进行减值测试。应收账款账面余额合计为1000000元，甲公司根据实际情况确定按应收账款账面余额的10%计提坏账准备，期初"坏账准备"账户贷方余额为90000元。2018年末甲公司计提坏账准备的会计分录如下：

借：信用减值损失 10000
    贷：坏账准备 10000

3. 实际发生坏账时的账务处理

企业发生坏账损失时，借记"坏账准备"科目，贷记"应收账款""其他应收款"等科目。

【例9-12】甲公司2018年对丙公司的应收账款实际发生坏账损失30000元。确认坏账损失时，甲公司应编制会计分录如下：

借：坏账准备 30000
    贷：应收账款 30000

【例9-13】甲公司2018年末应收账款账面余额为1200000元，"坏账准备"账户的实际余额为贷方70000元，经减值测试，甲公司决定仍按10%计提坏账准备。

甲公司2018年末"坏账准备"账户应有期末贷方余额为120000（1200000×10%）元；计提坏账准备前，"坏账准备"账户的实际余额为贷方70000元，因此本年末应计提的坏账准备金额为50000（120000-70000）元。甲公司应编制会计分录如下：

借：信用减值损失 50000
    贷：坏账准备 50000

已确认并转销的应收款项以后又收回的，应当按照实际收到的金额增加坏账准备的账面余额，借记"应收账款"等科目，贷记"坏账准备"科目；同时，借记"银行存款"科目，贷记"应收账款"等科目。

【例9-14】甲公司2019年4月20日收到2018年已转销的坏账20000元，已存入银行。甲公司应编制如下会计分录：

借：应收账款 20000
    贷：坏账准备 20000
借：银行存款 20000
    贷：应收账款 20000

本节小结 ▶ 财产清查结果的处理

财产清查结果处理的要求

- 分析产生差异的原因和性质，提出处理建议；
- 积极处理多余积压财产，清理往来款项；
- 总结经验教训，建立健全各项管理制度；
- 及时调整账簿记录，保证账实相符。

财产清查结果处理的步骤与方法

- 审批之前：将处理建议上报；
- 审批之后：于期末前查明原因，经批准后，在期末结账前处理完毕。

财产清查结果的账务处理

- 设置"待处理财产损溢"账户。
- 库存现金清查结果的账务处理。
- 存货清查结果的账务处理。
- 固定资产清查结果的账务处理。
- 结算往来款项盘存的账务处理。

第十章　会计核算工作的"结晶"
——财务报表

本章导读

本章主要介绍财务报表的概念，财务报表的构成，财务报表编制的基本要求，资产负债表、利润表的相关概述和编制方法。其中，资产负债表的各个项目的填列内容和填列方法是学习的重点和难点。

本章的内容和结构如下：

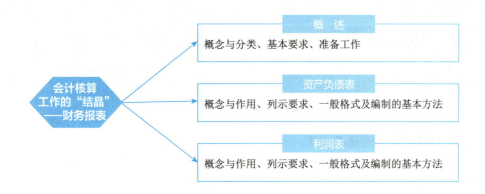

第一节　财务报表概述

一、财务报表的概念与分类

(一)财务报表的概念

企业需要定期编制财务报告。财务报告包括财务报表和其他应当在财务报告中披露的相关信息和资料。其中，财务报表是财务报告的主要组成部分，本章重点介绍财务报表的相关内容。

财务报表是对企业财务状况、经营成果和现金流量的结构性表述。财务报表至少应当包括下列组成部分：（1）资产负债表；（2）利润表；（3）现金流量表；（4）所有者权益（或股东权益）

变动表；（5）**附注**。

企业之所以需要定期编制财务报告，是因为我们在日常工作中登记的会计账簿所提供的会计信息仍是分散的、不完整的，不能通过其内在联系，集中揭示和反映该会计期间经营活动和财务收支的全貌。因此，在每个会计期末应根据账簿上记录的资料，按照规定的报表格式、内容和编制方法，作进一步的归集、加工和汇总，形成一套全面、综合地反映单位财务会计信息的系统文件，将其报送给财务报告使用者。

会计报表究竟是做给谁看的

（二）财务报表的分类

财务报表可以按照不同的标准进行分类：

1. 财务报表按编报期间不同，可**分为中期财务报表和年度财务报表**。中期财务报表又可分为月度财务报表、季度财务报表、半年度财务报表和年初至本中期末的财务报表。

2. 财务报表按编报主体不同，可**分为个别财务报表和合并财务报表**。个别财务报表是指企业以本公司为会计主体编制的财务报表；合并财务报表是以母公司和子公司组成的企业集团为会计主体，根据母公司和所属子公司的财务报表，由母公司编制的综合反映企业集团财务状况、经营成果及现金流量的财务报表。如图10-1所示。

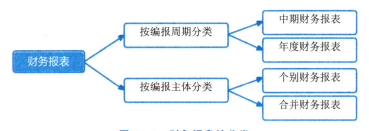

图10-1 财务报表的分类

二、财务报表编制的基本要求

为了实现财务报表的编制目的，最大限度地满足财务报表使用者的信息需求，单位编制的财务报表应当符合国家统一的会计制度和会计准则的有关规定。

（一）以持续经营为基础编制

企业应当**以持续经营为基础**，根据实际发生的交易和事项，按照《企业会计准则——基本准则》和其他各项会计准则的规定进行确认和计量，在此基础上编制财务报表。在编制财务报表的过程中，企业管理当局应对企业持续经营的能力进行评价，评价时需考虑企业目前或长期的盈利能力、偿债能力、财务风险、市场经营风险以及管理当局经营政策的变更意向等因素。如果以持续经营为基础编制财务报表不再合理，企业应当采用其它基础编制财务报表，并在附注中声明财务报表未以持续经营为基础编制的事实，披露未以持续经营为基础编制的原因和财务报表的编制基础。

（二）按正确的会计基础编制

会计基础主要有两种，权责发生制和收付实现制。**编制财务报表时，除现金流量表按照收**

付实现制原则编制外，企业应当按照权责发生制原则编制。

(三)至少按年编制财务报表

企业至少应当按年编制财务报表。在编制年度财务报表时，可能存在年度财务报表涵盖的期间短于一年的情况，比如企业在年度中间(如3月1日)开始设立等，在这种情况下，企业应当披露年度财务报表的涵盖期间、短于一年的原因及报表数据不具可比性的事实。

(四)项目列报遵守重要性原则

如果在合理预期下，财务报表某项目的省略或错报会影响使用者据此作出经济决策，则该项目具有重要性。

重要性应当根据企业所处的具体环境，从项目的性质和金额两方面予以判断，且对各项目重要性的判断标准一经确定，不得随意变更。一方面，判断项目性质的重要性，应当考虑该项目在性质上是否属于企业日常活动、是否显著影响企业的财务状况、经营成果和现金流量等因素；另一方面，判断项目金额大小的重要性，应当考虑该项目金额占资产总额、负债总额、所有者权益总额、营业收入总额、营业成本总额、净利润、综合收益总额等直接相关项目金额的比重或所属报表单列项目金额的比重。具体而言：

(1)性质或功能不同的项目，应当在财务报表中单独列报，但不具有重要性的项目除外。

小白进阶 性质或功能不同的项目举例：存货和固定资产在性质上和功能上都有本质差别，必须分别在资产负债表上列报。

(2)性质或功能类似的项目，一般可以合并列报，比如原材料、在产品等项目在性质上类似，均通过生产过程形成企业的产品，因此可以合并列报，合并之后的类别统称为"存货"。但是其所属类别具有重要性的，应当按其类别在财务报表中单独列报。

(3)某些项目的重要性程度不足以在资产负债表、利润表、现金流量表或所有者权益变动表中单独列示，但对附注却具有重要性，则应当在附注中单独披露。

(4)《企业会计准则第30号——财务报表列报》规定在财务报表中单独列报的项目，应当单独列报。其他会计准则规定单独列报的项目，应当增加单独列报项目。

(五)保持各个会计期间财务报表项目列报的一致性

可比性是会计信息质量要求，目的是使同一企业不同期间和同一期间不同企业的财务报表相互可比。因此，财务报表项目的列报应当在各个会计期间保持一致，不得随意变更。这一要求不仅针对财务报表中的项目名称，还包括财务报表项目的分类、排列顺序等方面。

在以下规定的特殊情况下，财务报表项目的列报是可以改变的：(1)会计准则要求改变；(2)企业经营业务的性质发生重大变化或对企业经营影响较大的交易或事项发生后，变更财务报表项目的列报能够提供更可靠、更相关的会计信息。

(六)各项目之间的金额不得相互抵销

财务报表中的资产项目和负债项目的金额、收入项目和费用项目的金额、直接计入当期利润的利得项目和损失项目的金额不得相互抵销，但其他会计准则另有规定的除外。

小白进阶 不得相互抵销举例：企业欠客户的应付款不得与其他客户欠本企业的应

收款相互抵销，如果相互抵销就掩盖了交易的实质。

以下三种情况不属于抵销，可以以净额列示：

(1)一组类似交易形成的利得和损失应当以净额列示，比如汇兑损益，应当以净额列报。但如果这些利得和损失是具有重要性的，则应当单独列报。

(2)资产或负债项目按扣除备抵项目后的净额列示，不属于抵销。比如，资产项目按扣除减值准备后的净额列报。对资产计提减值准备，表明资产的价值确实已经发生减值损失，按扣除减值准备后的净额列示，才能反映出资产当时的真实价值。

(3)非日常活动产生的利得和损失，以同一交易形成的收益扣减相关费用后的净额列示更能反映交易实质的，不属于抵销。

(七)至少应当提供所有列报项目上一个可比会计期间的比较数据

当期财务报表的列报，至少应当提供所有列报项目上一个可比会计期间的比较数据，以及与理解当期财务报表相关的说明，目的是向报表使用者提供对比数据，提高信息在会计期间的可比性，以反映企业财务状况、经营成果和现金流量的发展趋势，帮助报表使用者作出正确的判断与决策。但其他会计准则另有规定的除外。

财务报表的列报项目发生变更的，应当至少对可比期间的数据按照当期的列报要求进行调整，并在附注中披露调整的原因和性质，以及调整的各项目金额。对可比数据进行调整不切实可行的，应当在附注中披露不能调整的原因。

小贴士

不切实可行是指企业在作出所有合理努力后仍然无法采用某项会计准则规定。

(八)应当在财务报表的显著位置披露编报企业的名称等重要信息

企业应当在财务报表的显著位置(如表首)至少披露下列各项：(1)编报企业的名称，如果企业名称在所属当期发生了变更，还应明确表明；(2)对资产负债表而言，须披露资产负债表日，对利润表、现金流量表、所有者权益变动表而言，须披露报表涵盖的会计期间；(3)人民币金额单位，企业应当以人民币作为记账本位币列报，并标明金额单位，如人民币元、人民币万元等；(4)财务报表是合并财务报表的，应当予以标明。

三、财务报表编制前的准备工作

在编制财务报表前，需要完成下列工作：

(1)严格审核会计账簿的记录和有关资料；

(2)进行全面财产清查、核实债务，发现有关问题，应及时查明原因，按规定程序报批后，进行相应的会计处理；

(3)按规定的结账日进行结账，结出有关会计账簿的余额和发生额，并核对各会计账簿之间的余额；

(4)检查相关的会计核算是否按照国家统一的会计制度的规定进行；

(5)检查是否存在因会计差错、会计政策变更等原因需要调整前期或本期相关项目的情况等。

本节小结 ▶ **财务报表概述**

> **财务报表的概念与分类**
>
> - **概念：** 是指企业以一定的会计方法和程序，由会计账簿的数据整理得出的，以表格的形式反映企业财务状况、经营成果和现金流量的书面文件。
> - **分类：** 按编报期间不同分为中期财务报表和年度财务报表；按编报主体不同分为个别财务报表和合并财务报表。

> **财务报表编制的基本要求**
>
> - 以持续经营为基础编制；
> - 按正确的会计基础编制；
> - 至少按年编制财务报表；
> - 项目列报遵守重要性原则；
> - 保持各个会计期间财务报表项目列报的一致性；
> - 各项目之间的金额不得相互抵销；
> - 至少应当提供所有列报项目上一个可比会计期间的比较数据；
> - 应当在财务报表的显著位置披露编报企业的名称等重要信息。

> **财务报表编制前的准备工作**
>
> - 严格审核会计账簿的记录和有关资料；进行全面财产清查、核实债务；按规定的结账日进行结账；检查相关的会计核算；检查是否存在需要调整前期或本期相关项目的情况。

第二节　资产负债表

一、资产负债表的概念与作用

(一) 资产负债表的概念

资产负债表是反映企业在某一特定日期的财务状况的财务报表。它是根据"资产=负债+所有者权益"这一会计等式，依照一定的分类标准和顺序，将企业在一定日期的全部资产、负债和所有者权益项目进行适当分类、汇总、排列后编制而成的。资产负债表是企业基本财务报表之一，是所有独立核算的企业都必须对外报送的财务报表。

(二) 资产负债表的作用

资产负债表的作用主要有：

(1) 可以提供企业某一日期资产的总额及其结构，表明企业拥有或控制的资源及其分布情况；

(2) 可以提供企业某一日期负债的总额及其结构，表明企业未来需要用多少资产或劳务清偿债务以及清偿时间；

(3) 可以反映企业所有者所拥有的权益，据以判断资本保值、增值的情况以及对负债的保障程度。

二、资产负债表的列示要求

（一）资产负债表列报总体要求

1. 分类别列报

资产负债表应当按照资产、负债和所有者权益三大类别分类列报。

2. 资产和负债按流动性列报

资产和负债应当按照流动性分别分为流动资产和非流动资产、流动负债和非流动负债列示。按照财务报表列报准则的规定，应先列报流动性强的资产或负债，再列报流动性弱的资产或负债。

小白进阶 通常按资产的变现或耗用时间长短或者负债的偿还时间长短来确定流动性。

3. 列报相关的合计、总计项目

资产负债表中的资产类至少应当列示流动资产、非流动资产以及资产的合计项目；负债类至少应当列示流动负债、非流动负债以及负债的合计项目；所有者权益类应当列示所有者权益的合计项目。

资产负债表应当分别列示资产总计项目和负债与所有者权益之和的总计项目，并且这二者的金额应当相等。如图10-2所示。

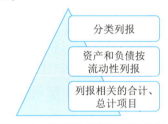

图 10-2　资产负债表列报总体要求

（二）资产的列报

资产负债表中的资产类至少应当单独列示反映下列信息的项目：（1）货币资金；（2）交易性金融资产；（3)应收票据；（4)应收账款；（5)预付款项；（6)存货；（7)持有待售资产；（8)债权投资；（9)其他债权投资；（10)长期股权投资；（11)投资性房地产；（12)固定资产；（13)生物资产；（14)无形资产；（15)递延所得税资产。

（三）负债的列报

资产负债表中的负债类至少应当单独列示反映下列信息的项目：（1）短期借款；（2）交易性金融负债；（3)应付票据；（4)应付账款；（5)预收款项；（6)应付职工薪酬；（7)应交税费；（8)持有待售负债；（9)长期借款；（10)应付债券；（11)长期应付款；（12)预计负债；（13)递延所得税负债。

（四）所有者权益的列报

资产负债表中的所有者权益类至少应当单独列示反映下列信息的项目：（1)实收资本(或股本）；（2)资本公积；（3)盈余公积；（4)未分配利润。

三、我国企业资产负债表的一般格式

资产负债表主要有账户式和报告式两种。**我国企业的资产负债表采用账户式的格式，即左侧列示资产；右侧列示负债和所有者权益。**

资产负债表由表头和表体两部分组成。表头部分应列明报表名称、编表单位名称、资产负债表日和人民币金额单位；表体部分反映资产、负债和所有者权益的内容。其中，表体部分是资产负债表的主体和核心，**各项资产、负债按流动性排列，所有者权益项目按稳定性排列。**我国企业资产负债表的格式一般如表10-1所示。

表 10-1　资产负债表

资产	期末余额	负债及所有者权益	期末余额
流动资产：		流动负债：	
货币资金		短期借款	
交易性金融资产		交易性金融负债	
衍生金融资产		衍生金融负债	
应收票据		应付票据	
应收账款		应付账款	
应收款项融资		预收款项	
预付款项		合同负债	
其他应收款		应付职工薪酬	
存货		应交税费	
合同资产		其他应付款	
持有待售资产		持有待售负债	
一年内到期的非流动资产		一年内到期的非流动负债	
其他流动资产		其他流动负债	
流动资产合计		流动负债合计	
非流动资产：		非流动负债：	
债权投资		长期借款	
其他债权投资		应付债券	
长期应收款		其中：优先股	
长期股权投资		永续债	
其他权益工具投资		租赁负债	
其他非流动金融资产		长期应付款	
投资性房地产		预计负债	
固定资产		递延收益	
在建工程		递延所得税负债	
生产性生物资产		其他非流动负债	

续表

资产	期末余额	负债及所有者权益	期末余额
油气资产		非流动负债合计	
使用权资产		负债合计	
无形资产		所有者权益(或股东权益):	
开发支出		实收资本(或股本)	
商誉		其他权益工具	
长期待摊费用		其中:优先股	
递延所得税资产		永续债	
其他非流动资产		资本公积	
非流动资产合计		减:库存股	
		其他综合收益	
		专项储备	
		盈余公积	
		未分配利润	
		所有者权益(或股东权益)合计	
资产总计		负债和所有者权益(或股东权益)总计	

四、资产负债表编制的基本方法

资产负债表分别按"年初余额"和"期末余额"设专栏,以便进行比较,借以考核编制报表日各项资产、负债和所有者权益指标与上年末相比的增减变动情况。

(一)"期末余额"栏的填列方法

资产负债表"期末余额"栏内各项数字,一般应根据资产、负债和所有者权益类科目的期末余额填列,具体方法如下:

1. 根据一个或几个总账科目的余额填列。例如,资产负债表中"短期借款""资本公积"等项目应直接根据总账科目的期末余额填列;"货币资金"项目应根据"库存现金""银行存款""其他货币资金"科目期末余额的合计数填列,如图10-3所示。

图10-3 "货币资金"项目的填列方法

【例10-1】A公司2018年12月31日结账后,"库存现金"科目余额为30000元,"银行存款"科目余额为4000000元,"其他货币资金"科目余额为500000元,则A公司2018年12月31日资产负债表中的"货币资金"项目应填列的金额为:

$$30000+4000000+500000=4530000(元)$$

2. **根据明细科目的余额计算填列。**例如，"应付账款"项目，需要根据"应付账款"和"预付账款"两个账户所属的相关明细科目的期末贷方余额计算填列(如图 10-4 所示)；"预付款项"项目，需要根据"应付账款"科目借方余额和"预付账款"科目借方余额减去与"预付账款"有关的坏账准备贷方余额计算填列(如图 10-4 所示)；"预收款项"项目，需要根据"应收账款"科目贷方余额和"预收账款"科目贷方余额计算填列(如图 10-4 所示)；"开发支出"项目，需要根据"研发支出"科目中所属的"资本化支出"明细科目期末余额计算填列；"应付职工薪酬"项目，需要根据"应付职工薪酬"科目的明细科目期末余额计算填列；"一年内到期的非流动资产""一年内到期的非流动负债"项目，需要根据有关非流动资产和非流动负债项目的明细科目余额计算填列；"未分配利润"项目，需要根据"利润分配"科目中所属的"未分配利润"明细科目期末余额填列。

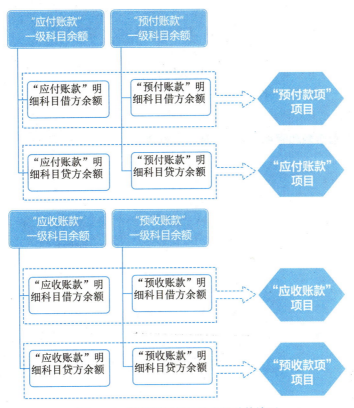

图 10-4　根据明细科目的余额计算填列

【**例 10-2**】甲公司 2018 年 12 月 31 日结账后有关账户余额如表 10-2 所示(各公司应收票据和应付票据的期末余额均为 0)。

表 10-2　余额表 单位：万元

账户名称	借方余额	贷方余额
应收账款——甲公司	600	

225

续表

账户名称	借方余额	贷方余额
应收账款——乙公司		40
坏账准备——应收账款		80
预收账款——A工厂	100	
预收账款——B工厂		800
应付账款——甲公司	20	
应付账款——乙公司		400
预付账款——丙公司	320	
预付账款——丁公司		60

根据上述资料，计算资产负债表中下列项目的金额为：

（1）"应付账款"项目金额=400+60=460（万元）

（2）"预收款项"项目金额=800+40=840（万元）

（3）"应收账款"项目金额=600+100-80=620（万元）

（4）"预付款项"项目金额=320+20=340（万元）

3. 根据总账科目余额和明细账科目余额计算填列。 例如，"长期借款"项目应根据"长期借款"总账科目余额扣除"长期借款"科目所属明细科目中将于一年内到期且企业不能自主地将清偿义务展期的长期借款后的金额计算填列。将于一年内到期且企业不能自主地将清偿义务展期的长期借款记入"一年内到期的非流动负债"项目。

"其他非流动资产"项目，应根据有关科目的期末余额减去将于一年内（含一年）收回数后的金额计算填列；"其他非流动负债"项目，应根据有关科目的期末余额减去将于一年内（含一年）到期偿还数后的金额计算填列。

【例10-3】 乙公司2019年6月30日长期借款有关资料如表10-3所示。

表10-3　长期借款明细

借款起始日期	借款期限（年）	金额（百万）
2017年6月1日	3	300
2016年1月1日	5	600
2015年12月1日	5	450

则根据上述资料，计算乙公司2019年6月30日资产负债表中下列项目的金额为：

（1）"长期借款"项目金额=（300+600+450）-300=1050（万元）

（2）长期借款中应列入"一年内到期的非流动负债"项目的金额=300（万元）

4. 根据有关科目余额减去其备抵科目余额后的净额填列。 如"投资性房地产""固定资产"项目，应当根据"投资性房地产""固定资产"科目的期末余额，减去"投资性房地产累计折旧""投资性房地产减值准备""累计折旧""固定资产减值准备"等备抵科目的期末余额，以及"固定资产清理"科目期末余额后的净额填列;"无形资产"项目,应当根据"无形资产"科目的期末余额,减去"累计摊销""无形资产减值准备"等备抵科目余额后的净额填列。

【例10-4】 某企业2018年12月31日结账后,"固定资产"账户余额为1200000元,"累计折旧"账户余额为80000元,"固定资产减值准备"账户余额为150000元。则该企业2018年12月31日资产负债表中的"固定资产"项目应列的金额为:

$$1200000-80000-150000=970000(元)$$

5. 综合运用上述填列方法分析填列。例如,资产负债表中的"存货"项目应根据"原材料""库存商品""委托加工物资""周转材料""材料采购""在途物资""发出商品""材料成本差异"等总账账户期末余额的分析汇总数,再减去"存货跌价准备"账户余额后的净额填列。

【例10-5】 某企业2018年12月31日"生产成本"账户借方余额为50000元,"原材料"账户借方余额为30000元,"材料成本差异"账户贷方余额为500元,"委托代销商品"账户借方余额为40000元,"工程物资"账户借方余额为10000元,"存货跌价准备"账户贷方余额为3000元,则该企业2018年12月31日资产负债表中"存货"项目的金额为:

$$50000+30000-500+40000-3000=116500(元)$$

小白进阶 工程物资不属于企业的存货,应在资产负债表中"在建工程"项目列示。

(二)"年初余额"栏的填列方法

资产负债表的"年初余额"栏通常根据上年末有关项目的期末余额填列,且与上年末资产负债表"期末余额"栏一致。如果企业上年度资产负债表规定的项目名称和内容与本年度不一致,应当对上年年末资产负债表相关项目的名称和数字按照本年度的规定进行调整,填入"年初余额"栏。

(三)资产负债表项目的填列说明

资产负债表中资产、负债和所有者权益主要项目的填列说明如下:

1. 资产项目的填列说明

(1)**"货币资金"项目**,反映企业库存现金、银行结算账户存款、外埠存款、银行汇票存款、银行本票存款、信用卡存款、信用证保证金存款等的合计数。本项目应根据"库存现金""银行存款""其他货币资金"科目期末余额的合计数填列,如图10-5所示。

图10-5 货币资金在财务报表中的列报

(2)**"交易性金融资产"项目**,反映企业持有的以公允价值计量且其变动计入当期损益的为交易目的所持有的债券投资、股票投资、基金投资、权证投资等金融资产。本项目应当根据

"交易性金融资产"科目的相关明细科目期末余额分析填列。自资产负债表日起超过一年到期且预期持有超过一年的以公允价值计量且其变动计入当期损益的非流动金融资产的期末账面价值，在"其他非流动金融资产"项目反映。。

（3）**"应收票据"项目**，反映资产负债表日以摊余成本计量的、企业因销售商品、提供服务等收到的商业汇票，包括银行承兑汇票和商业承兑汇票。该项目应根据"应收票据"科目的期末余额，减去"坏账准备"科目中相关坏账准备期末余额后的金额分析填列。

（4）**"应收账款"项目**，反映资产负债表日以摊余成本计量的、企业因销售商品、提供服务等经营活动应收取的款项。该项目应根据"预收账款"和"应收账款"账户所属各明细账户分析填列，并减去"坏账准备"科目中相关坏账准备期末余额。

（5）**"预付款项"项目**，反映企业按照购货合同规定预付给供应单位的款项等。本项目应根据"预付账款"和"应付账款"账户所属各明细账户的期末借方余额合计数，减去"坏账准备"账户中有关预付款项计提的坏账准备期末余额后的金额填列。

小白进阶　"预付账款"账户所属明细账户期末有贷方余额的，应在资产负债表"应付账款"项目内填列。

（6）**"其他应收款"项目**，反映企业除应收票据、应收账款、预付账款等经营活动以外的其他各种应收、暂付的款项。本项目应根据"应收利息""应收股利""其他应收款"科目的期末余额，减去"坏账准备"科目中相关坏账准备期末余额后的金额填列。如图10-6所示。

图 10-6　"其他应收款"项目的填列

（7）**"存货"项目**，反映企业期末在库、在途和在加工中的各种存货的可变现净值。存货包括各种材料、商品、在产品、半成品、包装物、低值易耗品、委托代销商品等。本项目应根据"材料采购""原材料""低值易耗品""库存商品""周转材料""委托加工物资""委托代销商品""生产成本"等科目的期末余额合计，减去"受托代销商品款""存货跌价准备"科目期末余额后的金额填列。材料采用计划成本核算，以及库存商品采用计划成本核算或售价核算的企业，还应按加或减材料成本差异、商品进销差价后的金额填列。

（8）**"合同资产"项目**，反映企业按照《企业会计准则第14号—收入》（2017年修订）的相关规定，根据本企业履行履约义务与客户付款之间的关系在资产负债表中列示合同资产。"合同资产"项目应根据"合同资产"科目的相关明细科目期末余额分析填列。

（9）**"持有待售资产"项目**，反映资产负债表日划分为持有待售类别的非流动资产及划分为持有待售类别的处置组中的流动资产和非流动资产的期末账面价值。该项目应根据"持有待售资产"科目的期末余额，减去"持有待售资产减值准备"科目的期末余额后的金额填列。

（10）"一年内到期的非流动资产"项目，反映企业将于一年内到期的非流动资产项目金额。本项目应根据有关科目的期末余额填列。

（11）"债权投资"项目，反映资产负债表日企业以摊余成本计量的长期债权投资的期末账面价值。该项目应根据"债权投资"科目的相关明细科目期末余额，减去"债权投资减值准备"科目中相关减值准备的期末余额后的金额分析填列。自资产负债表日起一年内到期的长期债权投资的期末账面价值，在"一年内到期的非流动资产"项目反映。企业购入的以摊余成本计量的一年内到期的债权投资的期末账面价值，在"其他流动资产"项目反映，如图10-7所示。

图10-7 债权投资在财务报表中的列报

（12）"其他债权投资"项目，反映资产负债表日企业分类为以公允价值计量且其变动计入其他综合收益的长期债权投资的期末账面价值。该项目应根据"其他债权投资"科目的相关明细科目期末余额分析填列。自资产负债表日起一年内到期的长期债权投资的期末账面价值，在"一年内到期的非流动资产"项目反映。企业购入的以公允价值计量且其变动计入其他综合收益的一年内到期的债权投资的期末账面价值，在"其他流动资产"项目反映。

（13）"长期应收款"项目，反映企业融资租赁产生的应收款项和采用递延方式分期收款、实质上具有融资性质的销售商品和提供劳务等经营活动产生的应收款项。本项目应根据"长期应收款"科目的期末余额，减去相应的"未实现融资收益"科目和"坏账准备"科目所属相关明细科目期末余额后的金额填列。

（14）"长期股权投资"项目，反映投资方对被投资单位实施控制、重大影响的权益性投资，以及对其合营企业的权益性投资。本项目应根据"长期股权投资"科目的期末余额，减去"长期股权投资减值准备"科目的期末余额后的金额填列。

（15）"其他权益工具投资"项目，反映资产负债表日企业指定为以公允价值计量且其变动计入其他综合收益的非交易性权益工具投资的期末账面价值。该项目应根据"其他权益工具投资"科目的期末余额填列。

（16）"固定资产"项目，反映资产负债表日企业固定资产的期末账面价值和企业尚未清理完毕的固定资产清理净损益。该项目应根据"固定资产"科目的期末余额，减去"累计折旧"和"固定资产减值准备"科目的期末余额后的金额，以及"固定资产清理"科目的期末余额填列，如图10-8所示。

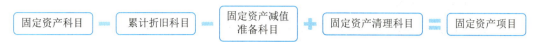

图 10-8   "固定资产"项目的填列

（17）"在建工程"项目，反映资产负债表日企业尚未到预定可使用状态的在建工程的期末账面价值和企业为在建工程准备的各种物资的期末账面价值。该项目应根据"在建工程"科目的期末余额，减去"在建工程减值准备"科目期末余额后的金额，以及"工程物资"科目的期末余额，减去"工程物资减值准备"科目的期末余额后的金额填列。

（18）"无形资产"项目，反映企业持有的无形资产，包括专利权、非专利技术、商标权、著作权、土地使用权等。本项目应根据"无形资产"科目的期末余额，减去"累计摊销"和"无形资产减值准备"科目期末余额后的金额填列，如图 10-9 所示。

图 10-9   无形资产在财务报表中的列报

（19）"开发支出"项目，反映企业开发无形资产过程中能够资本化形成无形资产成本的支出部分。本项目应当根据"研发支出"科目中所属的"资本化支出"明细科目期末余额填列。如图 10-10 所示。

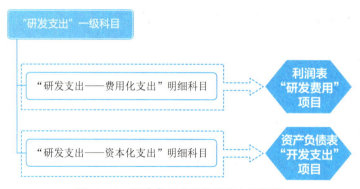

图 10-10   研发费用在财务报表中的列报

（20）"长期待摊费用"项目，反映企业已经发生但应由本期和以后各期负担的分摊期限在一年以上的各项费用。本项目应根据"长期待摊费用"科目的期末余额填列。

（21）"递延所得税资产"项目，反映企业根据所得税准则确认的可抵扣暂时性差异产生的所得税资产。本项目应根据"递延所得税资产"科目的期末余额填列。

（22）"其他非流动资产"项目，反映企业除上述非流动资产以外的其他非流动资产。本项目应根据有关科目的期末余额填列。

2. 负债项目的填列说明

(1)**"短期借款"**项目，反映企业向银行或其他金融机构等借入的期限在一年以下(含一年)的各种借款。本项目应根据"短期借款"科目的期末余额填列。

(2)**"交易性金融负债"**项目，反映企业资产负债表日承担的交易性金融负债，以及企业持有的直接指定为以公允价值计量且其变动计入当期损益的金融负债的期末账面价值，该项目应根据"交易性金融负债"科目的相关明细科目期末余额填列。

(3)**"应付票据"**项目，反映资产负债表日以摊余成本计量的、企业因购买材料、商品和接受服务等开出、承兑的商业汇票，包括银行承兑汇票和商业承兑汇票。该项目应根据"应付票据"科目的期末余额填列。

(4)**"应付账款"**项目，反映资产负债表日以摊余成本计量的、企业因购买材料、商品和接受服务等经营活动应支付的款项。该项目应根据"应付账款"和"预付账款"科目所属的相关明细科目的期末贷方余额合计数填列。

小白进阶 "应付账款"账户所属明细账户期末有借方余额的，应在资产负债表"预付款项"项目内填列

"预收账款"账户所属明细账户期末有借方余额的，应在资产负债表"应收账款"项目内填列。

(5)**"预收款项"**项目，反映企业按照销货合同规定预收的客户单位的款项。本项目应根据"预收账款"和"应收账款"账户所属各明细账户的期末贷方余额合计数填列。

(6)**"合同负债"**项目，反映企业按照《企业会计准则第14号—收入》(2017年修订)的相关规定，根据本企业履行履约义务与客户付款之间的关系在资产负债表中列示合同负债。"合同负债"项目应根据"合同负债"的相关明细科目期末余额分析填列。

(7)**"应付职工薪酬"**项目，反映企业为获得职工提供的服务或解除劳动关系而给予的各种形式的报酬或补偿。企业提供给职工配偶、子女、受赡养人、已故员工遗属及其他受益人等的福利，也属于职工薪酬。职工薪酬主要包括短期薪酬、离职后福利、辞退福利和其他长期职工福利。本项目应根据"应付职工薪酬"科目所属各明细科目的期末贷方余额分析填列。

(8)**"应交税费"**项目，反映企业按照税法规定计算应交纳的各种税费，包括增值税、消费税、所得税、资源税、土地增值税、城市维护建设税、房产税、土地使用税、车船税、教育费附加、矿产资源补偿费等。企业代扣代缴的个人所得税，也通过本项目列示。企业所交纳的税金不需要预计应交数的，如印花税、耕地占用税等，不在本项目列示。本项目应根据"应交税费"账户的期末贷方余额填列；如"应交税费"账户期末为借方余额，应以"-"号填列。

(9)**"其他应付款"**项目，反映企业除应付票据、应付账款、预收款项、应付职工薪酬、应交税费等经营活动以外的其他各项应付、暂收的款项。本项目应根据"应付利息""应付股利""其他应付款"科目的期末余额填列，如图10-11所示。

图 10-11　其他应付款项目的填列

（10）"**持有待售负债**"项目，反映资产负债表日处置组中与划分为持有待售类别的资产直接相关的负债的期末账面价值。本项目应根据"持有待售负债"科目的期末余额填列。

（11）"**一年内到期的非流动负债**"项目，反映企业非流动负债中将于资产负债表日后一年内到期部分的金额，如将于一年内偿还的长期借款。本项目应根据有关科目的期末余额填列。

（12）"**长期借款**"项目，反映企业向银行或其他金融机构借入的期限在一年以上（不含一年）的各项借款。本项目应根据"长期借款"科目的期末余额，减去"长期借款"所属的明细科目中将于一年内到期且企业不能自主地将清偿义务展期的长期借款后的金额填列。

（13）"**应付债券**"项目，反映企业为筹集长期资金而发行的债券本金和利息。本项目应根据"应付债券"科目的期末余额，减去"应付债券"所属的明细科目中将于一年内到期的部分的金额填列。

3. 所有者权益项目的填列说明

（1）"**实收资本（或股本）**"项目，反映企业各投资者实际投入的资本（或股本）总额。本项目应根据"实收资本（或股本）"科目的期末余额填列。

（2）"**资本公积**"项目，反映企业资本公积的期末余额。本项目应根据"资本公积"科目的期末余额填列。

（3）"**盈余公积**"项目，反映企业盈余公积的期末余额。本项目应根据"盈余公积"科目的期末余额填列。

（4）"**未分配利润**"项目，反映企业尚未分配的利润。本项目应根据"利润分配"科目中所属的"未分配利润"明细科目期末余额填列。未弥补的亏损在本项目内以"－"号填列。

资产负债表项目的另类解读

本节小结　资产负债表

资产负债表的概念与作用
· 概念：资产负债表是反映企业在某一特定日期的财务状况的财务报表。

资产负债表的列示要求
· 总体要求：分类别列报；资产和负债按流动性列报；列报相关的合计、总计项目。

企业资产负债表的一般格式
· 我国企业的资产负债表采用账户式的格式，即左侧列示资产；右侧列示负债和所有者权益。

> **资产负债表编制的基本方法**
>
> • 根据一个或几个总账科目的余额填列。
> • 根据明细科目的余额计算填列。
> • 根据总账科目余额和明细账科目余额计算填列。
> • 根据有关科目余额减去其备抵科目余额后的净额填列。
> • 综合运用上述填列方法分析填列。

第三节　利润表

一、利润表的概念与作用

(一)利润表的概念

利润表又称损益表，是反映企业在一定会计期间经营成果的财务报表。利润表根据会计核算的配比原则，把一定时期的收入和相对应的费用配比，从而计算出企业一定时期的各项利润指标。利润表是反映企业一定时期经营成果的动态报表。

(二)利润表的作用

由于利润既是企业经营业绩的综合体现，又是企业进行利润分配的主要依据，因此，利润表是财务报表中的一张基本报表，其作用体现在：

(1)反映一定会计期间收入的实现情况；

(2)反映一定会计期间费用的耗费情况；

(3)反映企业经济活动成果的实现情况，据以判断资本保值增值等情况。

二、利润表的列示要求

利润表列示的基本要求如下：

1. 企业在利润表中应当对费用按照功能分类，分为从事经营业务发生的成本、管理费用、销售费用和财务费用等。

2. 利润表至少应当单独列示反映下列信息的项目，但其他会计准则另有规定的除外：(1)营业收入；(2)营业成本；(3)税金及附加；(4)销售费用；(5)管理费用；(6)研发费用；(7)财务费用；(8)信用减值损失；(9)资产减值损失；(10)其他收益；(11)投资收益；(12)公允价值变动收益；(13)资产处置收益；(14)营业利润；(15)营业外收入；(16)营业外支出(17)利润总额；(18)所得税费用；(19)净利润；(20)其他综合收益的税后净额；(21)综合收益总额；(22)每股收益等。金融企业可以根据其特殊性列示利润表项目。

三、我国企业利润表的一般格式

利润表的格式有单步式和多步式两种。我国企业的利润表采用多步式，将不同性质的收入和费用分别进行对比，以便得出一些中间性的利润数据，帮助使用者理解企业经营成果的不同来源。

企业可以分三个步骤编制利润表，如图10-12所示。

- 第一步
  - 以营业收入为基础，计算营业利润
  - 营业利润＝营业收入－营业成本－税金及附加－销售费用－管理费用－研发费用－财务费用－资产减值损失－信用减值损失＋公允价值变动收益（－公允价值变动损失）＋投资收益（－投资损失）＋资产处置收益（－资产处置损失）＋其他收益

- 第二步
  - 以营业利润为基础，计算利润总额
  - 利润总额＝营业利润＋营业外收入－营业外支出

- 第二步
  - 以利润总额为基础，计算净利润
  - 净利润＝利润总额－所得税费用

图 10-12　利润表的编制步骤

小白进阶　营业外收入和营业外支出不影响营业利润。

多步式利润表将企业一定期间所实现的各项收入和所发生的各项费用，按其性质加以归类，按照利润形成过程分步计算出本期利润。这种格式的利润表清晰地反映了各种不同性质的收入与费用的内在联系和利润的形成过程，便于报表使用者了解企业利润的形成情况，也有利于同行业的不同企业之间进行对比分析。更重要的是多步式利润表通常将各项收入、费用及利润分别按"本期金额"和"上期金额"两栏填列，便于报表使用者通过前后期的比较分析，了解企业经营的变化情况，有助于正确评估企业管理业绩和预测未来收益及盈利能力。

利润表通常包括表头和表体两部分。表头应列明报表名称、编表单位名称、财务报表涵盖的会计期间和人民币金额单位等内容；利润表的表体，反映形成经营成果的各个项目和计算过程。我国企业利润表的格式一般如表 10-4 所示。

表 10-4　利润表

会企 02 表

项目	本年累计金额
一、营业收入	
减：营业成本	
税金及附加	
销售费用	
管理费用	
研发费用	
财务费用	
其中：利息费用	
利息收入	
加：其他收益	
投资收益(损失以"－"号填列)	
其中：对联营企业和合营企业的投资收益	

续表

项目	本年累计金额
以摊余成本计量的金融资产终止确认收益(损失以"-"号填列)	
净敞口套期收益(损失以"-"号填列)	
公允价值变动收益(损失以"-"号填列)	
信用减值损失(损失以"-"号填列)	
资产减值损失(损失以"-"号填列)	
资产处置收益(损失以"-"号填列)	
二、营业利润(亏损以"-"号填列)	
加：营业外收入	
减：营业外支出	
三、利润总额(亏损总额以"-"号填列)	
减：所得税费用	
四、净利润(净亏损以"-"号填列)	
(一)持续经营净利润(净亏损以"-"号填列)	
(二)终止经营净利润(净亏损以"-"号填列)	
五、其他综合收益税后净额	
(一)不能重分类进损益的其他综合收益	
1. 重新计量设定受益计划变动额	
2. 权益法下不能转损益的其他综合收益	
3. 其他权益工具投资公允价值变动	
4. 企业自身信用风险公允价值变动	
……	
(二)将重分类进损益的其他综合收益	
1. 权益法下可转损益的其他综合收益	
2. 其他债权投资公允价值变动	
3. 金融资产重分类计入其他综合收益的金额	
4. 其他债权投资信用减值准备	
5. 现金流量套期储备	
6. 外币财务报表折算差额	
……	
六、综合收益总额	
七、每股收益：	
(一)基本每股收益	
(二)稀释每股收益	

四、利润表编制的基本方法

利润表各项目主要是根据各损益类科目的发生额分析填列。各项目均需填列"本期金额"和"上期金额"。

(一)"本期金额"栏的填列方法

利润表"本期金额"栏内各项数字,除"每股收益""营业利润""利润总额""净利润"项目外,应当按相关科目的发生额分析填列。

(1)"营业收入"项目,反映企业经营的主要业务和其他业务所取得的收入总额。根据"主营业务收入"和"其他业务收入"科目的本期发生额分析填列。

(2)"营业成本"项目,反映企业经营的主要业务和其他业务发生的实际成本。根据"主营业务成本"和"其他业务成本"科目的本期发生额分析填列。

(3)"税金及附加"项目,反映企业日常经营活动中应负担的消费税、城市维护建设税、资源税、土地增值税和教育税附加等。根据"税金及附加"科目的本期发生额分析填列。

(4)"销售费用"项目,反映企业在销售商品过程中发生的费用和为销售本企业商品而专设的销售机构的职工薪酬、业务费等经营费用。根据"销售费用"科目的本期发生额分析填列。

(5)"管理费用"项目,反映企业日常组织和管理生产经营发生的费用。根据"管理费用"科目的本期发生额分析填列。

(6)"研发费用"项目,反映企业进行研究与开发过程中发生的费用化支出。"研发费用"项目应根据"管理费用"科目下的"研发费用"明细科目的发生额分析填列。

(7)"财务费用"项目,反映企业筹集生产经营所需资金等而发生的筹资费用。根据"财务费用"科目的本期发生额分析填列。

(8)"资产减值损失"项目,反映企业各项资产发生的减值损失。根据"资产减值损失"科目的本期发生额分析填列。

(9)"信用减值损失"项目,反映企业计提的各项金融工具减值准备所形成的预期信用损失。该项目应根据"信用减值损失"科目的发生额分析填列。

"资产减值损失"项目与"信用减值损失"项目列报范围的区分如图10-13所示。

图10-13 "资产减值损失"项目与"信用减值损失"项目列报范围的区分

(10)"其他收益"项目,反映计入其他收益的政府补助等。本项目应根据"其他收益"科目的发生额分析填列。

(11)"公允价值变动收益"项目,反映企业应当记入当期损益的资产或负债公允价值变动收益。根据"公允价值变动损益"科目的发生额分析填列,如为损失,以"-"号填列。

(12)"投资收益"项目,反映企业以各种方式对外投资所取得的收益。根据"投资收益"科目的发生额分析填列，如为投资损失，以"－"号填列。

(13)"资产处置收益"项目，反映企业出售划分为持有待售的非流动资产(金融工具、长期股权投资和投资性房地产除外)或处置组(子公司和业务除外)时确认的处置利得或损失，以及处置未划分为持有待售的固定资产、在建工程、生产性生物资产及无形资产而产生的处置利得或损失。债务重组中因处置非流动资产产生的利得或损失、非货币性资产交换中换出非流动资产产生的利得或损失也包括在本项目内。本项目应根据"资产处置损益"科目的发生额分析填列；如为处置损失，以"－"号填列。

(14)"营业利润"项目，反映企业实现的营业利润。如为亏损，以"－"号填列。根据上述项目加减后的金额填列。

(15)"营业外收入"项目，反映企业发生的与其日常生产经营业务无直接关系的各项利得。根据"营业外收入"科目的发生额分析填列。

(16)"营业外支出"项目，反映企业发生的与其日常生产经营业务无直接关系的各项损失。根据"营业外支出"科目的发生额分析填列。

(17)"利润总额"项目，反映企业实现的利润总额。如为亏损，以"－"号填列。根据"营业利润"项目加上"营业外收入"项目减去"营业外支出"项目后的金额填列。

(18)"所得税费用"项目，反映企业按规定从本期利润总额中扣除的所得税费用。根据"所得税费用"科目的发生额分析填列。

(19)"净利润"项目，反映企业实现的净利润。如为净亏损，以"－"号填列。根据"利润总额"项目减去"所得税费用"项目的金额填列。

【例10-6】甲公司2018年10月"主营业务收入"账户的贷方发生额为5000万元，借方发生额为100万元(系2018年10月10日发生的购买方退货)；"其他业务收入"账户的贷方发生额为300万元，无借方发生额；"主营业务成本"账户的借方发生额为4000万元，2018年10月10日，收到的购买方退货成本为60万元；"其他业务成本"账户借方发生额为200万元，无贷方发生额。根据上述资料，该企业利润表中的营业收入和营业成本项目金额为：

(1)"营业收入"项目金额＝5000－100＋300＝5200(万元)

(2)"营业成本"项目金额＝4000－60＋200＝4140(万元)

【例10-7】某企业2018年的营业收入为1000万元，营业成本为600万元，销售费用为20万元，管理费用为50万元，财务费用为10万元，投资收益为40万元，资产减值损失为70万元，公允价值变动收益为80万元，营业外收入为25万元，营业外支出为15万元。该企业2018年的营业利润为：

营业利润＝营业收入1000－营业成本600－销售费用20－管理费用50－财务费用10＋投资收益40－资产减值损失70＋公允价值变动收益80＝370(万元)

【例10-8】某企业2018年"主营业务收入"科目发生额为1990000元，"主营业务成本"科目发生额为630000元，"其他业务收入"科目发生额为500000元，"其他业务成本"科目发生额为150000元，"税金及附加"科目发生额为780000元，"销售费用"科目发生额为60000元，"管理费用"科目发生额为50000元，"财务费用"科目发生额为170000元，"资产减值损失"科目发生额为 50000 元，"公允价值变动损益"账户借方发生额为 450000 元(无贷方发生额)，"投资收益"账户贷方发生额为 850000 元(无借方发生额)，"营业外收入"科目发生额为 100000 元，"营业外支出"科目发生额为 40000 元，"所得税费用"科目发生额为 171600 元。该企业 2018 年度利润表中营业利润、利润总额和净利润的计算过程如下：

营业利润＝1990000＋500000－630000－150000－780000－60000－50000－170000－50000－450000＋850000＝1000000(元)

利润总额＝1000000＋100000－40000＝1060000(元)

净利润＝1060000－171600＝888400(元)

(二)"上期金额"栏的填列方法

利润表"上期金额"栏内各项目数字，应根据上年度利润表"本期金额"栏内所列数字填列。如果上年度该期利润表规定的各个项目的名称和内容同本年度不相一致，应对上年度该期利润表各项目的名称和数字按照本年度的规定进行调整，填入利润表"上期金额"栏内。

本节小结 ▶ 利润表

利润表的概念与作用

- 概念：是反映企业在一定会计期间经营成果的财务报表。
- 作用：反映一定会计期间收入的实现情况；反映一定会计期间费用的耗费情况；反映企业经济活动成果的实现情况，据以判断资本保值增值等情况。

利润表的列示要求

- 应当对费用按照功能分类；
- 利润表中至少应当单独列示反映的项目。

我国企业利润表的一般格式

- 我国企业的利润表采用多步式。
- 第一步，以营业收入为基础，计算营业利润；
- 第二步，以营业利润为基础，计算利润总额；
- 第三步，以利润总额为基础，计算净利润。

利润表编制的基本方法

- 除"每股收益""营业利润""利润总额""净利润"项目外，利润表各项目主要是根据各损益类科目的发生额分析填列。

实收资本

借方	贷方
	期初余额 300000

银行存款

借方	贷方
期初余额 300000	

应付账款

借方	贷方
	期初余额 10000

原材料

借方	贷方
期初余额 100000	

库存现金

借方	贷方
期初余额 90000	

应付票据

借方	贷方
	期初余额 50000

盈余公积

借方	贷方
	期初余额 100000

应付股利

借方	贷方

应付债券

借方	贷方
	期初余额 30000

002

根据[例] 4-5，填制本期发生额试算平衡表（正文 P59）。

本期发生额试算平衡表

2019 年 4 月 30 日

单位：元

会计科目	本期发生额	
	借方	贷方
库存现金		
银行存款		
原材料		
应付票据		
应付账款		
应付股利		
应付债券		
实收资本		
盈余公积		
合计		

■ 根据例 4-5，填制发生额及余额试算平衡表（正文 P59）。

发生额及余额试算平衡表

2019 年 4 月 30 日

单位：元

会计科目	期初余额		本期发生额		期末余额	
	借方	贷方	借方	贷方	借方	贷方
库存现金						
银行存款						
原材料						
应付票据						
应付账款						
应付股利						
应付债券						
实收资本						
盈余公积						
合计						

根据小写金额填写相应的大写金额（正文 P139）。

借 款 单

2019 年 11 月 2 日

借款单位：李森		
借款理由：祭奠基练费		
借款数额：人民币（大写）		¥ 300060.50
	借款人（签章）李森	
本单位负责人意见 张力	付款记录：	2019 年 11 月 2 日以第 号
机关领导指示：	会计主管人员核批：	
赵飞	王琳	支票或现金支出凭单付给
资金性质		

武—107

12×21 周米（高）

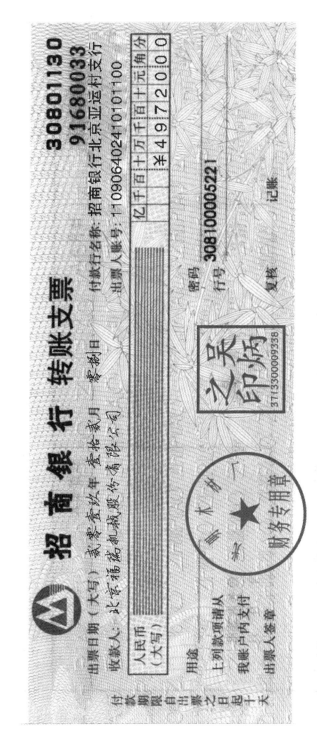

招商银行 转账支票

30801130
9168 0033

出票日期（大写）　贰零壹玖年 壹拾贰月　零贰叁日
收款人：北京拓朴摄组藏服饰商贸公司

付款行名称：招商银行北京亚运村支行
出票人账号：110906402410101100

亿	千	百	十	万	千	百	十	元	角	分
				¥	4	9	7	2	0	0

人民币
（大写）

用途

上列款项请从
我账户内支付

出票人签章

付款期限自出票之日起十天

密码

行号 30810000522↑

复核　　记账

文吴印柄

财务专用章

根据【例】6-2 填制收款凭证（正文 P147）。

凭-141

12×21厘米(简)

收 款 凭 证

借方科目 _____ 年 月 日 字第 号

摘 要	贷方总账科目	明细科目	记账符号	金 额										附单据
				千	百	十	万	千	百	十	元	角	分	
合 计														张

账务主管　　记账　　出纳　　审核　　制单

● 根据例 6-3 填制付款凭证（正文 P147）。

付 款 凭 证

贷 方
科 目 _____

字第 号

附单据 张

摘要	借方总账科目	明细科目	记账符号	金额 千百十万千百十元角分
合 计				

账务主管　　　记账　　　出纳　　　审核　　　制单

丙式—142　　12×21厘米（通）

根据例6-4填制付款凭证（正文P148）。

付 款 凭 证

式一142

12×21厘米(竖)

贷方

科目＿＿＿＿＿＿ 年 月 日 字 号

摘　　要	借方总账科目	明　细　科　目	记账符号	金　额 千百十万千百十元角分	附单据
合　计					张

账务主管　　　　记账　　　　出纳　　　　审核　　　　制单

● 根据例 6-5 填制转账凭证（正文 P148）。

转 账 凭 证

摘要	总账科目	明细科目		借方金额										贷方金额									
			记账√	千	百	十	万	千	百	十	元	角	分	记账√	千	百	十	万	千	百	十	元	角	分
合计																								

年　月　日　　　　　字第　　号

附件　　　　张

会计主管　　记账　　出纳　　审核　　制单

丙式—28　　　　12×21 厘米（通）

010

收 款 凭 证

借方科目 _____ 年　月　日　　字第　　号

摘　要	贷方总账科目	明细科目	记账符号	金　额										
				千	百	十	万	千	百	十	元	角	分
合　计													

账务主管　　　　记账　　　　出纳　　　　审核　　　　制单

式－1－141

12×21厘米（竖）

附单据　　　张

● 根据"综合性业务举例"填制转账凭证（正文 P149）。

转 账 凭 证

字第 号　　年 月 日　　附件 张

摘要	总账科目	明细科目	记账√	借方金额										记账√	贷方金额									
				千	百	十	万	千	百	十	元	角	分		千	百	十	万	千	百	十	元	角	分
合计																								

会计主管　　记账　　出纳　　审核　　制单

丙式—28　　　12×21厘米(通)

012

■ 认识"现金日记账"（正文 P158）。

现 金 日 记 账

1

年 凭证编号		摘要	对方科目	借方										贷方										余额									
月	日	号			亿	千	百	十	万	千	百	十	元	角	分	亿	千	百	十	万	千	百	十	元	角	分	亿	千	百	十	万	千	百	十	元	角	分

现 金 日 记 账

2

年		凭证编号	摘要	对方科目	借方										贷方										余额									
月	日				亿	千	百	十	万	千	百	十	元	角	分	亿	千	百	十	万	千	百	十	元	角	分	亿	千	百	十	万	千	百	十	元	角	分

● 认识"银行存款日记账"（正文 P158）。

银 行 存 款 日 记 账 1

年	凭证编号	结算方式		摘 要	借 方	贷 方	余 额
月 日	号	种类	号码		亿千百十万千百十元角分	亿千百十万千百十元角分	亿千百十万千百十元角分

银行存款日记账

2

年		凭证编号	结算方式		摘要	借方										贷方										余额									
月	日		种类	号码		亿	千	百	十	万	千	百	十	元	角	分	亿	千	百	十	万	千	百	十	元	角	分	亿	千	百	十	万	千	百	十	元	角	分

● 根据例 7-1 的资料（1）填制如下记账凭证（正文 P166）。

收 款 凭 证

付 1-141

12×21 厘米（竖）

借方	年 月 日			字第 号									附单据
科 目				记账符号	金 额								
					千	百	十	万	千	百	十	元	角	分
摘 要	贷方总账科目	明细科目											
合 计													
账务主管	记账	出纳	审核										制单

张

017

● 根据例 7-1 的资料（2）填制收付记账凭证（正文 P166）。

付 款 凭 证

附单据 _____ 张

字第 _____ 号

贷方 科目		借方总账科目	明细科目	记账 符号	金额								
	摘要	年 月 日			千	百	十	万	千	百	十	元	角	分
	合 计												

账务主管　　　记账　　　出纳　　　审核　　　制单

丙式—142　　　12×21 厘米（通）

● 根据例 7-1 的资料（3）填制如下记账凭证（正文 P166）。

付 款 凭 证

字第 号

贷方科目＿＿＿＿＿＿＿＿＿ 年 月 日

摘要	借方总账科目	明细科目	记账符号	金额 千百十万千百十元角分	附单据
合计					

账务主管　　　记账　　　出纳　　　审核　　　制单

12×21 厘米（涧）

托一142

● 根据例 7-1 的资料（4）填制如下记账凭证（正文 P166）。

付 款 凭 证

贷方
科目

字第　号

附单据　张

摘要	年 月 日	借方总账科目	明细科目	记账符号	金额 千 百 十 万 千 百 十 元 角 分
合计					

账务主管　　记账　　出纳　　审核　　制单

丙式—142　　12×21厘米(通)

● 根据例 7-1 的资料（5）填制如下记账凭证（正文 P166）。

式 7—141

12×21 厘米（简）

收 款 凭 证

年　　月　　日　　　　　字第　　号

借方科目		记账符号								

摘要	贷方总账科目	明细科目	记账符号	金　　　　额									附单据
				千	百	十	万	千	百	十	元	角	分	
合　计														张

账务主管　　　　记账　　　　出纳　　　　审核　　　　制单

021

■ 根据例 7-1 的资料（6）填制如下记账凭证（正文 P166）。

付 款 凭 证

贷方科目 _____

附单据 _____ 张　　　字第 _____ 号

摘要	借方总账科目	明细科目	记账符号	金额额（千百十万千百十元角分）
合计				

账务主管　　　　记账　　　　出纳　　　　审核　　　　制单

年　月　日

丙式—142　　　12×21 厘米（通）

022

● 根据例 7-1 的资料（7）填制如下记账凭证（正文 P166）。

付 款 凭 证

贷方科目 _____

字第 ___ 号

摘 要	借方总账科目	明 细 科 目	记账符号	金 额										附单据
				千	百	十	万	千	百	十	元	角	分	
合　计														

账务主管 　　　　记账 　　　　出纳 　　　　审核 　　　　制单

12×21 厘米(宽)
记—142

年　　　月　　　日

● 根据例 7-1 的资料（8）填制知下记账凭证（正文 P166）。

付 款 凭 证

贷方科目 _____

字第　号

附单据　　　张

摘要	借方总账科目	明细科目	记账符号	金额 千百十万千百十元角分
合计				

账务主管　　　记账　　　出纳　　　审核　　　制单

丙式一142　　　12×21 厘米（通）

[根据例] 7-1 的资料（9）填制如下记账凭证（正文 P166）。

付 款 凭 证

贷方科目 _____

年　　　月　　　日　　　　字第　　　号

摘　要	借方总账科目	明细科目	记账符号	金　　额										附单据
				千	百	十	万	千	百	十	元	角	分	
合　计														

账务主管　　　　记账　　　　出纳　　　　审核　　　　制单

○　式—142
○　12×21 厘米（竖）
○

根据例 7-1 的资料（10）填制如下记账凭证（正文 P166）。

收款凭证

附单据　　　张

字第　　　号

借方
科目 _____

摘要	贷方总账科目	明细科目	记账符号	金额 千 百 十 万 千 百 十 元 角 分
合　计				

账务主管　　　记账　　　出纳　　　审核　　　制单

丙式-141　　　12×21 厘米（通）

● 根据例 7-1 的资料（11）填制和下记账凭证（正文 P166）。

付 款 凭 证

贷方科目 _____ 　　　年　　月　　日　　　　字第　　　号

摘要	借方总账科目	明细科目	记账符号	金额									附单据
				千	百	十	万	千	百	十	元	角	分	
合　计														

账务主管　　　　　记账　　　　　出纳　　　　　审核　　　　　制单　　　　　张

○ 12×21 厘米（竖）

○ 记—142

■ 根据例 7-1 填写现金日记账（正文 P167）。

现金日记账 1

年		凭证编号	摘要	对方科目	借方											贷方											余额										
月	日				亿	千	百	十	万	千	百	十	元	角	分	亿	千	百	十	万	千	百	十	元	角	分	亿	千	百	十	万	千	百	十	元	角	分

2

现 金 日 记 账

凭证编号		摘要	对方科目	借方											贷方											余额										
年				亿	千	百	十	万	千	百	十	元	角	分	亿	千	百	十	万	千	百	十	元	角	分	亿	千	百	十	万	千	百	十	元	角	分
月	日																																			

银 行 存 款 日 记 账

1

凭证		结算方式		摘 要	借 方											贷 方											余 额										
年		类	号		亿	千	百	十	万	千	百	十	元	角	分	亿	千	百	十	万	千	百	十	元	角	分	亿	千	百	十	万	千	百	十	元	角	分
月	日	别	码																																		

2

银行存款日记账

凭证		结算方式		摘要	借方												贷方												余额											
月 日	号 数	种 类	号 码		亿	千	百	十	万	千	百	十	元	角	分	亿	千	百	十	万	千	百	十	元	角	分	亿	千	百	十	万	千	百	十	元	角	分

● 认识"总分类账"，并试着填一填（正文 P168）。

总 分 类 账

1

科目名称＿＿＿＿＿＿

年		凭证编号	摘　要	对方科目	页数	借　方											贷　方											借或贷	余　额										
月	日					亿	千	百	十	万	千	百	十	元	角	分	亿	千	百	十	万	千	百	十	元	角	分		亿	千	百	十	万	千	百	十	元	角	分

032

总 分 类 账

科目名称———

2

年	凭证	摘要	对方	页数	借 方											贷 方											借或贷	余 额									
月 日	证编号		科目		亿	千	百	十	万	千	百	十	元	角	分	亿	千	百	十	万	千	百	十	元	角	分		亿	千	百	十	万	千	百	十	元	角	分

● 认识"三栏式应收账款明细分类账"，并试着填一填（正文P169）。

明细分类账

	本账页数	
	本户页数	

科目 _____

2019年		凭证		摘要	对方科目	页数	借方金额											贷方金额											借或贷	余额										
月	日	字	号				亿	千	百	十	万	千	百	十	元	角	分	亿	千	百	十	万	千	百	十	元	角	分		亿	千	百	十	万	千	百	十	元	角	分

● 认识"多栏式主营业务收入明细分类账"，并试着填一填（正文P169）。

明细分类账

本账页数 ____
本户页数 ____

科目名称 ____

2019年		凭证		摘要	借方	贷方	借或贷	余额	借（ ）方金额分析		
月	日	字	号		亿千百十万千百十元角分	亿千百十万千百十元角分		亿千百十万千百十元角分	甲产品 亿千百十万千百十元角分	乙产品 亿千百十万千百十元角分	丙产品 亿千百十万千百十元角分

最高存量 _____
最低存量 _____
编号 _____
规格 _____

| 本账页数 | |
| 本户页数 | |

库存商品

单位 （台）　　名称 甲产品

2019年		凭证		摘要	账页	收入			付出			结存		
月	日	字	号			数量	单价	金额 千百十万千百十元角分	数量	单价	金额 千百十万千百十元角分	数量	单价	金额 千百十万千百十元角分

动手练一练应付账款明细账的结账方法（正文P175）。

明细分类账

A公司 ____ 科目 ____

2019年		凭证		摘要	对方科目	页数	借方金额										贷方金额										借或贷	余额									
月	日	字	号				亿	千	百	十	万	千	百	十	元	角	分	亿	千	百	十	万	千	百	十	元	角	分		亿	千	百	十	万	千	百	十	元	角	分

现 金 日 记 账

1

年		凭证编号	摘　要	对方科目	借　方										贷　方										余　额									
月	日				亿	千	百	十	万	千	百	十	元	角	分	亿	千	百	十	万	千	百	十	元	角	分	亿	千	百	十	万	千	百	十	元	角	分

2

现金日记账

年 凭证		摘要	对方科目	借方											贷方										余额									
月 日	编号			亿	千	百	十	万	千	百	十	元	角	分	亿	千	百	十	万	千	百	十	元	角	分	亿	千	百	十	万	千	百	十	元	角	分

● 动手练一练库存商品明细账的结账方法（正文 P176）。

最高存量＿＿＿＿
最低存量＿＿＿＿
编　号＿＿＿＿
规　格＿＿＿＿

库存商品

单位　（台）　名称　美美特电饭煲

本账页数	
本户页数	

2019年		凭证		摘要	账页	收入												付出													结存												
月	日	字	号			数量	单价	金额											数量	单价	金额											数量	单价	金额									
								千	百	十	万	千	百	十	元	角	分			千	百	十	万	千	百	十	元	角	分			千	百	十	万	千	百	十	元	角	分

040

库存商品

科目 ___

本账页数
本户页数

2019年		凭证	摘要	对方科目	页数	借方金额										贷方金额										借或贷	余额									
月	日	字 号				亿	千	百	十	万	千	百	十	元	角	分	亿	千	百	十	万	千	百	十	元	角	分		亿	千	百	十	万	千	百	十	元	角	分

● 根据例 7-3 练习划线更正法（正文 P180）。

总 分 类 账

1

科目名称：_____

年		凭证编号	摘要	对方科目	页数	借方										贷方										借或贷	余额									
---	---	---	---	---	---	亿	千	百	十	万	千	百	十	元	角	分	亿	千	百	十	万	千	百	十	元	角	分		亿	千	百	十	万	千	百	十	元	角	分
月	日																																							

总 分 类 账

科目名称————

2

凭证编号		摘要	对方科目	页数	借方 亿千百十万千百十元角分	贷方 亿千百十万千百十元角分	借或贷 余额 亿千百十万千百十元角分
年月	日						

根据[例]7-4练习红字更正法（正文P181）。

记账凭证

摘要	总账科目	明细科目	借方金额 千百十万千百十元角分	记账 √	贷方金额 千百十万千百十元角分	记账 √
合计						

年 月 日　　　字第　号

附件　　　张

会计主管　　记账　　出纳　　审核　　制单

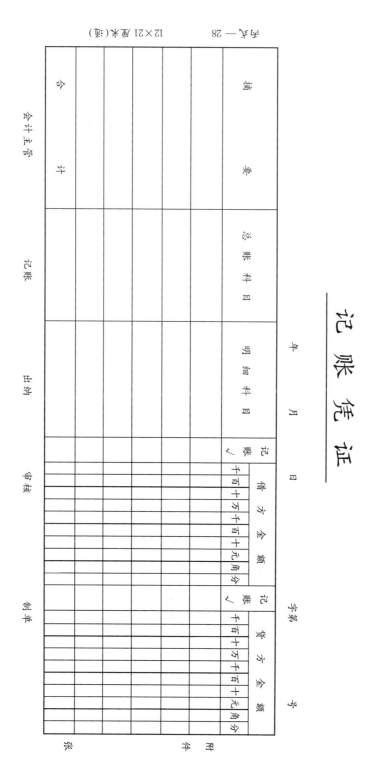

记 账 凭 证

记—28
12×21 厘米（简）

045

● 根据例 7-5 练习红字更正法（正文 P182）。

记 账 凭 证

摘要	总账科目	明细科目	记账√	借方金额 千百十万千百十元角分									记账√	贷方金额 千百十万千百十元角分								
合计																						

年　月　日　　　　　　字第　　　号　　　　附件　　　张

会计主管　　　　记账　　　　出纳　　　　审核　　　　制单

丙式—28　　　　12×21厘米(通)

046

记 账 凭 证

年 月 日   字第   号

摘 要	总 账 科 目	明 细 科 目	记账√	借 方 金 额 千 百 十 万 千 百 十 元 角 分	记账√	贷 方 金 额 千 百 十 万 千 百 十 元 角 分
合 计						

会计主管   记账   出纳   审核   制单

附件   张

根据例 8-1 资料（1）填制收款凭证（正文 P189）。

收款凭证

借方
科目 _____

字第 _____ 号

附单据 _____ 张

摘要	贷方总账科目	明细科目	记账符号	金额										号
				千	百	十	万	千	百	十	元	角	分	
合计														

年　月　日

账务主管　　记账　　出纳　　审核　　制单

丙式-141　　12×21厘米（通）

◆ 根据[例] 8-1 资料（2）填制收款凭证（正文 P189）。

例 7-14I

12×21 厘米（竖）

收 款 凭 证

年　月　日　　　　字第　　号

借方科目 _____												
摘　要	贷方总账科目	明细科目	记账符号	千	百	十	万	千	百	十	元	角	分

附单据　　　　张

合　计												

账务主管　　　记账　　　出纳　　　审核　　　制单

根据例 8-1 资料（3）填制收款凭证（正文 P189）。

收款凭证

附单据 _____ 张

字第 _____ 号

借方
科目 _____

摘要	贷方总账科目	明细科目	记账符号	金额 千 百 十 万 千 百 十 元 角 分
合计				

年　月　日

账务主管　　记账　　出纳　　审核　　制单

丙式-141　　　12×21 厘米(通)

■ 根据[例] 8-1 填制银行存款汇总收款凭证（正文 P189）。

汇总收款凭证

年　月　　　　　　　　　　　汇收字第　　号

借方科目：银行存款

贷方科目	金额				合计	总账账页

根据例 8-2资料（1）填制转账凭证（正文 P190）。

转 账 凭 证

字第　　号　　　　　　　　　　　附件　　　　张

年　月　日

摘要	总账科目	明细科目	记账√	借方金额 千百十万千百十元角分	记账√	贷方金额 千百十万千百十元角分
合计						

会计主管　　记账　　出纳　　审核　　制单

丙式—28　　　12×21厘米（通）

052

根据[例] 8-2 资料（2）填制转账凭证（正文 P190）。

转 账 凭 证

年　月　日　　　字第　　号

摘　要	总　账　科　目	明　细　科　目	记账√	借 方 金 额									记账√	贷 方 金 额								
				千	百	十	万	千	百	十	元	角	分		千	百	十	万	千	百	十	元	角	分
合　计																								

会计主管　　　　　记账　　　　　出纳　　　　　审核　　　　　制单

附件　　　张

记—28

12×21 厘米（竖）

053

转 账 凭 证

年　月　日　　　　　字第　　　号

附件　　　张

摘要	总账科目	明细科目	记账√	借方金额 千百十万千百十元角分	记账√	贷方金额 千百十万千百十元角分
合计						

会计主管　　　记账　　　出纳　　　审核　　　制单

丙式—28　　　12×21厘米(通)

【根据例】8-2 资料（4）填制转账凭证（正文 P190）。

转 账 凭 证

年　月　日　　　　　　　　字第　　号

摘　要	总 账 科 目	明 细 科 目	记账 √ 借 方 金 额 千百十万千百十元角分	记账 √ 贷 方 金 额 千百十万千百十元角分
合　计				

会计主管　　　　记账　　　　出纳　　　　审核　　　　制单

附件　　张

记—28

12×21 厘米（竖）

● 根据例 8-2 填制原材料汇总转账凭证（正文 *P190*）。

贷方科目：原材料

汇总转账凭证

年　月　　　　　　　　　　　　　　　汇转字第　　号

借方科目	金额			合计	总账页

根据例 8-3 填制相关凭证（正文 P193）。

收款凭证

借方科目 _____

年　　月　　日　　　　字第　　号

摘　要	贷方总账科目	明细科目	记账符号	金　　额 千 百 十 万 千 百 十 元 角 分	附单据
合　计					张

账务主管　　　　记账　　　　出纳　　　　审核　　　　制单

式-141

12×21厘米(简)

057

收 款 凭 证

借 方
科 目 _____

字第 _____ 号

附单据 _____ 张

摘要	贷方总账科目	明细科目	记账符号	金额								
				千	百	十	万	千	百	十	元	角	分
合计													

年 月 日

账务主管　　　　记账　　　　出纳　　　　审核　　　　制单

丙式-141　　　12×21厘米(通)

○　　　　○

058

付 款 凭 证

科 目 _____ 　 年 　 月 　 日 　 字第 　 号

摘　要	借方总账科目	明细科目	记账 符号	金　　额											附单据
				千	百	十	万	千	百	十	元	角	分	
合　计															张

账务主管 　　 记账 　　 出纳 　　 审核 　　 制单

贷方科目

式—142

12×21厘米(横)

059

付 款 凭 证

贷 方
科 目 _____

字第 号

摘要	借方总账科目	明细科目	记账符号	金额									分
				千	百	十	万	千	百	十	元	角	
合计													

年 月 日

账务主管　　　记账　　　出纳　　　审核　　　制单

丙式—142　　12×21厘米（通）

○　　　○

转 账 凭 证

记-28　　12×21 厘米（简）

年　月　日　　　字第　　号

摘要	总账科目	明细科目	记账√	借方金额 千百十万千百十元角分	记账√	贷方金额 千百十万千百十元角分

合　计

会计主管　　记账　　出纳　　审核　　制单

附件　　张

转 账 凭 证

年 月 日　　　　字第　　　号

摘要	总账科目	明细科目	记账√	借方金额									记账√	贷方金额								
				千	百	十	万	千	百	十	元	角	分		千	百	十	万	千	百	十	元	角	分
合计																								

附件　　　　张

会计主管　　　记账　　　出纳　　　审核　　　制单

丙式—28　　　　12×21厘米(通)

062

◼ 根据例 8-3，填写如下 T 字账（正文 P193）。

借方	银行存款	贷方

借方	实收资本	贷方

借方	长期借款	贷方

借方	原材料	贷方

借方	应付票据	贷方

借方	应付账款	贷方

借方	应付股利	贷方

借方	利润分配	贷方

■ 根据例 9-2 填制银行存款余额调节表（正文 P205）。

银行存款余额调节表

年　月　日

单位：

项　目	金额	项　目	金额